COMBATE À DISCRIMINAÇÃO RACIAL NO BRASIL E NA FRANÇA:

ESTUDO COMPARADO DA EFETIVAÇÃO DAS AÇÕES AFIRMATIVAS

EMMANUEL TEÓFILO FURTADO FILHO

Advogado. Mestrando em Direito Privado na Universidade de Havre (França).

COMBATE À DISCRIMINAÇÃO RACIAL NO BRASIL E NA FRANÇA:

ESTUDO COMPARADO DA EFETIVAÇÃO DAS AÇÕES AFIRMATIVAS

LTr®

LTr®
EDITORA LTDA.

Rua Jaguaribe, 571
CEP 01224-001
São Paulo, SP — Brasil
Fone (11) 2167-1101
www.ltr.com.br

Produção Gráfica e Editoração Eletrônica: RLUX
Projeto de capa: FÁBIO GIGLIO
Impressão: COMETA GRÁFICA

LTr 4752.3
Agosto, 2013

Dados Internacionais de Catalogação na Publicação (CIP)
(Câmara Brasileira do Livro, SP, Brasil)

Furtado Filho, Emmanuel Teófilo
Combate à discriminação racial no Brasil e na França : estudo comparado da efetivação das ações afirmativas / Emmanuel Teófilo Furtado Filho. — São Paulo : LTr, 2013.

Bibliografia.
ISBN 978-85-361-2623-4

1. Ações afirmativas 2. Direito — Brasil 3. Direito — França 4. Discriminação racial 5. Discriminação racial — França 6. Efetividade 7. Igualdade perante a lei 8. Racismo 9. Xenofobia I. Título.

13-05227 CDU-34:323.118

Índice para catálogo sistemático:

1. Brasil e França : Combate às discriminação raciais : Estudo comparado da efetivação das ações afirmativas : Direito 34:323.118

A meus muito amados Pais, por todos aqueles nortes por eles enfincados em minha personalidade, que fazem de mim quem sou.

AGRADECIMENTOS

Agradeço *ab initio* à professora doutora Tarin Cristino Frota Mont'Alverne, por ter-me orientado na elaboração deste trabalho. Preciosos foram seus auspícios cardiais — sempre com paciência maternal —, sem os quais, de longe, não se teria chegado à conclusão de tal tarefa. Ademais, seu exemplo na carreira acadêmica me é um incentivo, tão grande e sincera que por ela é a minha admiração.

Congratulo, também de forma especial, o professor doutor Machidovel Trigueiro Filho, que esteve presente em todas as etapas de minha vida acadêmica, sempre me estimulando, sendo uma bússola no navegar de minha graduação: quer quando fui por duas vezes seu aluno; quer quando tentei dar minha modesta contribuição por dois anos como monitor de sua disciplina, ocasiões em que muito aprendi e que muito me foram caras.

Ao professor doutor Regnoberto Marques de Melo Júnior, manifesto minha profunda gratidão não só por ter sido um dos melhores e mais esforçados mestres que tive na Faculdade, mas também pela lição de caráter, espiritualidade e serenidade que dele se absorve pela simples convivência, pois nesses quesitos sua metodologia de ensino é o exemplo.

A minha fortaleza maior: meus pais. Sou a eles infinitamente grato, por serem exemplos de seriedade, dignidade, amor, fé e companheirismo. Meu amor por eles não se pode medir.

A minha irmã Rejane, com quem cresci, aprendendo e ensinando, sabedora, portanto, dos segredos mais ábditos de minha alma; e a meu irmão Gabriel, minha escolta, companheiro fiel com quem reparto minha vida; agradeço a ambos pelo amor singelo, por serem meus sempre melhores amigos. Obrigado por colorirem meus dias com suas alegres presenças.

A meu avô Mauro e a Heloísa, pessoas de bem, agradeço pela presença leve e agradável, pela dedicação conosco, pela confiança que em mim depositam, e pelos ensinamentos que guardo com muito amor.

A meus avós Margarida e Thomaz, que construíram, sob o solo da união, da honestidade e da fé, grande descendência, da qual tenho muito orgulho de fazer parte. Espero poder sempre honrar a responsabilidade de a esse tronco pertencer.

À memória de minha avó Mazé, de cuja presença tive a felicidade de desfrutar intensamente, sendo, com ela, a maior parte das doces lembranças que guardo de minha infância. Tenho certeza de que você está vibrando de alegria, vovó: para os exemplares guardados daquelas nossas brincadeiras de escrever livrinhos, aqui vai mais um.

A minha família, cuja existência me ajuda a não ceder à erosividade da vida. Dirijo, pois, minha real gratidão, além dos já aqui anotados, aos meus tios e primos, especialmente aos que se fazem mais íntimos.

A Emily, minha força, minha motivação, meu amparo, agradeço por todos esses anos de convivência baseados no amor e na confiança.

Por fim, também registro minha sincera gratidão a todos do Escritório Jurídico Alexandre Rodrigues Albuquerque, especialmente os doutores Miguel Hissa, Rodrigo Macedo e Rui Farias, pois muito me foi precioso o tempo em que ali trabalhei. Agradeço a oportunidade, bem como a paciência e os frutíferos ensinamentos dirigidos a mim naquela ocasião.

"Para ser grande, sê inteiro: nada
Teu exagera ou exclui.
Sê todo em cada coisa. Põe quanto és
No mínimo que fazes.
Assim em cada lago a lua toda
Brilha, porque alta vive."

(Ricardo Reis, Fernando Pessoa)

"Não te mandei eu? Sê forte e corajoso; não temas, nem te espantes, porque o Senhor, teu Deus, é contigo por onde quer que andares."

(Js 1:9)

SUMÁRIO

PREFÁCIO

Honra-me o jovem pesquisador Emmanuel Teófilo Furtado Filho com o convite para prefaciar sua obra de estreia no meio editorial brasileiro, com o texto que, com os aperfeiçoamentos naturais da contínua reflexão, coroou a conclusão de seus estudos de graduação em Direito na Universidade Federal do Ceará (UFC).

Mas não se trata de um texto simples de um noviço...

Muito pelo contrário, o tema aqui enfrentado é analisado com tamanha profundidade que poderia ser submetido, indubitavelmente, a uma banca de mestrado em qualquer instituição nacional de ensino.

E talvez também por isso, já alça o seu autor voos ainda mais longos, tendo, ato contínuo do seu bacharelado, avançado nos estudos aprofundados de seu Mestrado em Direito Internacional Privado, na França.

Com isso, pode-se, assim, afirmar tranquilamente que, embora da lavra de um autor jovem, o leitor destas linhas definitivamente não está diante de um autor imaturo.

Com efeito, de maneira bastante percuciente e didática, realiza verdadeiro estudo de direito comparado entre os sistemas brasileiro e francês de combate à discriminação racial.

Para isso, procurou distinguir histórica e sociologicamente a compreensão do tema do racismo nos dois países, investigando como tem sido o seu combate, notadamente no campo das ações afirmativas.

Não se limitando à dogmática positivada, enfrenta a justificação do tema, sob a ótica das discriminações positivas na filosofia contratualista, apresentando a forma como o ordenamento jurídico de cada um dos Estados recepciona (ou não) esse instituto.

Trata-se, portanto, de um salutar diálogo entre o sistema normativo francês e brasileiro na luta por práticas que obtenham uma eficácia mais satisfatória para a finalidade que se propõem.

Por tais fundamentos, somente cabe a este prefaciador, homenageado pela convocação para escrever estas linhas, recomendar publicamente este livro e parabenizar a LTr Editora pela oportunidade concedida ao jovem Emmanuel Teófilo Furtado Filho, uma inteligência que dignifica a tradição familiar e cearense de pensamento jurídico.

Salvador, 30 de novembro de 2012.

Rodolfo Pamplona Filho

Juiz Titular da 1ª Vara do Trabalho de Salvador/BA (Tribunal Regional do Trabalho da Quinta Região).
Professor Titular de Direito Civil e Direito Processual do Trabalho da Universidade Salvador — UNIFACS.
Professor Adjunto da Graduação e Pós-Graduação em Direito (Mestrado e Doutorado) da Faculdade de Direito da UFBA — Universidade Federal da Bahia.

Coordenador do Curso de Especialização em Direito e Processo do Trabalho do usPodivm/BA

Mestre e Doutor em Direito do Trabalho pela Pontifícia Universidade Católica de São Paulo.

Especialista em Direito Civil pela Fundação Faculdade de Direito da Bahia. Membro da Academia Nacional de Direito do Trabalho e da Academia de Letras Jurídicas da Bahia.

INTRODUÇÃO

No desselar desta faina, cabe-se elucidar a causa da eleição da liça posta a desate: em prazenteiro colóquio com amigo negro francês, cujo tema passeava pelo entorno das diferenças culturais havidas nas pátrias respectivas, confessou-me este seu desejo adolescente de morar no Brasil, pois ali, segundo seu juízo, como existiam muitos negros, como ele, não haveria preconceito de cor, vivendo todos em uma "democracia racial". Sem querer frustrar meu interlocutor, e, ao mesmo tempo, conduzido por meu sentimento ufanista, não refutei sua afirmação.

Em outra ocasião, desta feita ouvindo as impressões de amigos brasileiros recém-chegados da França, foi-me narrada a perplexidade a qual lhes ocorrera por terem se deparado várias vezes naquele país com casais "inter-raciais" (é dizer, uma mulher notadamente branca com um homem negro, ou o contrário), fato, segundo eles, de ocorrência rara no Brasil, "principalmente no Ceará", ressaltando que, por isso, consideravam ser aquela uma civilização evoluída, registradora de mínimas desavenças de gênese racistas e discriminatórias.

A história e a cultura dos dois países estão, em verdade, imbricadas. Nos bistrôs e cafés parisienses, a música brasileira é onipresente. Os franceses adoram o samba, o carnaval, a literatura e o cinema brasileiros. O escritor Paulo Coelho é mais celebridade nas ruas de Paris que no Rio de Janeiro. E a recíproca se mostra real: atualmente, os brasileiros fazem negócios com os Estados Unidos, mas cultuam a gastronomia, a moda, a arte e os prazeres da vida franceses.

Contudo, não somente dos mesmos prazeres as sociedades desses países compartilham, mas também de uma intempérie que desata sedimentos da dignidade de seus cidadãos: a discriminação racial.

É de boa verdade que o Brasil, de sêmen escravista, oriundo de uma colonização de exploração, possui hoje uma sociedade desigual, a qual herdou, de fato, alguns valores de discriminação em razão da cor. No entanto, diferentemente do que chegou a ocorrer à época do nazismo, não há aparentemente nesse projeto uma intenção de extermínio físico dos discriminados. Desse modo, pode-se dizer que, no Brasil, o principal tipo de anulação dos negros é de cunho moral e se dá por uma incapacidade, por parte dos discriminadores, de perceber igualitariamente a população negra. Isso —

embora não implique puro e simples "extermínio" — já é suficiente para lançar essa população numa situação de miséria deplorável, sobre a qual recai toda a crueldade da exclusão e da violência (em certos casos extrema) a ela relacionada.

Noutra banda, o Velho Mundo é palco atualmente de uma outra forma de discriminação: a xenofobia. As vítimas principais dessa "discriminação negativa", especialmente no caso francês, são os jovens das periferias, filhos de imigrantes africanos, a maioria de religião muçulmana. O tema do tratamento discriminatório na França é de decisiva importância política, tendo sido bastante debatido em épocas eleitorais nos últimos anos.

Nessa senda, sabe-se, ainda, que as ações afirmativas, oriundas de experiências norte-americanas, são medidas especiais e temporárias, tomadas ou determinadas pelo Estado, espontânea ou compulsoriamente, com o objetivo de eliminar desigualdades historicamente acumuladas, garantindo a igualdade de oportunidades e tratamento, bem como de compensar perdas provocadas pela discriminação e marginalização, decorrentes de motivos raciais, étnicos, religiosos, de gênero, visando, portanto, a combater os efeitos acumulados em virtude das discriminações ocorridas no passado.

Dessa arte, surgem algumas interrogativas para as que se buscarão soluções neste debruço: seriam ou não a sociedade brasileira e a francesa realmente compostas por ideário racista? As possíveis discriminações que têm lugar no hexágono europeu seriam equivalentes as aqui ocorrentes? Haveria uma maior carga negativa no racismo brasileiro ou na xenofobia europeia? Há medidas conduzidas pelos respectivos Estados ou sociedade civil — ações afirmativas ou outras — no sentido de minorar, remediar ou evitar tais condutas?

Decidiu-se, assim, dividir esta inquirição em cinco capítulos. No capítulo exordial, faz-se apenas *un tour d'horizon* acerca do princípio da igualdade no intelecto dos contratualistas, desde Aristóteles até Rawls. Tal tracejo tem por fito enquadrar as medidas de ações afirmativas nas dimensões da equidade, podendo melhor compreender a essência do instituto.

Em seguida, no segundo capítulo, almeja-se alumiar alguns conceitos de cujo domínio o estudo em voga não prescinde, tais como discriminação, preconceito, ação afirmativa e racismo.

No terceiro capítulo, esboçam-se apanhados da realidade brasileira, os quais procuram fundamentar histórico, sociológico, cultural e antropologicamente o racismo adejante no País, com o telo de compreender a essência da realidade racial contemporânea no Brasil.

Enfrenta-se, no quarto capítulo, a conjuntura da realidade do imigrante árabe residente na França do século XXI, bem como de seus descendentes. Intenta-se examinar o histórico da sua chegada ao País, as dificuldades de adaptação muçulmana, a questão da xenofobia de que são vítimas, bem como analisar as repercussões sociais dessa dificuldade de aceitação e de enquadramento em relação aos nacionais.

Em derradeiro, no quinto capítulo, fazem-se considerações acerca da recepção (ou não) das ações afirmativas nos respectivos ordenamentos jurídicos, bem como da opinião doutrinária dos publicistas, e bem assim, se traça um paralelo entre aquelas adotadas em ambos os países, a fim de, por meio desse intercâmbio, avaliar o nível de evolução do sistema jurídico brasileiro em relação ao francês, além de analisar a possibilidade de importação de alguma medida bem-sucedida aplicada sob solo gaulês.

1. OS FUNDAMENTOS DAS AÇÕES AFIRMATIVAS NA EVOLUÇÃO DO CONTEÚDO JUSFILOSÓFICO DA IGUALDADE

"I shall now state in a provisional form the two principles of justice that I believe would be chosen in the original position. ... The first statement of the two principles reads as follows.

First: each person is to have an equal right to the most extensive basic liberty compatible with a similar liberty for others.

Second: social and economic inequalities are to be arranged so that they are both (a) reasonably expected to be to everyone's advantage, and (b) attached to positions and offices open to all."

(John Rawls)

Impele-se, em exordial, ao versar do tema das discriminações raciais, que se retrate, ainda que de ligeiro feitio, a evolução do conteúdo jusfilosófico da igualdade, em especial os entrelaces das ideias contratualistas, uma vez que estas arrastaram até os dias de hoje, além de importantes noções jurídicas, como constitucionalismo, direitos fundamentais e soberania, a essência conceitual de equidade.

Tal deslize facultará mensurar em que medida a evolução do conceito de igualdade converge para legitimar a adoção de discriminações positivas e outras medidas da Administração Pública no sentido de garantir a efetivação da isonomia na sociedade.

1.1. Raízes da igualdade jurídica: a igualdade na democracia grega

Altercavam-se já na Antiguidade Clássica os filósofos acerca dos entornos da igualdade humana. Em boa verdade, a ideia de igualdade subjaz fortemente a evolução da cultura ocidental. Evidenciavam-se seus traços primitivos carregados do elemento mítico-religioso, na busca de algo que fosse comum a todos os seres humanos, coisa que lhes equiparasse. Alguns encontraram esse componente na natureza (água, fogo, terra, ar, éter); outros, na razão humana; havia ainda os que concluíram que os seres que habitam a *phisys* derivam sua origem de um elemento comum e indivisível: o átomo.

Tal era o apreço pela busca da igualdade entre os homens na Grécia Antiga que naquilo que se chamava democracia direta estruturava-se a *polis*. Assim, uma vez admitida a igualdade como elemento edificativo da cidadania, coube aos atenienses formular princípios jurídicos e políticos por meio dos quais a democracia poderia manifestar-se plenamente. Foi aí que instituíram os princípios da *isonomia*, segundo o qual todos seriam iguais perante a lei; e o da *isegoria*, o qual inferia ter todo cidadão o mesmo direito que os demais de manifestar-se em público, sobretudo nas assembleias.

Desse modo, sendo a *polis* regulada com base no equilíbrio das instituições e na igualdade entre todos os cidadãos, que podiam participar diretamente da elaboração das leis e do governo, em função exclusivamente do discurso persuasivo, acreditaram os atenienses ter encontrado um regime político no qual a justiça pudesse exprimir-se a partir da deliberação livre e racional dos cidadãos.

De fato, com a consolidação da democracia ateniense, assistiu-se à primeira concepção normativa sobre a justiça como igualdade formulada no mundo ocidental. Tal concepção será especialmente trabalhada por Platão e Aristóteles, mas em suas linhas gerais nasceu da prática política ateniense.

> A democracia ateniense possui algumas características que a tornam diferente das democracias modernas, ainda que estas se inspirem nela para se constituírem. Em primeiro lugar, nem todos são cidadãos. Mulheres, crianças, estrangeiros e escravos estão excluídos da cidadania, que existe apenas para os homens livres adultos naturais e Atenas. Em segundo lugar, é uma democracia direta ou participativa, e não uma democracia representativa, como as modernas. Em outras palavras, nela os cidadãos participam diretamente das discussões e da tomada de decisão pelo voto. Dois princípios fundamentais definem a cidadania: a isonomia, isto é, o direito de todo cidadão de exprimir em público (na *Boulé* ou na *Ekklesía*) sua opinião, vê-la discutida e considerada no momento da decisão coletiva. Assim, a democracia ateniense não aceita que, na política, alguns possam mais do que outros, e não aceita que alguns julguem saber mais do que outros e por isso terem direito de, sozinhos, exercerem o poder... na política, todos são iguais, todos têm os mesmos direitos e deveres, todos são competentes.[(1)]

---

(1) CHAUÍ, Marilena. *Introdução à história da filosofia*. São Paulo: Brasiliense, 1995. p. 111.

1.1.1. Platão

Ao debate da igualdade no Estado reservou espaço considerável de suas meditações. Platão, imbuído de seu método idealista de compreensão da realidade, projetou o estabelecimento de um "Estado Ideal", no qual os indivíduos deveriam ser organizados em classes sociais em função de seu mérito, é dizer,

> Até a idade de 07 anos, todas as crianças, de todas as classes e de ambos os sexos, recebem a mesma educação: ginástica, dança. Jogos para aprendizado dos rudimentos da matemática, poesia épica para conhecimento dos heróis [...]. Aos 7 anos, as crianças passam por uma seleção: as menos dotadas ficam com suas famílias na classe econômica, enquanto as mais dotadas prosseguirão. Agora, iniciam os estudos das artes marciais e o treino militar (com novos conhecimentos matemáticos, necessários à arte da guerra) que irão até os 20 anos, quando os rapazes e as moças passarão por novos exames e nova seleção. Os menos dotados ficarão na classe dos guardiões, enquanto os mais dotados iniciarão os estudos para a administração do Estado. Estudam, agora, as matemáticas: aritmética, geométrica, estereométrica, astronomia e música, isto é, acústica e harmonia. É o aprendizado das ciências éticas, puramente intelectuais, de formação do raciocínio discursivo e do pensamento hipotético-dedutivo. Aos 30 anos, uma nova seleção é feita. Os que se mostrarem menos aptos ocuparão funções subalternas da administração pública e do comando militar; os mais aptos iniciarão o estudo principal, submetidos à nova prova; se aprovados, iniciam os estudos da ética, física e da política (...) aos 50 anos, passam pelo exame final. Se aprovados, tornam-se magistrados e dirigentes políticos. Os aprovados, como podemos ver, são os filósofos.[2]

É possível perceber, no âmbito da incipiente teoria normativa da justiça elaborada por Platão, a destacada importância conferida por ele à "igualdade". Esta se mostra particularmente ousada, na medida em que equipara aos homens as mulheres, no oferecimento por parte do Estado de condições equânimes para que todos possam galgar os mais altos postos da hierarquia política, independente de suas condições de origem ou nascimento, realizando uma situação de equidade.

1.1.2. Aristóteles

Saliência houve, outrossim, o tracejado da noção de igualdade e justiça nas anotações de Aristóteles. Ainda que tenha sua formação sido arquitetada na

(2) *Ibid.*, p. 223-224.

Academia Platônica, de seu Mestre divergia substancialmente, refutando especialmente a filosofia idealista. "Foi ideologicamente mais conservador, dando maior ênfase às condições reais do homem e de suas instituições"(3).

Para Aristóteles, a *polis* é uma necessidade, capaz de promover o bem, tendo, por fim, a virtude e a felicidade. O homem é um animal político, pois é levado à vida política pela própria natureza. A sociedade cuida da vida do homem, como o organismo cuida das partes vitais. É a partir dessa premissa que a *polis* passa a regular a vida dos indivíduos, através da lei, segundo os critérios de justiça.

> É evidente, pois, que a cidade faz parte das coisas da natureza, que o homem é naturalmente um animal político, destinado a viver em sociedade, e que aquele que, por instinto, e não porque qualquer circunstância o inibe, deixa de fazer parte de uma cidade, é um ser vil ou superior ao homem. Tal indivíduo merece, como disse Homero, a censura cruel de ser um sem família, sem leis, sem lar. Porque ele é ávido de combates, e, como as aves de rapina, incapaz de se submeter a qualquer obediência.(4)

O mundo é concebido pelo Estagirita de forma finalista, em que cada coisa tem uma atividade determinada por seu fim. O bem é a plenitude da essência, aquilo a que todas as coisas tendem. O bem, portanto, é a finalidade de uma coisa (ou de uma ciência, ou arte). Assim, a finalidade da Medicina é a saúde, e a da estratégia é a vitória.

Dentre todos os bens, contudo, há um que é supremo, que deve ser buscado como fim último da *polis*. Esse bem é a felicidade, entendida não como um estado, mas como um processo, uma atividade através da qual o ser humano desenvolve da melhor maneira possível suas aptidões. Os meios para se atingir a felicidade são as virtudes (formas de excelência), discutidas na obra *Ética a Nicômaco*. As virtudes são disposições de caráter cuja finalidade é a realização da perfeição do homem, enquanto ser racional. A virtude consiste em um meio-termo entre dois extremos, entre dois atos viciosos: um caracterizado pelo excesso e outro pela falta, pela carência.

Aristóteles divide as virtudes em *dianoéticas* (ou intelectuais), às quais se chega pelo ensinamento, e *éticas* (ou morais), às quais se chega pelo exercício, pelo hábito. As virtudes éticas, enquanto virtudes do saber prático, não se destinam ao conhecer, como as dianoéticas, mas à ação. Para sua aquisição o conhecimento tem pouca ou nenhuma importância. Das virtudes dianoéticas, a de maior importância é a *phrónesis*

---

(3) *Ibid*., p. 255.

(4) ARISTÓTELES. *A política*. São Paulo: Escola, 2003. p. 15.

(prudência), capacidade de deliberar sobre o que é bom ou mau, correto ou incorreto. Das virtudes éticas, a mais importante é a *justiça*.

> Essa forma de justiça é, portanto, uma virtude completa, porém não em absoluto e sim em relação ao próximo. Por isso a justiça é muitas vezes considerada a maior das virtudes, e nem Vésper, nem a estrela d´alva são tão admiráveis; e proverbialmente, na justiça estão compreendidas todas as virtudes. [...] somente a justiça, entre todas as virtudes, é o bem do outro, visto que se relaciona com o nosso próximo, fazendo o que é vantajoso a um outro, seja um governante, seja um associado.(5)

Para o filósofo grego, o aspecto legitimador da Política pela justiça se encontra na *igualdade*, sendo esta alcançada por sua célebre máxima, a saber, "tratando igualmente os iguais e desigualmente os desiguais na medida em que se desigualam".

A justiça política aristotélica constitui-se, portanto, na busca dessa legitimidade, a qual só se logrará na medida em que o Estado consiga criar os iguais na medida em que iguala os desiguais, bem como definir que o tratamento desigual conferido aos desiguais possa ser admitido como justo.

A justiça dividir-se-ia em duas: a *justiça distributiva* e a *justiça corretiva*. A justiça distributiva (*díkaion dianemtikón*) realiza-se no momento que se faz mister uma atribuição a membros da comunidade de bens pecuniários, de honras, de cargos, responsabilidades e impostos. A injustiça nesse sentido é o desigual, e corresponde ao recebimento de uma quantia menor de benefícios ou maior de encargos que seria realmente devido a cada súdito. Baseia-se numa *igualdade geométrica*, pois confere diferentes valores e direitos às pessoas tratando-as de maneira diversificada, o que foi, assim, essencial para a existência da *polis* grega. Neste tipo de igualdade os homens se distinguem, proporcionalmente, uns dos outros pelo valor de cada um. Já a *justiça corretiva*, ou retificadora (*díkaion diorthotikón*), destina-se a ser aplicada a agentes particulares, baseada na igualdade aritmética. Vinculava-se à ideia de igualdade perfeita ou absoluta.

> Isso tudo faz que a Antiguidade e a Idade Média, por influência de Aristóteles, tomem a palavra "igualdade", primariamente, como igualdade geométrica (se bem que sem excluir, dentro da igualdade geométrica, uma igualdade aritmética, pois entre os integrantes do *demos*, em especial entre os *aristoi*, ou seja, os melhores, é possível concebê-la, assim como entre os escravos também é possível concebermos uma igualdade aritmética). Então, a *polis* é concebida como a harmonia de desiguais.(6)

---

(5) ARISTÓTELES. *Ética a Nicômaco*. São Paulo: Nova Cultural, 1991. p. 82.
(6) GALUPPO, Marcelo Campos. *Igualdade e diferença:* Estado democrático de direito a partir do pensamento de Habermas. Belo Horizonte: Mandamentos, 2002. p. 48.

1.2. O princípio da igualdade como centro do pensamento jusfilosófico contratualista e o surgimento do constitucionalismo e dos direitos fundamentais

O sentimento filosófico que abrasou a Europa a partir do século XVIII foi combustor de consequências políticas, sociais e econômicas, as quais derivaram da consolidação e crise de um sistema econômico (capitalismo, tanto em sua fase mercantilista quanto industrial); um modelo político (transição do Estado absolutista para o Estado Liberal); e uma classe social que ascendia: a burguesia.

A perspectiva histórica dessas mudanças são fruto da Revolução Francesa, a qual pretendia fixar uma autonomia pessoal refratária às expansões do Poder.

> Mais do que um evento histórico com seu próprio enredo, a Revolução Francesa desempenhou um papel simbólico arrebatador no imaginário dos povos da Europa e do mundo que vivia sob sua influência, no final do século XVIII. Coube a ela — e não à Revolução Inglesa ou à Americana — dar o sentido moderno do termo "revolução", significando um novo curso para a história e dividindo-a em antes e depois.(7)

De fato, quando culminou, na noite de 14 de julho de 1789, a tomada da Bastilha, símbolo do poder real e depósito das armas, por pobres e deserdados, inconformados com a recusa dos nobres em reduzir seus privilégios para diminuir a miséria e a fome que imperavam no terceiro Estado francês, estes não mais se conformariam com a opressão, pois já se haviam dado conta de que a miséria não é o destino, mas a consequência da exploração e dos privilégios das classes dominantes.(8)

> Olhada a distância, depurada do aparente fracasso e de sua circularidade, foi a Revolução Francesa, com seu caráter universal, que incendiou o mundo e mudou a face do Estado — convertido de absolutista em liberal — e da sociedade não mais feudal e aristocrática, mas burguesa. Mais que isso: em meio aos acontecimentos, o povo torna-se tardiamente agente de sua própria história. Não ainda como protagonista, já que a hora era da burguesia.(9)

---

(7) BARROSO, Luís Roberto. *Curso de direito constitucional contemporâneo:* os conceitos fundamentais e a construção de um novo modelo. 2. ed. São Paulo: Saraiva, 2010. p. 25.

(8) Ver: BITTAR, Eduardo C. B.; ALMEIDA, Guilherme Assis de. *Curso de filosofia do direito.* 9. ed. São Paulo: Atlas, 2011. BITTAR, Eduardo C. B. *Curso de ética jurídica.* 8. ed. São Paulo: Saraiva, 2011. FURTADO, Emmanuel Teófilo. *Preconceito no trabalho e a discriminação por idade.* São Paulo: LTr, 2004. DALLARI, Dalmo de Abreu. *Elementos de teoria geral do Estado.* 27. ed. São Paulo: Saraiva, 2007. MIGNET, Par F. A. *Historie de la révolution française depuis 1789 jusqu'en 1814.* Troisième et seule édition. Bruxelles. BLANC, Louis. *Histoire de la révolution française.* Paris: Libraire Internationale A. Lacroix, Verboeckhoven éditeurs.

(9) BARROSO, Luís Roberto. *Curso de direito constitucional contemporâneo:* os conceitos fundamentais e a construção de um novo modelo. 2. ed. São Paulo: Saraiva, 2010. p. 25.

O sujeito adquiriu importância no meio social, diferentemente do que ocorria na Antiguidade e na Idade Média, quando predominavam os valores coletivos. Passa-se a primeiro olhar para o sujeito com suas particularidades e anseios para depois se pensar na sociedade, que nada mais é do que a junção dos interesses de cada indivíduo. O privado supera o público e o indivíduo prevalece sobre o corpo social. "No Estado Moderno, em substituição do cidadão das pátrias, se ergue o cidadão do universo, o homem da *polis* global".(10)

Assim como apregoava Sieyès, a soberania cabe àqueles 20 milhões de franceses, os quais, livres do privilégio e das classes, *são* a nação francesa.(11)

> O indivíduo, titular de direitos inatos, exercê-los-ia na Sociedade, que aparece como ordem positiva frente ao Estado, ou seja, frente ao *negativum* dessa liberdade, que, por isso mesmo, surge na teoria jusnaturalista rodeado de limitações, indispensáveis à garantia do círculo em que se projeta, soberana e inviolável, a majestade do indivíduo.(12)

A revolução conduziu o Estado limitado pelo *iura et privilegia*, até a construção de um novo conceito de cidadania; a liberdade e a igualdade dos sujeitos passam a ser protegidas contra quaisquer intromissões dos outros.

A lei passa a ser o fundamento, a garantia e o limite.

A segurança e a liberdade são valores finais que a lei permite alcançar na medida em que impede o arbítrio. É dentro desse contexto, portanto, que são formuladas as ideias de legalidade e de *igualdade* no período oitocentista.

E é na filosofia que se enraíza a tendência liberal clássica, privilegiando o privado em detrimento do público, elevando a patamar máximo da discussão acadêmica o princípio da propriedade privada, por meio de uma concepção que foi uníssona aos pensadores da época, que chegavam a conclusões diversas, muitas vezes até antagônicas, partindo, contudo, da mesma premissa conceitual: o *contratualismo*.

Introduziram-se, ainda que restritas ao âmbito jurídico formal, categorias com pretensões universalizantes, como "povo" e "nação". Fica patente a noção de justiça política em torno da igualdade. Tais formulações filosóficas redundaram na moderna concepção de direitos fundamentais, núcleo do chamado *constitucionalismo*.(13)

---

(10) BONAVIDES, Paulo. *Do Estado liberal ao Estado social*. 9. ed. São Paulo: Malheiros, 2009. p. 34.

(11) Ver: MAÍZ, Ramón. Nation and representation: E. J. Siéyès and the Theory of the State of the French Revolution. Universidad Santiago de Compostela, *Workpaper* n. 18, Barcelona 1990.

(12) BONAVIDES, Paulo. *Do Estado liberal ao Estado social*, 2009. p. 40.

(13) Ver: SUANZES-CARPEGNA, Joaquín. La dimension Historique du Constitutionnalisme. *Historia Constitutional*, n. 7, 2006.

1.2.1. Thomas Hobbes: a igualdade como condição para a superação do estado de natureza

O contratualismo aparece claramente com ascendência fincada nas propostas de Thomas Hobbes, especialmente em sua obra *Leviatã* (1651). Malgrado seja idealista da necessidade do sistema absolutista, teve o mérito de fixar conceitos elementares, tais como propriedade privada, contrato social e estado de natureza, que pautaram toda a filosofia contratualista até meados do século XIX.

Durante as agonias derradeiras do sistema medievo, a Europa entra em crise política, monetária, militar, administrativa, legislativa e jurisdicional, e a burguesia percebeu nessa crise o maior entrave para o seu pleno desenvolvimento. À ausência de uma autoridade política e militar que se fizesse respeitar em um âmbito territorial mais extenso, somaram-se as dificuldades impostas pelo poder de cada senhor feudal.

Como cediço, em decorrência dessa desordem, o pensamento hobbesiano parte de uma visão pessimista sobre a natureza humana, concebendo esta como egoísta, voltada para a satisfação pessoal e ao apego absoluto da liberdade individual em detrimento das consequências que essa postura possa redundar para os demais. A desordem, a anarquia e a guerra de todos contra todos se mostram como características do estado de natureza, designando-se por essa expressão a situação de desordem que se verifica sempre que os homens não têm suas ações reprimidas pela razão.

Por outro lado, Hobbes prega a igualdade de todos no estado de natureza. De fato, para o filósofo inglês, em nenhum outro contexto histórico os homens experimentaram uma situação de igualdade tão radical como no estado de natureza. Tanto que nem mesmo a força física ou a inteligência seriam suficientes para levar a um desequilíbrio.

> A natureza e os homens são tão iguais nas faculdades do corpo e da mente que, embora às vezes se encontre um homem manifestamente mais forte, no físico, ou de mente mais ágil do que outro, no final das contas, a diferença entre um homem e outro não é tão considerável a ponto de que possa, a partir disso, reivindicar para si um benefício ao qual o outro não possa pretender tanto quanto ele.(14)

Assim, para escapar desse estado de permanente insegurança, Hobbes recorre a uma figura elementar, simbólica, da nova classe em ascensão: o contrato, através do qual os homens buscam renunciar à liberdade absoluta de

---

(14) HOBBES, Thomas. *Leviatã*. São Paulo: Martin Claret, 2002. p. 96.

que dispõem no estado de natureza, em prol de sua própria segurança. A liberdade seria a condição de existência do Estado e forma de superação do estado de natureza.

> E é por força desse ato [contrato] puramente racional que se estabelece a vida em sociedade, cuja preservação, entretanto, depende da existência de um poder visível, que mantenha os homens dentro dos limites consentidos e os obrigam, por temor ao castigo, a realizar seus compromissos e a observância das leis da natureza anteriormente referidas. Esse poder visível é o Estado.(15)

Nesses termos, Hobbes representa um novo estágio no âmbito da filosofia política ocidental, gerando as primogênitas ideias de igualdade formal moderna e fixando os conceitos fundamentais que balizarão a evolução do contratualismo.

1.2.2. A razão humana como fundamento para a igualdade formal em John Locke

A reação às ideias de Hobbes germinaria da própria Inglaterra com os trabalhos de John Locke, envolvidos em muito pelo contexto histórico setecentista da Revolução Gloriosa. A sociedade feudal e a prestidigitação dos *Landlord´s* já eram pretérito.

O poder econômico da burguesia já se havia consolidado.

Se à época de Hobbes o que interessava aos burgueses era maior liberdade de comércio, estando dispostos para isso ocupar uma posição secundária em relação ao poder político, a conquista do Poder político e a transformação do Estado para que se tivessem condições efetivas de garantir o direito de propriedade e o cumprimento dos contratos é doravante o que os cativa.(16)

A obra mais relevante de Locke — *Segundo Tratado sobre o Governo Civil* — foi publicada um ano após a vitória da Revolução Gloriosa, mostrando de certa forma uma justificação *ex post facto* do movimento que depôs Jaime II e levou ao trono Guilherme de Orange.

Assim como em Hobbes, a reflexão de Locke partiu também de um estado de natureza. No entanto, diferentemente de seu precursor, concebe esse estado de natureza não como um momento hipotético do homem pré-social e pré-político, mas como um estado de fato, pelo qual já passaram ou ainda viveriam algumas

(15) DALLARI, Dalmo de Abreu. *Elementos de teoria geral do Estado*. 27. ed. São Paulo: Saraiva, 2007. p. 14.

(16) Ver WILLIAMS, Hugh. *Fifty things you need to know about British History*. London: Collins, 2008.

sociedades, é dizer, era uma situação real hipoteticamente determinada pela qual passara, ainda que em épocas diversas, a maior parte da humanidade e na qual se encontravam ainda alguns povos, como as tribos norte-americanas.

No estado de natureza lockeano, não havia uma guerra permanente, o homem não se tornava lobo; pelo contrário. Sob influência de estudos empiristas realizados na Nova Inglaterra, não consegue constatar permanente belicosidade entre os "selvagens". Nesse sentido, a única constatação possível, com base em um raciocínio comparativo, era a de que os nativos encontrar-se-iam em um estágio tecnologicamente inferior em relação, por exemplo, aos europeus. Mas disso não se conclui necessariamente a sua predisposição ao autoaniquilamento.

> E nisto temos a clara diferença entre o estado de natureza e o estado de guerra, que, muito embora certas pessoas tenham confundido [Hobbes], estão distantes um do outro quanto um estado de paz, de boa vontade, assistência mútua e preservação está de um estado de inimizade, malícia, violência e destruição mútua.[17]

Não era só isso. A observação empírica dos nativos da América deixava claro que, além de não se encontrarem em permanente estado de guerra, em seu estado de natureza eles viviam livremente, sem opressão ou tirania. E não obstante não fossem dados a grandes ambições, nada parecia existir no sentido de impedir-lhes a posse de bens úteis e necessários à sua sobrevivência e deleite. E se era certo que se encontravam "atrasados" em relação aos "civilizados", também parecia que dispunham de engenho, criatividade e tudo o mais que costumamos caracterizar pelo uso diligente da própria inteligência. Em suma, era indiscutível que eles eram racionais. Daí por que respeitavam a vida, a liberdade e os bens dos demais, porque tais disposições se encontravam em conformidade com a natureza e com a razão. A igualdade e independência dos homens seriam, assim, um direito natural apoiado e garantido pela faculdade universal da razão.

Diferentemente de Hobbes, a *igualdade* é concebida no pensamento de Locke com base em uma questão de direito (natural), e não de fato (ausência de um poder supremo que limite a vontade individual). E, para concluir — no que mais tarde lhe faria eco Rousseau —, constata que os homens nasciam "naturalmente bons" na medida em que nasciam racionais.

> O estado de natureza tem uma lei de natureza para governá-lo, que a todos obriga; e a razão, que é essa lei, ensina a todos os homens que tão só a consultem, sendo todos iguais e independentes, que nenhum deles deve prejudicar a outrem na vida, na saúde, na liberdade ou nas posses (...) e sendo todos providos de faculdades iguais,

(17) LOCKE, John. *Segundo Tratado sobre o Governo Civil*. São Paulo: Nova Cultural, 1991. p. 223.

compartilhando uma comunidade de natureza, não há possibilidade de supor-se qualquer subordinação entre os homens.(18)

Locke, portanto, deriva a igualdade como um direito natural, peremptoriamente negado por Hobbes.

O conceito de contrato social de Locke é também substancialmente distinto daquele proposto por Hobbes. Neste, o contrato se expressa na forma de um "pacto de submissão", tendo como função principal tornar o poder do soberano livre de qualquer limitação, justificado em nome da segurança e da igualdade; naquele, busca-se por meio do contrato a limitação do soberano, a contenção de sua ação e de toda a intervenção administrativa do Estado aos limites da lei fixada pelo Parlamento (princípio da legalidade).

No contato lockeano, a principal obrigação política é assumida entre os indivíduos, e não entre estes e o Soberano; tem-se, então, a introdução de um princípio normativo que promete satisfazer a percepção de uma ampliação igualitária no campo político, o voto (ainda que censitário).

Recorrendo à velha formulação platônica, já retomada e reformulada pelo Estagirita e pelo próprio Hobbes do equilíbrio entre classes, poderes sociais, Locke propõe uma nova estrutura institucional para o Estado, na qual os poderes estatais ou as competências do poder político devem ser autônomos e independentes entre si. Sua concepção será mais adiante recuperada por Montesquieu, que popularizará a ideia de "separação dos poderes"(19).

Em razão de sua doutrina do contrato social como limitação do poder do soberano como fundamento da separação dos poderes e da eleição de um conjunto de "direitos fundamentais" em torno da tutela da vida, liberdade e propriedade, constituiu-se na mais representativa justificação daquilo que viria a ser conhecido pouco tempo depois por "constitucionalismo".

No entanto, ao aprofundar os elementos inicialmente desenvolvidos por Hobbes em torno de uma concepção meramente formal da igualdade, transformou em dogma o princípio da autonomia privada e da propriedade

(18) *Ibid.*, p. 218.

(19) As propostas de separação de poderes idealizadas por Locke e por Montesquieu são deveras distintas. Aquela se subjaz em legislativo, o qual seria o poder supremo e que, inclusive, além da atribuição de legislar, também teria a de julgar; executivo, o qual executaria as leis; e federativo, que exerce uma espécie de relações internacionais e, para evitar a ocorrência de conflitos, resolvê-los de forma pacífica. Locke entende que os poderes executivo e federativo deveriam ser exercidos pela mesma pessoa. Já na tripartição de poderes proposta por Montesquieu, seriam três os poderes do Estado: o poder Legislativo (fazer as leis); o poder Executivo das coisas que dependem do direito das gentes (paz, guerra, segurança, prevenção de invasões etc.), que é o poder Executivo do Estado; e o poder Executivo das coisas que dependem do direito civil (pune os crimes, julga conflitos entre indivíduos etc.), ou seja, o poder de julgar.

privada, equiparando juridicamente os materialmente desiguais, criando as condições necessárias para a expansão generalizada do trabalho assalariado que conduziu à revolução industrial. E, com o avanço da industrialização, a desigualdade material conheceu uma dimensão até então inédita, com o processo de acumulação de capital criando um enorme fosso entre proprietários e não proprietários dos meios de produção.

A exacerbação da desigualdade no âmbito dessa nascente sociedade industrial acabou por inspirar a reflexão crítica em relação aos excessos do liberal-individualismo no campo da própria filosofia contratualista, que passou a exigir a submissão do princípio da liberdade ao princípio da igualdade (material).

Nesse itinerário, a força da filosofia contratualista deslocou-se da Grã-Bretanha para o continente europeu, mais especificamente para a França de Jean-Jacques Rousseau.

1.2.3. A crítica de Jean-Jacques Rousseau à igualdade em sua concepção formal

Nos entornos de uma França pré-revolucionária inspirou-se Rousseau em suas ideias, em especial sua crítica à desigualdade entre os homens, que constituiu uma importante ferramenta para a *Révolution*, que eclodira dez anos após sua morte. Foi eleito como patrono da Revolução e muitos, dentre as massas que se dirigiram à Bastilha, levavam nas mãos cópias do Discurso como uma espécie de passaporte para a liberdade política, a igualdade econômica e a fraternidade entre os povos.[20]

O filósofo de Genebra criticou as concepções em torno do estado de natureza até então elucubradas, demonstrando que o caminho percorrido pelos autores proemiais para tanto seria incompleto.[21]

> Os filósofos que examinaram os fundamentos da sociedade sentiram a necessidade de remontar ao estado de natureza, mas nenhum deles aí chegou. Uns vacilaram em supor no homem desse estado a noção do justo e do injusto, sem se inquietar de mostrar que ele devia ter

---

(20) JAYATILAKA, Lawrence. The influence of enlightenment ideals on the French Revolution. Colchester (ENG): *Essex Student Reserch*, v. 3, p. 70-78.

(21) Conferir: REIS, Cláudio Araújo. Vontade geral e decisão coletiva em Rousseau. *Revista TransFormAção,* Marília, v. 33, n. 2, 2010. YURÉN, Teresa. Diversas miradas sobre distintas facetas de la obra de J. J. Rousseau. *Revista Signos Filosóficos,* México, v. 12, n. 23, jan./jun. 2010. VARGAS, Yves. Rousseau et le Droit naturel. *Revista TransFormAção,* Marília, v. 31, n. 1, 2008. CARRIN, Guy J. Rousseau's "social contract": contracting ahead of its time? *Bull World Health Organ*, v. 84, n. 11, Genebra, nov. 2006. REIS, Cláudio Araújo. Rousseau e a arte de observar e julgar os homens. *Revista Kriterion*, Belo Horizonte, v. 43, n. 105, jan./jun. 2002.

> essa noção, nem mesmo que ela lhe fosse útil. Outros falaram do direito natural que cada qual tem de conservar o que lhe pertence, sem explicar o que entendiam por pertencer. Outros, dando primeiro ao mais forte autoridade sobre o mais fraco, fizeram logo nascer o governo, sem pensar no tempo que se devia ter escoado antes que o sentido das palavras autoridade e governo pudesse existir entre os homens, enfim, todos, falando sem cessar de necessidade, de avidez, de opressão, de desejos e de orgulho, transportaram ao estado de natureza ideias que tomaram na sociedade: falavam do homem selvagem e pintavam o homem civil.[22]

Em contraste com a concepção hobbesiana, que concebe o estado de natureza puramente hipotético, Rousseau parte, assim como Locke, de uma situação que supõe historicamente determinável, e pela qual alguns povos ainda transitam.

Possuía, no entanto, um conhecimento mais aprofundado sobre os "selvagens" que Locke. Demonstra fascínio pela força física, disposição e saúde desses homens "primitivos", os quais, segundo o relato dos naturalistas de que dispunha, apontavam para um ser vigoroso, em contato permanente com a natureza, hábil, perfeitamente adaptável.

Toma como referência, dentre outros, os caraíbas da Venezuela. Não consegue visualizar o "lobo" descrito por Hobbes. Ao contrário, percebe uma comunidade hábil no trato dos recursos que a natureza lhes disponibilizou, vivendo em perfeita harmonia uns com os outros.[23]

Rousseau começa aí uma comparação entre o "bom selvagem" e o homem civil que, como ele, vivia organizado em sociedade. Conclui o filósofo que a vida em sociedade, ao introduzir uma série de vícios e toda uma gama de comodidades, vai despindo o homem de sua força natural, tornando-o preguiçoso, privando-o de sua coragem e resistência e criando condições para aprisioná-lo em escravidão. O estado de natureza corresponderia, assim, a um estado de inocência que, uma vez perdido, jamais poderia ser reencontrado.

> O mesmo acontece com o homem: tornando-se sociável e escravo, torna-se fraco, medroso, submisso; e sua maneira de viver mole e efeminada acaba por debilitar, ao mesmo tempo, a sua força e sua

(22) ROUSSEAU, J. J. *Discurso sobre a origem e os fundamentos da desigualdade entre os homens.* São Paulo: Martin Claret, 2002. p. 32.

(23) "Eis sem dúvida as razões por que os negros e os selvagens fazem tão pouco caso dos animais ferozes que podem encontrar nas selvas. Os caraíbas da Venezuela vivem entre outros, a esse respeito, na mais profunda segurança e sem o menor inconveniente. Embora quase nus, diz François Corréal, não deixam de se expor com ousadia nos bosques, armados somente de flecha e arco; mas nunca se ouviu dizer que algum deles fosse devorado pelas feras." *Ibid.*, p. 38.

coragem. Acrescentamos que, entre a condição selvagem e a doméstica, a diferença de homem para homem deve ser maior ainda que a de animal pra animal: porque, tendo o animal e o homem sido tratados igualmente pela natureza, todas as comodidades que o homem se proporciona mais do que aos animais por ele amansados são outras tantas causas particulares que o fazem degenerar mais sensivelmente.(24)

Rousseau diverge também do pensamento lockeano, segundo o qual a racionalidade e a sociabilidade seriam caracteres imanentes ao homem. Adota claramente uma visão evolucionista, segundo a qual a racionalidade não seria inata, pois teve o homem antes que desenvolver a linguagem. Sem o desenvolvimento de uma estrutura linguística minimamente estruturada não há possibilidade de manifestação daquilo que se define por racionalidade, pois esta só pode se construir intersubjetivamente, por meio de um mútuo entendimento dentre os homens.

Mas o que teria, segundo Rousseau, alavancado o surgimento da linguagem?

> Direi, como muitos outros, que as línguas nasceram da convivência doméstica dos pais, das mães e dos filhos; mas além disso não resolver as objeções, seria cometer o erro dos que, raciocinando sobre o estado de natureza, para aí transportam as ideias tomadas na sociedade, veem sempre a família reunida em uma mesma habitação e a seus membros guardando entre si uma união tão íntima e tão permanente como entre nós, onde tantos interesses comuns se reúnem; ao passo que, nesse estado primitivo, não tendo casas, nem cabanas, nem propriedades de nenhuma espécie, cada qual se alojava ao acaso e muitas vezes por uma só noite; os machos e as fêmeas se uniam fortuitamente, conforme o encontro, a ocasião e o desejo, sem que a palavra fosse intérprete muito necessário das coisas que se deviam dizer: e se abandonavam com a mesma facilidade.(25)

É nesse ponto que Rousseau vai buscar na necessidade a origem da língua. Seja na coleta de alimentos, seja para aperfeiçoar a caça, o homem teve de se comunicar. E quanto mais bem estruturada fosse a linguagem, mais eficiente se tornava a busca por sobrevivência.

Portanto, diferentemente do que apregoava Locke, no estado de natureza não havia propriedade privada, pois no interior do gênero humano, o trabalho tem dimensão social e coletiva, existindo, assim como a linguagem, para suprir a necessidade do todo e não da parte. E foi nesse primeiro ato de violência — a

---

(24) ROUSSEAU, J. J. *Discurso sobre a origem e os fundamentos da desigualdade entre os homens*. 2002. p. 40.
(25) *Ibid.*, p. 46.

demarcação da primeira propriedade privada — no entendimento de Rousseau, que se passou do estado de natureza para a sociedade civil. A partir desse momento passou a haver desigualdade entre os homens, despertando-lhes os sentimentos de egoísmo, avareza e de luta permanente de todos contra todos.

> O primeiro que, depois de cercar um terreno, pensou em afirmar isto é meu e encontrou pessoas bastante ingênuas para acreditar nele foi o verdadeiro fundador da sociedade civil. Quantos delitos, quantas guerras, quantas matanças, quantas misérias e quantos horrores teria poupado ao gênero humano aquele que, arrancando as estacas ou enchendo o fosso, tivesse gritado aos semelhantes: 'não deis ouvidos a esse impostor. Se esquecerdes de que os frutos são de todos e que a terra não é de ninguém, estareis perdidos?'.(26)

Assim, o Estado civil ergueu-se como centro de toda a opressão política e fortificação de toda a desigualdade humana.

O contrato social de Rousseau aparta-se do lockeano, uma vez que este resultava de um acordo de vontade entre os homens, que são iguais na medida em que são racionais; naquele, por seu turno, não poderia haver igualdade entre latifundiário e camponês, entre industrial e operário com base apenas na racionalidade de ambos, mas devia ter como núcleo a "vontade geral dos signatários".

Era o germinar da noção de igualdade material.

Destarte, ainda que a muito do que foi por ele elaborado tenha sido atribuída qualificação de romântico, utópico ou ingênuo, sua contribuição foi decisiva para a percepção da igualdade, não apenas formal, mas substancial.

1.2.4. Immanuel Kant e a igualdade como condição para a liberdade

Sapere Aude. Atreve-te a saber. Tal alocução fora exalada pelo "grande demolidor de Koenigsberg"(27) para designar o tema do iluminismo. Immanuel Kant representa o ponto culminante do pensamento iluminista e, no interior de sua filosofia, o primado da razão encontra a sua defesa mais entusiástica. Foi ele inclusive partidário da Revolução Francesa, ao menos quando esta ainda não se encontrava em sua fase final e mais sanguinária.

> Apesar da relativa parcimônia, Kant foi considerado por seus contemporâneos, tanto a leste quanto a oeste do Reno, um ardente defensor e partidário da Revolução. Chegou a ter reputação de um

(26) ROUSSEAU, J. J. *Do contrato social*. São Paulo: Cultrix, 1995. p. 161.
(27) BONAVIDES, Paulo. *Do Estado liberal ao Estado social*, 2009. p. 89.

jacobino, e Charles Thereminm, então chefe de gabinete do Comitê de Saúde Pública e homem de confiança de Sieyès, tentou, a pedido deste último, estabelecer um contato direto, que Kant, já muito idoso e cauteloso para não intervir nos assuntos de um país estrangeiro, aparentemente teria recusado.(28)

Sua filosofia afigura-se como das mais grandiosas construções que o gênio político do século XVIII pode herdar à posteridade. Sua obra fixa nitidamente a fronteira que separa a Filosofia moderna dos velhos sistemas que ele superou.(29)(30)

Em seu debruço *Crítica da Razão Pura*, seu objetivo primordial era o de saber como seria possível conhecer, saber as possibilidades da razão. E, em tal reflexão, perguntava-se por qual motivo a metafísica não apresentaria o mesmo grau de razão que as matemáticas, a lógica ou a física.

A significação de tal pergunta é o mesmo que especular sobre a plausibilidade de a metafísica comportar formulação de juízos sintéticos *a priori*, uma vez que só estes são concomitantemente universais e necessários, acrescentando novos conhecimentos.

> [Kant] distingue as formas do conhecimento em *a priori*, ou puro, e *a posteriori*, ou empírico. Aqueles independem da experiência, sendo, pois, universais e necessários, enquanto estes se limitam aos dados oferecidos pela experiência e, por isso, contingentes. Porém, há, ainda, os juízos sintéticos e os analíticos, que se diferenciam por adicionar ou não elementos novos à assertiva.(31)

Faz Kant, após tais ilações, uma proposta de mudança de método na análise do ato cognitivo, por ele denominada de *Revolução Copernicana (Kopernikanische Wende)*. Desse modo, o sujeito não gira em torno dos objetos; mas, ao reverso, os objetos devem-se amoldar ao conhecimento.

A filosofia kantiana, portanto, não tem cunho ontológico, uma vez que não concerne à coisa em si, a saber, o ser, quer no que toca à sua existência, quer à sua essência; porém, ao contrário, refere-se ao conhecimento humano das coisas, sendo desse modo uma filosofia gnosiológica, pois, como retro aludido, não se ocupa dos objetos em si, mas da forma que podemos conhecê-los *a priori*.

---

(28) FERRY, Luk. *Kant:* uma leitura das três críticas. Tradução de Karina Jannini. Rio de Janeiro: Dielf, 2009. p. 288.

(29) BONAVIDES, Paulo. *Do Estado liberal ao Estado social*, 2009. p. 90-91.

(30) Conferir: PEREIRA, Dersú Georg Menescal. A teoria do contrato e o pensamento político-jurídico da filosofia kantiana. *Revista da UFPA*, Paraná, edição n. 3, mar. 2002. ARANALDE, Michel Maya. Reflexões sobre os sistemas categoriais de Aristóteles, Kant e Ranganthan. *Revista Ciência da Informação*, Brasília, v. 38, n. 1, jan. 2009.

(31) SANTOS, Fernando Ferreira dos. *Princípio constitucional da dignidade da pessoa humana*. São Paulo: Celso Bastos Editor, 1999. p. 21.

> [Para Kant,] todo objeto de conhecimento é determinado *a priori* pela própria maneira de nossa faculdade de conhecer [...] sem a ação da subjetividade, o conhecimento e a ação são impensáveis e por isso querer tematizá-los sem levantar a pergunta transcendental é cair no mais profundo dogmatismo.(32)

Kant faz, por conseguinte, do homem o "eixo de toda sua indagação crítica"(33).

Já em seu ensaio *Fundamentação da Metafísica dos Costumes*, Kant constrói uma inteligência segundo a qual o princípio da moralidade será buscado, *a priori*, exclusivamente nos conceitos da razão pura e não na natureza do homem, nem nas circunstâncias do mundo em que está inserido. O princípio da moralidade kantiano é pertinente a todos os que gozam de razão, que enquanto estrutura imanente *a priori*, permitiria a articulação do agir de cada um com vistas à garantia da liberdade de todos. É dizer, para Kant, a ideia de liberdade nasce da capacidade individual (enquanto ser racional) para formalizar os conteúdos necessários para o estabelecimento do seu agir no mundo, sendo, então, fixada a partir daquilo que ele denominou por *imperativo categórico*.

Para Kant, toda a moral está formada por imperativos, é dizer, por ordens: "Faça isso", "não faça aquilo", "evite isso". Esses imperativos estão presentes em toda a nossa vida: constantemente estamos dando ordens a nós mesmos de acordo com o que queremos fazer. Há objetivos condicionais, que são aqueles que estão de acordo com algum objetivo que almejamos: se quero pegar um avião que sai cedo, devo levantar-me cedo. Mas verdadeiramente moral seriam os objetivos que não têm objetivo algum, e que são oriundos de nossa condição humana, e que são impostos simplesmente por nossa razão. A esse conjunto de objetivos Kant chamou de imperativo categórico, por meio do qual formulou a máxima "conduze-te de tal modo que o teu agir possa converter-se em lei universal".

Nesse sentido, a universalidade necessária atribuída ao imperativo categórico, fundamento de todas as escolhas racionalmente decididas pelo indivíduo, parâmetro para o exercício consciente de sua liberdade, deve encontrar, no outro extremo, um indivíduo também racional. Este, igualmente, pauta as suas escolhas no imperativo categórico amparado no reino dos fins (em que nenhum indivíduo é considerado como "meio", mas fim em si mesmo em razão de sua especial dignidade), o que permite aos dois atingir um plano de igualdade superior àquele inicialmente estabelecido pela ideia puramente formal de igualdade definida pelos primeiros contratualistas. Nesse ponto da filosofia de Kant, as noções de igualdade e liberdade parecem convergir de tal forma que uma se coloca como condição para a outra.

---

(32) *Idem*.
(33) BONAVIDES. *Op. cit.*, p. 91.

Com isso se infere que, para Kant, a liberdade e a igualdade são fatos pré-jurídicos e pré-políticos, situados inicialmente no âmbito do juízo moral.

Contudo, Kant reconhece que a fundamentação moral da liberdade, lastreada no imperativo categórico, não é suficiente *per si* para garantir a sociabilidade humana, sujeita às inflexões desestabilizadoras das paixões e aos mecanismos produtores de desigualdades. Por isso, a sociabilidade requer a instituição de limites externos. Todavia, para que estes limites não entrem em contradição com a liberdade moral, devem ser eles estabelecidos a partir de leis autoimpostas, em virtude da capacidade dos seres racionais de legislarem para si próprios.

Desse ponto em diante, Kant inicia a construção de sua doutrina do direito, não do direito positivo, mas de um conceito universal (*a priori*) de direito, que tenha por objeto as relações interpessoais que constituem a sociabilidade humana. Nesses termos, a moral abrangeria o direito e o fundamento de ambos estaria na autonomia da vontade.

Kant retoma o tema do estado de natureza. Não o percebe, todavia, como oposto ao estado de sociedade, pois acredita que no estado de natureza possa existir uma sociedade, mas não uma sociedade civil, compreendida esta como Estado de Direito. Ou seja, a transição do estado de natureza para a sociedade civil se dá a partir do momento que os homens decidem regular o âmbito externo de sua liberdade com base em leis que sejam a expressão universal de sua vontade, pautada na defesa de suas respectivas autonomias privadas. A função primordial do direito público seria, portanto, garantir a efetividade do direito privado.

> O estado natural não é um estado fora do Direito, na concepção contratualista de Kant. Ao contrário do que postulava a antiga doutrina jusnaturalista, desde Hobbes, esse Estado, que antecede a organização política, já conhecia e praticava o Direito. Faltava, porém, um princípio de segurança para a liberdade, para as relações entre os indivíduos, todos mutuamente dotados da mesma igualdade e que representavam um vasto conglomerado de vontades particulares sobre as quais nenhuma vontade superior se elevava. [...] Quando ocorre a passagem do *status naturalisao status civilis*, o Estado então se constitui, aparece o público como Direito estatuído, provido de aparelhagem técnica, de órgãos que permitem ao princípio da autoridade positivar-se socialmente. O *status civilis* não é um estado justo, senão um estado jurídico. [...] o homem — asseverava Kant — não sacrificou parte de sua liberdade externa e inata a um fim determinado, quando entrou na comunidade estatal, senão que abandonou a liberdade feroz e anárquica, para reavê-la depois, intacta, na dependência da lei, ou seja, num estado jurídico, visto que esta dependência deriva de sua própria vontade legislativa.[34]

---

(34) BONAVIDES, Paulo. *Do Estado liberal ao Estado social*, 2009. p. 111-112.

Ao estruturar sua compreensão acerca do fenômeno jurídico em geral e da distinção entre público e privado, em particular, Kant se coloca dentro da mesma tradição trilhada anteriormente por Hobbes, Locke e Rousseau, ou seja, no campo da filosofia contratualista — e, mais especificamente, alinha-se com Locke no âmbito do liberal-individualismo.

> Adere ao princípio de Rousseau acerca das origens do poder político, que é a teoria do pacto social. Mas em Kant, o pacto deixa de ser um *Faktum*, realidade histórica, como na antiga doutrina contratual do jusnaturalismo [...] para se converter, por último, numa ideia de todo racional. Kant procede com o pacto da mesma maneira como procedera com o Direito e procederia depois com o Estado: racionaliza-o. Transfere-o da esfera sociológica para a esfera normativa. O pacto é uma ideia regulativa e não constitutiva, um *sollen* e não um *sein*.[35]

A investigação kantiana acerca do formalismo moral acabou por se colocar como fundamento para investigações posteriores acerca da plausibilidade de mútuo entendimento humano. Entendimento em torno das condições necessárias para um processo político igualitário e em torno de conceitos universais de justiça, continuando sua obra a falar através dos séculos.[36]

> Quando a Liberdade estiver em perigo e o Direito abalado em seus últimos alicerces, haverá sempre, na historia das ideias, a imperiosa necessidade de um retorno a Kant. Não para extrair de suas páginas cópias servis e imprestáveis, ou justificações pueris da exploração burguesa, senão para nutrir o espírito na riquíssima e fecunda seiva de seu pensamento profundamente humano. Outra, por conseguinte, não poderá ser a glória e a imortalidade desse grande filósofo.[37]

1.3. A crise do Estado liberal e a insuficiência da igualdade formal

Conforme asseverado *supra*, o Estado liberal, inquieto em escoar quaisquer resíduos medievais, sobretudo os que se tratavam de conceder privilégios, tinha como pedra de toque o princípio da igualdade em sua acepção formal, é dizer, a igualdade em face da lei.

Fundamentava-se na ideologia individualista, tendo o princípio da iniciativa privada como pedestal. Com fulcros nas formulações de Adam Smith, ergue-se o Estado liberal, absenteísta, indiferente aos interesses das minorias, neutro.

(35) *Ibid.*, p. 111.
(36) FERRY, Luk. *Kant:* uma leitura das três críticas. 2009. p. 335.
(37) BONAVIDES, Paulo. *Do Estado liberal ao Estado social*, 2009. p. 118.

Acreditava-se que o simples império da isonomia da lei seria apto a criar condições para um crescimento social relativamente igualitário.

Ocorre que, com o passar dos anos, notou-se que esse Estado não era tão neutro assim. Viu-se que, por mais que trabalhassem, as minorias étnicas, especialmente os operários, não disporiam de condições concretas para ascenderem socialmente.

Assistiu-se às desigualdades medievais outrora denunciadas pelos liberais retornarem ainda mais agudas.

> A pretexto da defesa da concorrência, suprimiram-se as corporações de ofício, mas ensejou, em substituição do domínio pela tradição, a hegemonia do capital. A liberdade econômica, porque abria campo às manifestações do poder econômico, levou à supressão da concorrência. [...] A igualdade, de outra parte, alcançava concreção exclusivamente no nível formal. Cuidava-se de uma igualdade à moda do porco de Owell, no bojo da qual havia — como há — os "iguais" e os "mais iguais". [...] Quanto à fraternidade, há toda evidência não poderia ser lograda de uma sociedade na qual compareciam o egoísmo e a competição como motores da atividade econômica.(38)

O ideal liberal, ainda que tenha apregoado a liberdade de iniciativa e de competição, não atentou para a preservação das condições de competição. Falava-se em igualdade e liberdade, mas não existiam instrumentos em face do Estado para a efetivação prática desses valores, esquecendo que, para que se possa competir, é preciso dispor de condições para tal.

> O velho Liberalismo, na esteira de sua formulação habitual, não pôde resolver o problema essencial de ordem econômica das vastas camadas proletárias da sociedade, e por isso entrou irremediavelmente em crise. A liberdade política como liberdade restrita era inoperante. Não dava nenhuma solução às contradições sociais, mormente daqueles que se achavam à margem da vida, desapossados de quase todos os bens.(39)

O decair do Estado liberal foi, por conseguinte, palco de luta de classes, especialmente nas sociedades situadas no centro do mundo industrial.

E do borbulhar do enfrentamento ideológico entre o capitalismo e o comunismo acabou vaporando-se uma "terceira via", representada pelo Estado Democrático Social de Direito, o *welfare state*.

---

(38) GRAU, Eros Roberto. *A Ordem Econômica na Constituição de 1988 (Interpretação e Crítica)*. São Paulo: Revista dos Tribunais, 1990. p. 40 a 43.
(39) BONAVIDES, Paulo. *Do Estado liberal ao Estado social*. 2009. p. 188.

Na esfera jurídica, o Estado Democrático Social de Direito acabou sendo condutor de importante mudança de paradigma. O centro da episteme normativa mudou-se do individualismo protagonizado no século XIX e afigurado no Código de Napoleão, o qual afirmou a inconteste supremacia da lei civil à constitucional. A Constituição, que dantes tratava-se apenas de mera carta política, passou também a reger o fato econômico, assumindo o Estado o papel de agente regulador da economia.

> Atuação no campo econômico, o Estado sempre desenvolveu. Apenas, no entanto, agora o faz sob e a partir de renovadas motivações mediante dinamização de instrumentos mais efetivos, o que confere substância a essas políticas. De resto, ainda no tempo do Liberalismo era o Estado, seguidas vezes, no interesse do capital, chamado a intervir na economia.[40]

> A partir daquele século, as Constituições passaram a conter normas de natureza especificamente econômicas, isto não quer dizer que só então tenha surgido a Constituição econômica. Na realidade o que ocorreu foi que ela tornou-se explícita, ao revés do que se dava até então, quando era implícita.[41]

Mesmo prevendo tais mecanismos de ingerência do Estado na esfera econômica, as Constituições sociais não se desapropriaram do modo de produção capitalista, porque se apoiam essencialmente na iniciativa privada e na apropriação dos meios de produção. Pelo contrário, esse sistema é modernizado e legitimado. São mantidos integralmente o modo de produção, os esquemas de repartição do produto e os mercados.

> Daí por que interessa ao Capitalismo uma Constituição progressista. Justamente no ser progressista é que a Constituição formal não apenas ensejará a manutenção da ordem capitalista, mas conferirá operacionalidade plena ao poder detido pelas classes dominantes. [...] O crescimento populacional implica a ocupação dos espaços do mundo. Mas essa ocupação é fragmentada, na medida em que a intercomunicação entre os indivíduos é comprometida. Embora os homens estejam mais próximos uns dos outros, não se comunicam entre si: a competição em que estão envolvidos os aparta. [...] e assim, o que é mais importante para a integridade do Capitalismo, essa fragmentação, além de comprometer a autenticidade da representação política, impede a superação da "ordem capitalista", que apenas se autotransforma, isto é, se aperfeiçoa.[42]

---

(40) GRAU, Eros Roberto. *A ordem econômica na Constituição de 1988 (Interpretação e Crítica)*. 1990. p. 40.

(41) BASTOS, Celso Ribeiro. *Curso de direito constitucional*. 22. ed. São Paulo: Saraiva, 2001. p. 34.

(42) GRAU, Eros Roberto. *A ordem econômica na Constituição de 1988 (Interpretação e Crítica)*. 1990. p. 71 e 72.

O fato é que de uma igualdade formal do liberalismo passou-se para uma tentativa de *igualdade material* de uma nova forma de Estado, sendo esta o "centro medular de todos os direitos".(43)

> Conduzido para fora das esferas abstratas, o princípio da igualdade, inarredavelmente atado à doutrina do Estado Social, já não pode ignorar o primado do fator ideológico nem tampouco as demais caracterizações de natureza axiológica. Ideologia e valores entram, assim, a integrar o conceito de igualdade, provocando uma crise para a velha igualdade jurídica do antigo Estado de Direito. Ela que nascera ideológica, levantada nos braços de um direito natural, se despolitizou num segundo momento, ao adquirir uma neutralidade de aparência, a qual apenas substituiu enquanto pôde substituir o antigo Estado de Direito da burguesia liberal e capitalista do século XIX.(44)

1.3.1. Karl Marx e os fundamentos da desigualdade baseados na divisão social do trabalho

Não se pode prescindir, ao traçar a evolução histórica do pensamento de igualdade, menção às notas de Karl Marx.

Não há que se falar em contratualismo em Marx, uma vez que, como se balizou até então neste estudo, a filiação de tal corrente de pensamento aos interesses da classe social burguesa fica patente; e a obra de Marx marcadamente tem como tarefa a crítica aos fundamentos políticos e sociais do modo de produção econômico por ela instituído.

Afigura-se imperioso *ab initio* observar que Marx e Engels rejeitam de forma peremptória a ideia segundo a qual o surgimento do Estado, aquilo que outrora fora denominado de passagem do estado de natureza para o estado civil, tenha se dado por meio de um contrato social.

O pai do socialismo científico, por meio de uma nova perspectiva sociológica chamada materialismo histórico,(45) destaca como principal elemento de sua reflexão o homem. Não o homem universal, nem o homem espiritual, ou o homem racional; mas o homem com força produtiva, como ser economicamente engajado.

---

(43) BONAVIDES, Paulo. *Curso de direito constitucional*. 25. ed. São Paulo: Malheiros, 2010. p. 376.
(44) *Ibid.*, p. 377.
(45) "Materialismo, porque somos o que as condições materiais (as relações sociais de produção) nos determinam a ser e pensar. Histórico porque a sociedade e a política não surgem de decretos divinos nem nascem da ordem natural, mas da ação concreta dos seres humanos no tempo." BITTAR, Eduardo C. B. *Curso de ética jurídica*. 8. ed. São Paulo: Saraiva, 2011. p. 360.

Cada modo de produção que se coloca ao longo da evolução histórica (escravista, feudal, capitalista) institui um modelo de Estado que corresponde ao seu modo peculiar de organização das relações sociais de produção e ao grau de desenvolvimento das forças produtivas. De tal maneira que é a forma e o grau de contradição estabelecido entre estes dois termos, no interior de um modo de produção, que criará as condições políticas suficientes para um salto de qualidade, uma mudança estrutural, por meio de uma revolução política e social — que, por sua vez, levará a um novo modo de produção.

Dessa arte, o Estado não resultaria de um consenso primitivo entre o conjunto universal dos indivíduos que compõe toda a sociedade, mas resulta de um acerto particularista entre os diversos grupos e facções que compõe o novo "bloco" no poder, e do qual estão substancialmente excluídos os grupos e classes sociais que passarão a ser economicamente explorados no interior do novo modo de produção.

E se em alguns momentos o Estado (como nas formulações de Locke) apresenta-se como garantidor universal da paz e da harmonia social, isso não passaria de um anomalia transitória. Um jogo de cena de alguma liderança carismática, que joga uma classe social contra a outra, apresenta-se como um árbitro, mas no fundo visa a garantir os interesses de apenas uma delas.

> Como o Estado nasceu da necessidade de conter o antagonismo das classes, e como, ao mesmo tempo, nasceu no seio do conflito entre elas, é, por regra geral, o Estado da classe mais poderosa, da classe economicamente dominante, classe que, por intermédio dele, se converte também em classe politicamente dominante e adquire novos meios para a repressão e exploração da classe oprimida. Assim, o Estado antigo foi, sobretudo, o estado dos senhores de escravos para manter os escravos subjugados; o Estado feudal foi o órgão de que se valeu a nobreza para manter a sujeição dos servos e camponeses dependentes; e o moderno Estado representativo é instrumento de que se serve o capital para explorar o trabalho assalariado.[(46)]

Marx e Engels subdividem a evolução da sociedade em três fases: (a) selvagem — período em que predomina a apropriação de alguns instrumentos rudimentares destinados a facilitar essa apropriação; (b) barbárie — período em que aparecem a criação de gado e a agricultura por meio do trabalho humano; (c) civilização — período em que o homem continua aprendendo a elaborar os produtos naturais, período da indústria propriamente dita e da arte.

Na teoria marxista, um estado de significativa diferenciação e assimetria começaria a surgir na transição do estado selvagem para a barbárie. Dar-se-ia

(46) ENGELS, F. *A origem da família, da propriedade privada e do Estado*. São Paulo: Global, 1984. p. 229.

ali a primeira divisão social do trabalho, a partir do momento que alguns grupos aprenderam a domesticar o gado. O surgimento de tribos pastoris teria criado uma grande diferenciação entre estas e os demais grupos bárbaros. Passaram essas tribos a produzir víveres em maior quantidade e variedade do que as demais, produzindo leite, lãs, peles, couros, fios e tecidos em quantidade cada vez maior. Foi este acúmulo que permitiu pela primeira vez a criação de um excedente destinado à troca, superando-se o ciclo da produção voltada exclusivamente para subsistência.

> O desenvolvimento de todos os ramos da produção — criação de gado, agricultura, ofícios manuais domésticos — tornou a força de trabalho do homem capaz de produzir mais do que o necessário para a sua manutenção. Ao mesmo tempo, aumentou a soma de trabalho diário correspondente a cada membro da gens, da comunidade doméstica ou família isolada. Passou a ser conveniente conseguir mais força de trabalho, o que se logrou através da guerra; os prisioneiros foram transformados em escravos. Dadas as condições históricas gerais de então, a primeira grande divisão social do trabalho, ao aumentar a produtividade deste, e por conseguinte, a riqueza, ao alargar o campo da atividade produtora, tinha que trazer consigo — necessariamente — a escravidão. Da primeira grande divisão social do trabalho nasceu a primeira grande divisão da sociedade em duas classes: senhores e escravos, exploradores e explorados.[47]

Apontam Engels e Marx severas críticas contra a suposta condição de igualdade estabelecida pelo Direito burguês em torno do princípio jurídico da isonomia ou da igualdade formal. Nessa toada, o marxismo denunciou claramente a insuficiência de uma concepção puramente formal da igualdade, desmascarando sua natureza ideológica que procurava esconder as assimetrias políticas decorrentes da desigualdade material entre os contratantes. Demonstrou o caráter eminentemente opressivo de um contrato de trabalho instituído com fulcro nos parâmetros do pensamento jurídico-liberal-individualista, fundado no conceito abstrato de relação jurídica e no princípio da autonomia privada. As presunções jurídicas ignoram a condição de fato existente entre as partes contratantes, e até mesmo a natureza peculiar de um contrato pelo qual se negocia a força de trabalho de uma pessoa humana.

Mostrou-se essa crítica extremamente pertinente e oportuna, constituindo-se inclusive no ponto de partida através do qual o movimento operário e sindical passou a se bater por uma reformulação jurídica das relações trabalhistas, exigindo intervenção do Estado na regulamentação dessa forma de relação contratual, no contexto tecido alhures.

---

(47) *Ibid.*, p. 216-217.

Não se pode negar que os fundamentos de sua crítica à economia política, baseada em uma dada visão social do trabalho, bem como sua compreensão acerca da correlação entre os fenômenos econômicos e os sistemas normativos permanece atual. Assim como os fundamentos de sua concepção normativa para a instituição de um regime de justiça como igualdade substancial.

Colocou, enfim, a chamada questão social no centro da reflexão política e filosófica de forma incontornável. Seu pensamento produziu ecos em diversos complôs do conhecimento, inclusive na filosofia do Direito contemporâneo, e sua influência é perceptível até mesmo entre aqueles que não se colocam no campo dos seus fiéis seguidores, mas que não puderam ignorar o peso de suas razões.

1.4. Igualdade no Neocontratualismo e a Teoria da Justiça de John Rawls: os pilares filosóficos das ações afirmativas

Na segunda metade do século XX, a teoria da justiça como equidade foi apresentada por John Rawls (1971), com a publicação da obra *A Theory of Justice*, que estabeleceu um novo marco em filosofia política, retomando a reflexão em torno da plausibilidade de uma teoria normativa capaz de garantir o estabelecimento de um plano de igualdade elementar.

Essa obra é resultado de inúmeras pesquisas publicadas como artigos autônomos anteriormente, e tem como claro propósito criticar as concepções de justiça baseadas no intuicionismo e, sobretudo, no utilitarismo.

Estabeleceu a chamada estrutura básica da sociedade como campo das referentes discussões, colocando o problema da distribuição material da riqueza no centro da reflexão jurídica, em especial na esfera constitucional. Nesse sentido, estabeleceu uma aproximação — ao menos temática — com o marxismo, a qual incomodou profundamente alguns de seus críticos,(48) sobretudo, na medida em que Rawls não colocou a propriedade privada dos meios de produção como uma liberdade elementar, essencial ou fundante. Dessa arte, relegou a sua definição para o acordo buscado na "situação inicial" (sucessor neocontratualista do estado de natureza), através da aplicação dos dois princípios da justiça.

Rawls assume de forma explícita e integral(49) a sua filiação junto à tradição contratualista. Retoma-se, com sua cria, o pensamento que vinha tentando

---

(48) Pode-se ter noção dos argumentos de alguns críticos de Rawls em: MOLINA, Paula Francisca Vidal. La teoría de la justicia social en Rawls. ¿Suficiente para enfrentar las consecuencias del capitalismo? *Revista Polis,* Santiago, v. 8, n. 23, 2009. NIELSEN, Kai. Rawls and the left: some left critiques of Rawls' teory of justice. *Revista Analyse & Kritik* 2, Helf 1, Westdoutscher Verlag, p. 74-97. SILVEIRA, Denis Coutinho. Teoria da justiça de John Jawls: entre o liberalismo e o comunitarismo. *TransFormAção,* Marília, v. 30, n. 1, 2007.

(49) "O meu objetivo é apresentar uma concepção da justiça que generaliza e eleva a um nível superior a conhecida teoria do contrato social, desenvolvida, entre outros, por Locke, Rousseau e Kant." RAWLS, John. *Uma teoria da justiça.* São Paulo: Martins Fontes, 1993. p. 33.

elaborar uma filosofia política em torno de uma reflexão acerca dos elementos que propiciam um processo de legitimação do poder estatal através de um consenso político pautado sobre um plano jurídico-normativo. Obviamente, o contratualismo de Rawls possui evidentes elementos de distinção em relação aos demais representantes dessa tradição.

Diferentemente de Hobbes e Kant, o contrato social não é pensado em termos de um acontecimento histórico, pelo qual passaram ou passam todas as sociedades, mas de forma hipotética. Trata-se de espécie de exercício mental, uma ideia norteadora através da qual se busca verificar se as instituições estão ou não estabelecidas de forma razoável.

> En la Teoría de la Justicia, se habla de un contrato muy particular — un contrato hipotético. Rawls se refiere, entonces, a un acuerdo que firmaríamos bajo ciertas condiciones ideales, y en el cual se respeta nuestro carácter de seres libres y iguales. [...]En una típica crítica aplicable tanto a Rawls como a Locke, Rousseau o Hobbes, muchos objetan al contractualismo sosteniendo que no tiene sentido pensar en contratos que en la práctica no han existido. Frente a Locke, Rousseau, o Hobbes, este reclamo viene simplemente a desmentir la existência de algo así como um contrato original real, presente en los comienzos de la vida civilizada:¿quién ha firmado dicho contrato?; ¿donde se ha quedado registrado el mismo? Frente a Rawls, que nos habla de um contrato hipotético, el cuestionamiento sería diferente. En tal caso, alguien podría preguntarse: ¿para qué me sirve saber qué acuerdo hubiera firmado en ciertas condiciones ideales que se encuentran por completo alejadas de lo que es mi vida presente?[...]Ello se debe al valor de dicho recurso teórico como medio para poner a prueba la corrección de algunas instuciones morales: el contrato tiene sentido, fundalmentelmente, porque refleja nuestro estatus moral igual, la idea de que, desde el punto de vista moral, la suerte de cada uno tiene la misma importancia — la idea de que todos contamos por igual. El contrato en cuestión, en definitiva, nos sirve para modelar la idea de que ninguna persona se encuentra inherenemente subordinada frente a las demás. Dicho contrato hipotético, entonces, viene a negar y no a reflejar — tal como parece ocurrir en los contratos hobbesianos — nuestra desigual capacidade de negociación.[50]

---

(50) GARGARELLA, Roberto. *Las teorías de la justicia después de Rawls:* un breve manual de filosofía política. Barcelona: Paidós, 1999. p. 31-34. Em tradução livre: "Na Teoria da Justiça, fala-se de um contrato bem particular — um contrato hipotético. Rawls refere-se, então, a um acordo que firmaríamos sob certas condições ideais, e no qual se respeita nossa condição de seres livres e iguais. [...] Em uma crítica comum aplicável tanto a Rawls quanto a Locke, Rousseau ou Hobbes, muitos contestam o contratualismo afirmando que não há sentido pensar em contratos que na prática não existiram. No que diz respeito a Locke, Rousseau ou Hobbes, esta crítica vem simplesmente a desmentir a existência de algo como um contrato real, presente nos primórdios da vida civilizada: quem firmara dito contrato?

Propõe a teoria rawlsiana a chamada "posição original", que seria o equivalente ao estado de natureza na concepção contratualista clássica. Assim, na posição original, os participantes, futuros fundadores de determinada sociedade, seriam colocados em situação equitativa, de forma imparcial a fim de escolher os princípios que regerão a sociedade vindoura.

Desconheceriam, portanto, os participantes os dotes que possuiriam ao adentrar no mundo. Por isso, a posição original deveria ser coberta pelo que chamou de "véu da ignorância". Este seria imperioso para que ninguém saia beneficiado ou prejudicado pela escolha dos princípios.

Dessa arte, o resultado de tal eleição surgiria como efeito de consenso equitativo. Ao se colocarem abstratamente em condição na qual todos poderiam assumir qualquer condição na futura associação política, buscar-se-ia de forma racional fixar certos princípios que repeliriam quaisquer privilégios, almejando bases de convivência igualitária e harmoniosa.

Ninguém deliberaria por instituir situação que poderia acarretar a si próprio e aos seus familiares uma situação de constrangimento e adversidade.

Ao acerto final de vontades nessa situação conjectural denominar-se-ia "equilíbrio reflexivo". Seria um *equilíbrio* na medida em que finalmente nossos princípios e opiniões coincidiram; *reflexivo,* pois saberíamos com quais princípios nossos julgamentos se conformariam com o conhecimento das premissas das quais derivam. Aí tudo estaria em ordem.

Pondera Rawls que dois princípios regeriam as escolhas dos indivíduos na posição original.

> Esses princípios devem obedecer a uma ordenação serial, o primeiro antecedendo o segundo. Essa ordenação significa que as violações das liberdades básicas iguais protegidas pelo primeiro princípio não podem ser justificadas nem compensadas por maiores vantagens econômicas e sociais. Essas liberdades têm um âmbito central de aplicação dentro do qual elas só podem ser limitadas ou comprometidas quando entram em conflito com outras liberdades básicas. Uma vez que podem ser limitadas quando se chocam umas

---

Onde ele se registrou? Em Rawls, que nos fala de um contrato hipotético, o questionamento seria diferente. Nesse caso, alguém poderia perguntar-se: para que me serviria saber qual acordo haveriam firmado em certas condições ideais, que se encontram completamente à margem de minha vida presente? [...] Isso se deve ao valor de dito recurso teórico como meio para pôr à prova a correção de algumas instituições morais: o contrato tem sentido especialmente porque reflete nosso *status* moral igual, a ideia de que, sob o ponto de vista moral, a sorte de cada um tem a mesma importância — a ideia de que todos contamos igualmente. O contrato em questão, definitivamente, serve-nos para modelar a ideia de que nenhuma pessoa se encontra inerentemente subordinada às demais. Tal contrato hipotético, portanto, vem a negar e não a refletir — tal como parece ocorrer nos contratos hobbesianos — nossa desigual capacidade de negociação".

> com as outras, nenhuma dessas liberdades é absoluta; entretanto, elas são ajustadas de modo a formar um único sistema, que deve ser o mesmo para todos.(51)

Assim, o pacto é estruturado levando em conta dois princípios basilares, quais sejam, o princípio da igualdade e o princípio da diferença. Rawls está convencido de que os dois princípios da justiça como equidade são justos e proveitosos para os cidadãos.

> A primeira apresentação dos dois princípios é a seguinte. Primeiro. Cada pessoa deve ter um direito igual ao mais extenso sistema de liberdades básicas idêntico para as outras. Segundo. As desigualdades econômicas e sociais devem ser distribuídas por forma que, simultaneamente: (a) se possa razoavelmente esperar que elas sejam em benefício de todos; (b) decorram de posições e funções às quais todos têm acesso.(52)

A aplicação de ambos os princípios confirma continuamente a realização da justiça, como equidade e igualdade. E isso sobretudo porque se trata de uma teoria que identifica as desigualdades naturais e procura corrigi-las.

Deve-se mesmo, numa teoria que tenha esse perfil, buscar romper a desigualdade natural entre as pessoas, para que assim se faça justiça. Não se trata de discutir se a distribuição natural é ou não justa, mas de discutir se a justiça das instituições é capaz de suprir diferenças que impedem o exercício de iguais direitos; sexos diferentes, corpos diversos, situações econômicas distintas, posições sociais diversificadas não devem receber o mesmo tratamento.(53)

Assim, após a realização do pacto original, com a eleição dos dois princípios, as partes contratantes escolhem sua Constituição, a qual institui um governo de legalidade, baseado na igualdade e na publicidade. Desse modo, seria o dever natural de justiça que impulsionaria os cidadãos à obediência da Constituição e das leis.

1.4.1. A igualdade real frente ao Estado contemporâneo

Intentou-se traçar, nas raias que delimitam a natureza deste trabalho, um panorama do que foi a evolução filosófica da equidade.

(51) RAWLS, John. *Uma teoria da justiça*, 1993. p. 65.
(52) *Ibid.*, p. 68.
(53) BITTAR, Eduardo C. B.; ALMEIDA, Guilherme Assis de. *Curso de filosofia do direito*. 9. ed. São Paulo: Atlas, 2011. p. 451.

Pôde-se mensurar que da fonte do contratualismo jorraram a evolução do pensamento sociopolítico daquilo que gradativamente passou a ser conhecido por constitucionalismo. E é dessa matiz que devem beber os constitucionalistas para inspirarem-se para novas e antigas questões.

Em especial nas ideias de Rawls baseia-se o espírito das afirmativas, uma vez que sua teoria da justiça busca corrigir as desigualdades naturais, e também serve como instrumento de avaliação para consequente aprovação ou não de normas ou ações específicas.

A igualdade material, como tracejada alhures, porém, tornou-se insuficiente, porque o mero dever genérico de obtenção de condições gerais mínimas de dignidade não atende à atenção que se deve atribuir às necessidades específicas de determinados grupos.

Entende Bonavides que o fracasso inicial dessas disposições relaciona-se com a própria recepção dos direitos sociais, cuja aplicabilidade, *a priori*, percebia--se como mediata:

> [Os direitos sociais] passaram primeiro por um ciclo de vida de baixa normatividade ou tiveram eficácia duvidosa, em virtude de sua própria natureza de direitos que exigem do Estado determinadas prestações materiais nem sempre resgatáveis por exiguidade, carência ou limitação essencial de meios e recursos. De juridicidade questionada nesta fase, foram remetidos à chamada esfera programática, em virtude de não conterem para sua concretização aquelas garantias habitualmente ministradas pelos instrumentos processuais de proteção aos direitos de liberdade. Atravessaram, a seguir, uma crise de observância e execução, cujo fim parece estar perto, desde que recentes Constituições, inclusive a do Brasil, formularam o preceito da aplicabilidade imediata dos direitos fundamentais.[54]

É nesse contexto que se propõe a igualdade real estritamente ligada ao conceito de ação afirmativa e típica de um Estado Democrático de Direito. Foi protagonizada pelas cortes constitucionais dos Estados Unidos da América e da Europa no segundo pós-guerra, em que os magistrados entenderam necessária a criação de meios que instrumentalizassem, concretizassem os direitos e garantias dos grupamentos minoritários previstos nos textos constitucionais.

> Os grupos minoritários, mesmo os grupos politicamente organizados mas não participantes dos esquemas dos governos em exercício, passaram a vislumbrar o processo judicial constitucional como um processo político de conquistas ou de reconhecimento de direitos

(54) BONAVIDES, Paulo. *Curso de direito constitucional*, 2010. p. 564.

conquistados mais ainda não formalizados, expressamente, nos documentos normativos. [...] No fluxo dessa mudança comportamental dos juízes constitucionais de todo o mundo democrático do pós-guerra é que se entronizou no sentido jurídico dos povos a consciência de uma necessária transformação na forma de se conceberem e aplicarem os direitos, especialmente aqueles listados entre os fundamentais. Não bastavam as letras formalizadoras das garantias prometidas; era imprescindível instrumentalizaram-se as promessas garantidas por uma atuação exigível do Estado e da sociedade.(55)

Festejado é também o princípio da igualdade real por economistas de vanguarda, a exemplo do indiano Amartya Sen,(56) que propõe que o desenvolvimento dos países seja medido não pelo Produto Nacional Bruto, ou por quaisquer outras unidades de medida que levem em conta exclusivamente a riqueza do país, mas sim que deveria ser feita análise de quão plenamente são usufruídas as liberdades substantivas dos indivíduos. Ademais, o referido autor critica a igualdade material, a qual ficaria restrita aos códigos. Defende, portanto, que o Estado deve promover, o máximo possível, as liberdades dos indivíduos, não se limitando a garanti-las, mas, de fato, efetivá-las.

Traz, por fim, ideias que aqui merecem comento a filosofia de Marcelo Neves.(57) Em sua obra, assevera que a igualdade material seria geradora de uma constitucionalização simbólica, fenômeno que encobriria problemas sociais, obstruindo transformações efetivas da sociedade, ou seja, o simples fato de estarem garantido nas Constituições direitos como educação, saúde, emprego, simplesmente serviria de máscara para que não se buscasse uma efetivação dos tais. Em suma, como sobreposição do sistema político no sistema jurídico, a constitucionalização simbólica tornaria alopoiético (recebendo informações diversas de seus próprios códigos e programas) — e não autopoiético — o sistema normativo. Um bloqueio destrutivo (perda da operacionabilidade da Constituição enquanto orientadora de expectativas sociais), causador de apatia das massas e reprodução da elitização do poder.

Caberá, pois, ao Estado Social Democrático de Direito o fito de garantir a efetivação da igualdade real, protegendo as minorias com vedação ao retrocesso e a implementação de políticas públicas pautadas nas ações afirmativas.

---

(55) ROCHA, Cármen Lúcia Antunes. Ação afirmativa: o conteúdo democrático do princípio da igualdade jurídica. *Revista de Informação Legislativa*. Brasília, a. 33, n. 131, p. 285, jul./set. 1996.
(56) SEN, Amartya. *Desenvolvimento como liberdade*. Tradução de Laura Teixeira Mota. São Paulo: Companhia das Letras, 2000.
(57) NEVES, Marcelo. *A constituição simbólica*. São Paulo: Martins Fontes, 2007.

2.

FUNDAMENTOS TEÓRICOS E CONCEITUAIS PERTINENTES AO OBJETO EM ESTUDO

"I have a dream that my four little children will one day live in a nation where they will not be judged by the color of their skin but by the content of their character."

(Martin Luther King Jr.)

Devem *ab ovo* ser feitas observações de cunho conceitual, por certo que facilitarão a tarefa de discorrer acerca do objeto de estudo. Incorrer-se-ia, pois, em grave omissão na investigação em que ora se inclina, se não se aludisse, ainda que rapidamente, a definições de seus elementos estruturantes.

2.1. *Preconceito*

"O homem é um ser axiológico."(58) Portanto, está constantemente valorando os objetos cognoscíveis. Racional que é, o homem tem a aptidão interna de eleger suas condutas. Desse modo, "viver é *estar sendo*",(59) estar escolhendo. E enquanto o homem está sendo, está escolhendo, ele está exercendo sua liberdade. O homem assim está constantemente praticando seu poder decisório. Cada mínima ação requer uma decisão, mesmo que quem decida nem sequer se dê conta de que está escolhendo, e o faz por meio de valorações.

Valor seria, desse modo, "toda força que, partida do homem, é capaz de gerar no homem a preferência por algo".(60)

Quer sejam universais, sociais, nacionais, particulares; quer sejam permanentes, duradouros ou efêmeros; quer sejam positivos ou negativos, os valores são inerentes ao homem.

No ato de conhecimento, que é uma constante na vida humana, é inafastável a presença de três elementos, a saber: o *eu*, aquele que conhece; a *atividade*, que

(58) FALCÃO, Raimundo Bezerra. *Hermenêutica*. São Paulo: Malheiros, 1997. p. 19.
(59) *Idem*.
(60) *Ibid*., p. 20.

o eu cognoscente desenvolve; e o *objeto* a que se dirige a atividade desenvolvida pelo eu. Não há eu sem objeto, nem tampouco objeto sem sujeito.[(61)]

Dessa arte, no processo de conhecimento, qualquer que seja o *objeto* na "teoria das ontologias regionais",[(62)] ele será conhecido pelo *eu*, que desenvolverá uma *atividade*, a qual resulta dos *valores* pertinentes àquele.

Sedimentando o entendimento que fora alicerçado por Gadamer, não pode o ser humano prescindir de seus valores para desenvolver a *atividade*.[(63)] *Preconceito* seria, por isso, um conceito prévio de algo. Determinada conduta em potencial. É, enfim, uma *atividade* — não em sentido físico, mas mental —, formada a partir de uma valoração inicial, para com determinado objeto. Preconceitos são, portanto, inerentes à natureza humana.

Atualmente, contudo, o vocábulo preconceito tem sido empregado somente com caráter pejorativo, sendo entendido como resultado de não outros valores que os negativos que não passam do plano da ideia.

> A expressão preconceito relaciona-se a percepções endógenas de um indivíduo, constituídas a partir de seu processo educacional e vivencial relativamente a pessoas e/ou grupos que se diferenciam por possuírem características fenotípicas distintas, ou por serem originárias de outro país ou nação, por serem de alguma etnia, por possuírem algum tipo de deficiência física ou mental ou por serem de outro sexo. [...] O preconceito é originário de pré-compreensões intuitivas de realidade, sem qualquer respaldo científico, é sempre a motivação e o fundamento de práticas discriminatórias.[(64)]

De fato, a psicossociologia atual pressupõe que os preconceitos estão essencialmente relacionados a práticas e comportamentos discriminatórios, é dizer, práticas objetivas de exclusão social.

> Deve-se ter em conta que atitudes preconceituosas geram-se em situações concretas de discriminação. Na perspectiva psicossocial, considera-se que os preconceitos desenvolvem-se no interior dos processos de exclusão social e modificam-se com estes. Nesta perspectiva o preconceito se define como uma forma de relação intergrupal em que, no quadro específico das relações de poder entre

---

(61) *Idem*.
(62) *Ibid*., p. 13-18.
(63) BRESOLIN, Kleberson. Gadamer e a reabilitação dos preconceitos. *Revista Intuito*, Porto Alegre, n. 1, 2008. p. 63-81.
(64) VIEIRA JÚNIOR, Ronaldo Jorge. *Responsabilização objetiva do Estado*: segregação institucional do negro e adoção de ações afirmativas como reparação aos danos causados. Curitiba: Juruá, 2011. p. 27.

grupos, se desenvolvem e se expressam atitudes negativas e depreciativas e comportamentos hostis e discriminatórios aos membros de um grupo por serem membros desse grupo.(65)

2.2. *Discriminação*

Quando um *valor negativo* dá cabimento a uma ação física contra um *objeto*, está-se diante de uma conduta discriminatória. O preconceito de valor negativo seria, nas expressões da Física Mecânica, uma energia potencial, enquanto a discriminação, energia cinética.

> Discriminar é diferenciar, distinguir, separar, discernir, estabelecer diferença. A discriminação (segregação separação, apartação) é ato. Como ato, pode ser observado, descrito, testemunhado. Preconceito, como a etimologia do vocábulo indica (pré + conceito) é um pré-juízo, ou seja, um pré-julgamento: juízo antecipado ou *a priori* — opinião formada sem reflexão, conceito anterior a toda experiência ou fato: prevenção, abusão. [...] A discriminação envolve desigualdade de tratamento. O preconceito envolve sentimentos (antipatia, aversão, ódio, medo, insegurança, desconfiança etc.)(66)

Para Danièle Lochak, "la discrimination, c'est la distinction ou la différence de traitement illégitime: illégitime parce qu'arbitraire, et interdite puisqu'illégitime."(67)

Joaquim Barbosa Gomes(68) divide as formas pelas quais podem manifestar-se as práticas discriminatórias em (a) *discriminações intencionais*, as que se pode ainda subdividir em (a.1) *explícitas* e (a.2) *implícitas*; bem como as (b) *discriminações não intencionais*.

Podem-se perceber as *discriminações intencionais explícitas* quando, deliberadamente, se defere a um determinado indivíduo ou coletividade um tratamento desigual em qualquer atividade pública, tais como concursos e promoções ou, no mesmo sentido, junto à iniciativa privada, em razão de cor, raça, sexo, religião, bem como qualquer outra característica que a distinga da maioria naquele meio determinado. Assim, o critério do *discrimen* se observa com nitidez e objetividade.(69)

---

(65) CAMINO, L.; PEREIRA, C. O papel da Psicologia na construção dos Direitos Humanos: análise das teorias e práticas psicológicas na discriminação ao homossexualismo. *Revista Perfil*, 2002.

(66) BRANDÃO, Adelino. *Direito racial brasileiro*. São Paulo: Juarez de Oliveira, 2002. p. 13.

(67) LOCHAK, D. Réflexions sur la notion de discrimination, *Droit Social*, n. 11, 1887. "A discriminação é a distinção ou a diferença de tratamento ilegítimo: ilegítimo por ser arbitrário, e proibido, pois ilegítimo." (tradução livre)

(68) GOMES, Joaquim Barbosa. *Ação afirmativa & princípio constitucional da igualdade*. 1. ed. Rio de Janeiro e São Paulo: Renovar, 2001.

(69) *Id. Ibid.*

Embora a discriminação intencional configure, via de regra, uma situação de fato ilícita, visto que contraria o princípio da isonomia, benfazejo lembrar que há circunstâncias em que elas podem ocorrer em consonância com o direito. Sobretudo quando a discriminação apresentar-se como essencial ou necessária para o desenvolvimento de determinada modalidade de trabalho ou serviço, no qual se exigem habilidades técnicas específicas ou nas quais uma determinada tarefa pode ser melhor realizada ou deve necessariamente ser efetuada por grupos integrantes de um determinado sexo ou raça. Exemplifica o professor Celso Antônio Bandeira de Mello:

> Suponha-se hipotético concurso público para seleção de candidatos a exercícios físicos, controlados por órgãos de pesquisa, que sirvam de base ao estudo e medição da especialidade esportiva mais adaptada a pessoas de raça negra. É óbvio que os indivíduos de raça branca não poderão concorrer a este certame. E nenhum agravo existirá ao princípio da isonomia na exclusão de pessoas de outras raças que não a negra. [...] Pode-se, ainda, supor que grassando em certa região uma epidemia, a que se revelem resistentes os indivíduos de certa raça, a lei estabeleça que só poderão candidatar-se a cargos públicos de enfermeiro, naquela área, os indivíduos pertencentes à raça refratária à contração da doença que se queira debelar. É óbvio, do mesmo modo, que, ainda aqui, as pessoas terão sido discriminadas em razão da raça, sem, todavia, ocorrer, por tal circunstância, qualquer preceito ao princípio igualitário.(70)

No mesmo plano de discriminação intencional legítima situam-se aquelas que foram alcunhadas de *discriminações positivas*, aplicadas por intermédio de políticas públicas, conhecidas como *ações afirmativas*. Nessa modalidade, busca-se um meio ativo através do qual se impeça que a mera garantia de igualdade se constitua em fator de perpetuação de desigualdades estruturalmente compartilhadas. Possuem caráter redistributivo e restaurador, pressupondo necessariamente uma desigualdade oficial ou historicamente comprovada.(71)

No que diz respeito à prática das chamadas *discriminações intencionais implícitas*, por seu turno, ocorrem estas na medida em que o agente que impõe a exclusão o faz de forma dissimulada. Em algumas circunstâncias, pode resultar de uma interpretação maliciosa de determinada disposição legislativa, uma discriminação na aplicação do direito, na qual inexiste um caráter ostensivo de discriminação.

Por fim, examinem-se as denominadas *discriminações não intencionais*. Estas decorreriam de alguma omissão, constituindo-se em discriminações de fato.

---

(70) MELLO, Celso Antônio Bandeira de. *O conteúdo jurídico do princípio da igualdade*. 3. ed. São Paulo: Malheiros, 2011. p. 16.

(71) GOMES, Joaquim Barbosa. *Op. cit.*, 2001.

Tal aspecto decorre não de um propósito explícito ou implícito da exclusão de determinados grupos, tampouco de ato comissivo da administração ou do legislativo. Procede, sim, da indiferença do poder público em face de grupos sociais expostos a processos recorrentes de marginalização, sujeitos a diversas formas de estigma. Resultaria, então, da ausência de políticas públicas ou de iniciativas privadas destinadas à reversão desse quadro de exclusão de oportunidades, por meio do qual se cria espécie de naturalização das desigualdades.(72)

Tratando do mesmo assunto, porém, de forma mais genérica, Celso Antônio Bandeira de Mello procurou, com exata propriedade, fixar algumas regras capazes de assegurar no plano normativo a igualdade de tratamento, ou em outros termos, regras autorizadoras e desautorizadoras de discriminação.(73)

Nesse sentido, o estabelecimento de discriminações não poderia ser realizado sem a violação ao princípio da isonomia em relação a três aspectos: (a) o primeiro diz respeito ao elemento tomado como fator de desequiparação; (b) o segundo reporta-se a uma correlação lógica e abstrata existente entre o fator instituído como critério de discriminação e a disparidade estabelecida no tratamento jurídico em concreto; (c) o terceiro fator diz respeito à consonância dessa correlação lógica com os interesses tutelados pelo sistema constitucional e, desse modo, judicizados.(74)

Nessa baila, dever-se-ia primeiro identificar o que é adotado como critério discriminatório; depois, verificar se existe alguma justificativa racional, algum fundamento lógico para, em razão desse critério, atribuir-se o tratamento desigual; e, por fim, analisar-se se tal fundamento encontra-se perfilado com os valores prestigiados no sistema normativo constitucional.

Segundo o jurista, tais aspectos não deveriam ser considerados isoladamente, mas somente a conjunção de todos os três permitiria uma interpretação adequada do problema. Nesses termos, se a norma estiver ajustada ao princípio da igualdade sob o primeiro aspecto, cumpriria examiná-la, sucessivamente, em relação aos outros dois — sendo que a ofensa a qualquer deles já seria *per si* suficiente para desqualificá-la.

> Há ofensa ao preceito constitucional da isonomia quando: I — a norma singulariza atual e definitivamente um destinatário determinado, ao invés de abranger uma categoria de pessoas, ou uma pessoa futura e indeterminada. II — a norma adotada como critério discriminador, para fins de diferenciação de regimes, elemento não residente nos

(72) *Id. Ibid.*
(73) *Id. Ibid.*
(74) *Id. Ibid.*

fatos, situações ou pessoas por tal modo desequiparadas. É o que ocorre quando pretende tomar o fator "tempo" — que não descansa no objeto — como critério diferencial. III — a norma atribui tratamentos jurídicos diferentes em atenção a fator de discrímen adotado que, entretanto, não guarda relação de pertinência lógica com a disparidade de regimes outorgados. V — a norma supõe relação de pertinência lógica existente em abstrato, mas o discrímen estabelecido conduz a efeitos contrapostos ou de qualquer modo dissonantes dos interesses prestigiados constitucionalmente. V — a interpretação da norma extrai dela distinções, discrimens, desequiparações que não foram professadamente assumidas por ela de modo claro, ainda que por via implícita.[75]

2.3. *Racismo*

Não é o cerne deste debruço dissertar acerca de um conceito vasto e amplamente difuso como o de "racismo". Traça-se, porém, uma ideia do que este seja.

Parta-se, *ab initio*, da definição de Aurélio Buarque de Holanda Ferreira, para quem racismo significa:

> Tendência do pensamento, ou modo de pensar em que se dá grande importância à noção da existência de raças humanas distintas.
>
> Qualquer teoria que afirma ou se baseia na hipótese da balidade científica do conceito de raça e da pertinência deste para o estudo dos fenomenos humanos. [Cf. Raça (1 e 2)]
>
> Qualquer teoria ou doutrina que considera que as características culturais humanas sao determinadas hereditariamente, pressupondo a existência de algum tipo de correlação entre as características ditas "raciais" (isto é, físicas e morfológicas) e aquelas culturais (inclusive atributos mentais, morais etc.) dos indivíduos, grupos sociais ou populações.
>
> P. ext. Qualquer doutrina que sustenta a superioridade biológica, cultural e/ou moral de determinada raça, ou de determinada população, povo ou grupo social considerado como raça.
>
> Qualidade de sentimento de individuo racista; esp. atitude preconceituosa ou discriminatória em relação a indivíduo(s) considerado(s) de outra raça.[76]

---

(75) *Ibid.*, p. 47-48.

(76) FERREIRA, Aurélio Buarque de Holanda. *Novo dicionário básico da língua portuguesa*. Rio de Janeiro: Nova Fronteira, 1988. 1 v., p. 548.

Sob o espeque da Ciência Política, tem-se uma outra formulação de relevo:

> Com o termo racismo se entende, não a descrição da diversidade das raças ou dos grupos étnicos humanos, realizada pela antroplogia física ou biológica, mas a referência do comportamento do indivíduo à raça a que pertence e, principalmente, o uso político de alguns resultados aparentemente científicos, para levar à crença da superioridade de uma raça sobre as demais. Este uso visa a justificar e consentir atitudes de discriminação e perseguição contra as raças que se consideram inferiores.(77)

Um conceito jurídico para o racismo seria: "une opinion selon laquelle l'humanité doit être divisée en races hiérarchisées. Il pousse ceux qui y adhèrent à commettre des discriminations à l'égard des personnes qu'ils considèrent appartenir à des races inférieures."(78)

O racismo seria, portanto, a tendência do pensamento, ou o modo de pensar, em que se dá grande importância à noção da existência de raças humanas distintas e superiores umas às outras, normalmente relacionando características físicas hereditárias a determinados traços de caráter e inteligência ou manifestações culturais. O racismo não é uma teoria científica, mas um conjunto de opiniões preconcebidas que valorizam as diferenças biológicas entre os seres humanos, atribuindo superioridade a alguns de acordo com a matriz racial.(79)

2.4. *Ações afirmativas*

As ações afirmativas, chamadas, geralmente, na Europa de discriminação positiva,(80) surgiram inicialmente como um mero encorajamento por parte dos

---

(77) BOBBIO, Norberto; MATTEUCCI, Nicola; PASQUINO, Gianfranco. *Dicionário de política.* 12. ed. Brasília: EdUnb, 2002. p. 1.059.

(78) LEBRETON, Gilles. La lutte contre les discriminations raciales. *Nomos, revista do curso de mestrado em direito da UFC*, v. 28.2, jul./dez. 2008. Em tradução livre: "uma opinião segundo a qual a humanidade deve estar dividida em raças hierarquizadas. Seria legítimo, segundo essa corrente, que se cometessem discriminações em relação a pessoas que se considerassem de raças inferiores".

(79) BARBUJANI, Guido. *A invenção das raças.* São Paulo: Contexto, 2002.

(80) "Le choix de traduire *affirmative action* (qui littéralement signifie 'action volontariste') par 'discrimination positive' n'est pas neutre. En associant l'épithète 'positive' au substantif 'discrimination' — mot négatif s'il en est —, cette mauvaise traduction semble signifier le rejet de la politique qu'elle désigne. Ce n'est donc pas un hasard si cette expression, marquée par une très forte charge négative, s'est ainsi répandue. Toutefois, elle ne paraît plus convenir et il deviendrait préférable d'en changer. Alors que la formule 'discrimination positive' est longtemps restée une appellation commode pour ne pas envisager de la mettre en application, elle est aujourd'hui gênante tant les pressions pour la mettre en oeuvre sont de plus en plus fortes. Ainsi, on propose plutôt de faire de l' 'action positive' — traduction directe d'une acception anglo-saxonne —, de la 'mobilisation positive' comme l'évoque le Premier ministre Jean-Pierre Raffarin qui en a forgé le terme, ou de la 'promotion positive' suivant le

Estados a que os tomadores de decisão do setor público e privado levassem em conta nas suas decisões referentes, por exemplo, ao acesso ao mercado de trabalho e à educação, as desigualdades naturais entre os seres humanos. No final da década de sessenta, nos Estados Unidos, demonstrada a insuficiência do mero encorajamento, o instituto das ações afirmativas passou a ser associado à ideia de realização da igualdade de oportunidades.

> Plutôt que de s´en tenir aux discours de justifications de la discrimination positive dominants dans le débat politico-juridique américain, en envisageant le dispositif soit comme un mécanisme de restauration de la distribution des ressources socio-économique entre les différents groupes raciaux qui aurait prévalu en l´absence de l´injustice commise dans le passé à l´encontre de certains d´entre eux, selon le paradigme de la compensation (justice corretive) importé du droit privé, soit comme un instrument de promotion de la diversité, envisagée comme un bien social, il est possible, et à notre sens plus cohérent, de concevoir l´affirmative action comme ayant pour objectifs la rédution de ce qui apparaît comme un désavantage spécifique subi aux États-Unis par les noirs dans de nombreuses sphères d´interaction, désavantage lié précisément aux phénomènes d´identification raciale.[81]

---

vocable choisi par le Haut Conseil à l'intégration. On peut y voir une volonté de s'attacher à la forme pour repousser le moment où il faudra s'occuper sérieusement du fond." KESSLASY, Éric. *La discrimination positive aux États-Unis e en France*. Bréal, 2004. Em tradução livre: "A escolha de traduzir ação afirmativa (que literalmente significa 'ação voluntarista') por 'discriminação positiva' não é neutra. Ao combinar o epíteto de 'positivo' com o substantivo 'discriminação' — palavra negativa, se for o caso — esta má tradução parece significar a rejeição da política que ela designa. Então, não é por acaso que esta expressão, marcada por uma carga negativa muito forte, se espalhou assim. No entanto, parece não ser mais adequada e seria preferível mudá-la. Embora a designação 'discriminação positiva' tenha permanecido durante muito tempo um rótulo conveniente para não vislumbrar a sua implementação, hoje é incômodo e a pressão para implementá-la está se tornando cada vez mais forte. Assim, propomos fazer da 'ação positiva' tradução direta de uma acepção anglo-saxã, uma 'mobilização positiva', como mencionado pelo primeiro-ministro Jean-Pierre Raffarin, que cunhou o termo, ou 'promoção positiva', de acordo com a palavra escolhida pelo Conselho Superior para a Integração. Desta forma, podemos ver nesta escolha uma vontade de se concentrar na forma para postergar o momento que será preciso analisar seriamente os méritos da questão".

(81) SABBAGH, Daniel. L´affirmative action: effets symboliques et strategies de presentation. L'Enjeu mondial. *Presses de Sciences Po*, 2009. Em tradução nossa: "Mais do que se concentrar nos discursos de justificações da discriminação positiva dominantes no debate jurídico-político norte-americano, considerando o dispositivo como um mecanismo de recuperação da distribuição dos recursos socioeconômicos entre diferentes grupos raciais que teriam prevalecido na ausência de injustiça cometida no passado contra alguns deles, de acordo com o paradigma da compensação (justiça corretiva) importado do direito privado, quer como um instrumento para promover a diversidade, considerada como um bem social, é possível, e mais coerente em nossa opinião, conceber a ação afirmativa tendo como objetivo a redução do que aparece como uma desvantagem específica sofrida pelos negros nos Estados Unidos da América em inúmeras interações relacionadas aos fenômenos da identificação racial".

O principal objetivo das ações afirmativas, então, é o de promover e concretizar o princípio da igualdade real. Coaduna-se perfeitamente com a ideia esposada por Rawls, em sua Teoria da Justiça, de construir uma sociedade baseada nos princípios da igualdade e da diferença.

> Atualmente as ações afirmativas podem ser definidas como um conjunto de políticas públicas e privadas de caráter compulsório, facultativo ou voluntário, concebidas com vistas ao combate à discriminação racial, de gênero, por deficiência física e de origem nacional, bem como para corrigir ou mitigar os efeitos presentes da discriminação praticada no passado, tendo por objetivo a concretização do ideal de efetiva igualdade de acesso a bens fundamentais como a educação e o emprego. Diferentemente das políticas governamentais antidiscriminatórias, baseadas em leis de conteúdo meramente proibitivo, que se singularizam por oferecerem às respectivas vítimas tão somente instrumentos jurídicos de caráter reparatório e de intervenção *ex post facto*, as ações afirmativas têm natureza multifacetária. Visam a evitar que a discriminação se verifique nas formas usualmente conhecidas — isto é, formalmente, por meio de normas de aplicação geral ou específica, ou através de mecanismos informais, difusos, estruturais, enraizados nas práticas culturais e no imaginário coletivo. Em síntese, trata-se de políticas e de mecanismos de inclusão concebidos por entidades públicas, privadas e por órgãos dotados de competência jurisdicional, com vistas à concretização de um objetivo constitucional de oportunidades a que todos os seres humanos têm direito.(82)

Tendo como ascendente o intelecto das universidades norte-americanas, o conceito de ação afirmativa, de lá, vem se propagando por diversos países, inserindo-se no interior de suas ordens jurídicas. Poder-se-ia defini-la, assim, como conjunto de políticas compensatórias e de valorização de identidades coletivas vitimadas por alguma forma de estigmatização.

São normalmente impulsionadas pelo poder público, quer diretamente, quer por meio de incentivos à iniciativa privada e à sociedade civil, com o fito de facilitar o acesso a certos bens jurídicos por parte de indivíduos pertencentes a grupos minoritários. Malgrado a imprecisão do termo "minoritário", este aponta para os segmentos da sociedade que historicamente foram alvos de algum processo de opressão, discriminação ou marginalização étnico-religiosa, social, econômica, política, sexual etc.

---

(82) GOMES, Joaquim Barbosa. O debate constitucional sobre as ações afirmativas. In: SANTOS, Renato E.; LOBATO, Fátima (orgs.). *Ações afirmativas:* políticas públicas contra as desigualdades raciais. Rio de Janeiro: DP&A, 2003. p. 27.

Trata-se, portanto, de um conjunto de políticas de integração em que, servindo-se de diversos instrumentos de intervenção, almeja-se uma recomposição da estrutura de classes da sociedade contemporânea a partir de um corte culturalista.

> De cunho pedagógico e não raramente impregnadas de um caráter de exemplaridade, têm como meta, também, o engendramento de transformações culturais e sociais relevantes, aptas a inculcar nos atores sociais a utilidade e a necessidade da observância dos princípios do pluralismo e da diversidade nas mais diversas esferas do convívio humano. Por outro lado, constituem, por assim dizer, a mais eloquente manifestação da moderna ideia de Estado promovente, atuante, eis que se sua concepção, implantação e delimitação jurídica participam todos os órgãos estatais essenciais. Aí se incluindo o Poder Judiciário, que ora se apresenta no seu tradicional papel de guardião da integridade do sistema jurídico como um todo e especialmente dos direitos fundamentais, ora como instituição formuladora de políticas tendentes a corrigir as distorções provocadas pela discriminação. Trata-se, em suma, de um mecanismo sociojurídico destinado a viabilizar primordialmente a harmonia e a paz social, que são seriamente perturbadas quando um grupo social expressivo se vê à margem do processo produtivo e dos benefícios do progresso. Bem como a robustecer o próprio desenvolvimento econômico do país, na medida em que a universalização do acesso à educação e ao mercado de trabalho tem como consequência inexorável o crescimento macroeconômico, a ampliação generalizada dos negócios, numa palavra, o crescimento do país como um todo.[83]

As ações afirmativas só puderam atingir o *status* de políticas públicas de integração, não se pode olvidar, porque foram precedidas por um forte movimento de revalorização de identidades até então marginalizadas, até mesmo por boa parte daqueles que por elas identificados (Multiculturalismo[84]).

> La discrimination positive a pour objet d´offrir une réponse, un correctif, à une situation constatée de discrimination vécue par le groupe visé. Elle naît donc d´un constat : les mebres du groupe visé sont sous-représentés dans un ensamble considéré. Autrement dit, les statistiques montrent que les membres de ce groupe ont moins de

(83) *Ibid.*, p.. 24-25.

(84) A expressão multiculturalismo "designa originalmente a coexistência de formas culturais ou de grupos caracterizados por culturas diferentes no seio das sociedades modernas" (SANTOS, Boaventura de Sousa. *Reconhecer para libertar*: os caminhos do cosmopolitismo cultural. Rio de Janeiro: Civilização Brasileira, 2003. p. 26). Deve-se, portanto, reconhecer as diferenças por meio da criação de políticas sociais voltadas para a redução das desigualdades, a redistribuição de recursos e a inclusão.

> chances que les autres individus d´accéder à tel ou tel avantage ou à telle ou telle position considérée comme enviable. Ainsi, on peut constater que peu de personnes issues de l´immigration accèdent à des emplois de haut niveau, que peu de femmes sont présentes sur les listes électorales, que peu de jeunes d´origine étrangère accomplissent des études universitaires...[85]

Um dos elementos do Estado Social, cujo propósito já se mencionara, reside exatamente no estabelecimento de um paradigma assentado no oferecimento de prestações positivas, de natureza material e em caráter universal. Nesse ínterim, os objetivos do Estado Democrático Social de Direito coincidem com aqueles usualmente atribuídos às ações afirmativas.

> Em regra geral, justifica-se a adoção das medidas de ação afirmativa com o argumento de que esse tipo de política social seria apta a atingir uma série de objetivos que restariam normalmente inalcançados caso a estratégia de combate à discriminação se limitasse à adoção, no campo normativo, de regras meramente proibitivas de discriminação. Numa palavra, não basta proibir, é preciso também proibir, tornando rotineira a observância dos princípios da diversidade e do pluralismo, de tal sorte que se opere uma transformação no comportamento e na mentalidade coletiva, que são, como se sabe, moldados pela tradição, pelos costumes, em suma, pela história. Assim, além do ideal de concretização da igualdade de oportunidades, figuraria entre os objetivos almejados com as políticas afirmativas o de induzir transformações de ordem cultural, pedagógica e psicológica, aptas a subtrair do imaginário coletivo a ideia de supremacia e de subordinação de uma raça em relação à outra, do homem em relação à mulher. O elemento propulsor dessas transformações seria, assim, o caráter de exemplaridade de que se revestem certas modalidades de ação afirmativa, cuja eficácia como agente de transformação social poucos até hoje ousariam negar. Ou seja, de um lado essas políticas simbolizariam o reconhecimento oficial da persistência e da perenidade das práticas discriminatórias e da necessidade de sua eliminação. De outro, elas teriam também por meta atingir objetivos de natureza cultural, eis

---

(85) RENAULD, B. Les discriminations positives. Plus ou moins d´égalité, *RTDH*, 1997. "A discriminação positiva tem por objetivo fornecer uma resposta, um corretivo a uma situação constatada de discriminação sofrida pelo grupo visado. Ela nasceu, portanto, de uma constatação: os membros deste grupo alvo são sub-representados em um conjunto a ser considerado. Em outras palavras, as estatísticas mostram que os membros deste grupo possuem menos chances do que outros indivíduos para ter acesso a uma vantagem especial ou a esta ou àquela posição considerada invejável. Assim, podemos ver que poucas pessoas oriundas da imigração conseguem empregos de alto nível, que poucas mulheres constam das listas de eleitores, que poucos jovens de origem estrangeira concluem o ensino universitário..." (tradução livre)

> que delas inevitavelmente resultariam a trivialização, a banalização, na *polis*, da necessidade e da utilidade de políticas públicas voltadas à implantação do pluralismo e da diversidade. Por outro lado, as ações afirmativas têm como objetivo não apenas coibir a discriminação do presente, mas sobretudo eliminar os efeitos persistentes (psicológicos, culturais e comportamentais) da discriminação do passado, que tendem a se perpetuar. Esses efeitos se revelam na chamada discriminação estrutural, espelhada nas abismais desigualdades sociais entre grupos dominantes e grupos marginalizados. Figura também como meta das ações afirmativas a implantação de uma certa diversidade e de uma maior representatividade dos grupos minoritários nos mais diversos domínios de atividade pública e privada.(86)

São modalidades de ações afirmativas o uso de cotas; a instituição de programas baseados em metas, fixando-se uma dada proporção de indivíduos pertencentes a grupos minoritários que se esperaria ver integrados em certas instituições públicas e em posições de comando e de liderança em empresas; incentivos fiscais, dentre outros.

> No que pertine às técnicas de implementação das ações afirmativas, podem ser utilizados, além do sistema de cotas, o método do estabelecimento de preferências, o sistema de bônus e os incentivos fiscais (como instrumento de motivação do setor privado). De crucial importância é o uso do poder fiscal, não como mecanismo de aprofundamento da exclusão, como é a nossa tradição, mas como instrumento de dissuasão da discriminação e de emulação de comportamentos (públicos e privados) voltados à erradicação dos efeitos da discriminação de cunho histórico. Noutras palavras, ação afirmativa não se confunde nem se limita às cotas. [...] ação afirmativa é um conceito que, usualmente, requer o que nós chamamos de metas e cronogramas. Metas são um padrão desejado pelo qual se mede o progresso e não se confunde com cotas. [...] a ação afirmativa parte do reconhecimento de que a competência para exercer funções de responsabilidade não é exclusiva de um determinado grupo étnico, racial ou de gênero. Também considera que os fatores que impedem a ascensão social de determinados grupos estão imbricados numa complexa rede de motivações, explícita ou implicitamente, preconceituosas.(87)

(86) GOMES, Joaquim Barbosa. In: SANTOS, Renato E.; LOBATO, Fátima (orgs.), 2003. p. 29-30.
(87) *Ibid.*, p. 38.

3.

A PROBLEMÁTICA RACIAL NO BRASIL E AS CONSEQUÊNCIAS SOCIAIS DA ESCRAVIDÃO E DA ABOLIÇÃO

"— Não gosto que a cantes, não, Isaura. Hão de pensar que és maltratada, que és uma escrava infeliz, vítima de senhores bárbaros e cruéis. Entretanto, passas aqui uma vida, que faria inveja a muita gente livre. Gozas da estima de teus senhores. Deram-te uma educação, como não tiveram muitas ricas e ilustres damas, que eu conheço. És formosa e tens uma cor linda, que ninguém dirá que gira em tuas veias uma só gota de sangue africano.

[...]

— Mas senhora, apesar de tudo isso, que sou eu mais do que uma simples escrava? Essa educação, que me deram, e essa beleza, que tanto me gabam, de que me servem?... São trastes de luxo colocados na senzala do africano. A senzala nem por isso deixa de ser o que é: uma senzala.

— Queixas-te de tua sorte, Isaura?

— Eu não, senhora: apesar de todos esses dotes e vantagens que me atribuem, *sei conhecer o meu lugar.*"

(Trecho de conversa de sinhá Malvina com Isaura, extraído do romance "A Escrava Isaura" de Bernardo Guimarães. Grifou-se)

3.1. *A colonização brasileira e a trajetória do negro*

Iniciaram os lusíadas, movidos pelo ideário mercantilista, impulsionados pela tenra formação do Estado nacional português, e munidos de avançada tecnologia de navegação importada do mundo mouro, seus ensaios de jornadas marítimas, galgando, com tais proezas, de todos o seu maior feito histórico.

À procura de ouro e de especiarias, mas principalmente de um caminho alternativo para as Índias, navegavam, desde sua primeira investida de grande porte, quando da conquista da cidade de Ceuta em 1415.

Foi nesse contexto que o português chegou ao Brasil, em 1500,[88] iniciando seu processo exploratório com a extração da primeira riqueza encontrada, o pau-brasil, e com a utilização da mão de obra indígena.

Posteriormente, introduziram no Brasil a cultivação de açúcar, cuja técnica já dominavam pelo cultivo dessa especiaria nas ilhas do Atlântico. No entanto, não havia interesse português em ocupar as novas terras coloniais, uma vez que o pagamento de salários altos comprometeria a viabilidade econômica da exploração colonial. Com efeito, "o empreendimento econômico das terras americanas só se tornaria viável com a mão de obra escrava".[89]

Por essa época, os portugueses já eram senhores de um completo conhecimento do mercado africano de escravos. As operações de guerra para captura de negros pagãos haviam evoluído num bem organizado e lucrativo escambo que abastecia certas regiões da Europa de mão de obra escrava.[90]

Assim, os primeiros negros chegaram ao Brasil em meados de 1540, uma vez que a escravidão indígena não havia logrado êxito.[91] Eram provenientes da África Central e da África Ocidental.[92]

As condições em que os africanos cruzavam o Atlântico eram de extrema precariedade. Muitos morriam durante o trajeto em virtude das condições desumanas, mas, ainda assim, era um negócio veementemente lucrativo para a

---

(88) "Desde o século XIX, discute-se se a chegada dos portugueses ao Brasil foi obra do acaso, sendo produzida pelas correntes marítimas, ou se já havia conhecimento anterior do Novo Mundo e Cabral estava incumbido de uma espécie de missão secreta que o levasse a tomar o sumo do ocidente. [...] Assim, não se elimina a possibilidade de navegantes europeus, sobretudo os portugueses, terem frequentado a costa do Brasil antes de 1500. De qualquer forma, trata-se de uma controvérsia que hoje interessa pouco, pertencendo mais ao campo da curiosidade histórica que à compreensão dos fatos históricos." FAUSTO, Boris. *História do Brasil*. São Paulo: Edusp, 2006. p. 30.

(89) FURTADO, Celso. *Formação econômica do Brasil*. São Paulo: Companhia das Letras, 2007. p. 35.

(90) *Ibid.*, p. 44.

(91) Boris Fausto aponta um conjunto de fatores pelos quais houve predileção do trabalho escravo negro ao indígena: "os índios tinham uma cultura incompatível com o trabalho intensivo e regular e mais ainda compulsório, como pretendido pelos europeus. Não eram vadios ou preguiçosos. Apenas faziam o necessário para garantir sua subsistência, o que não era difícil em uma época de peixes abundantes, frutas e animais. [...] Em termos comparativos, as populações indígenas tinham melhores condições de resistir do que os escravos africanos. Enquanto estes se viam diante de um território desconhecido onde eram implantados à força, os índios se encontravam em sua casa. [...] Outro fator que colocou em segundo plano a escravização dos índios foi a catástrofe demográfica. Esse é um eufemismo erudito para dizer que as epidemias produzidas pelo contato com os brancos liquidaram milhares de índios. Eles foram vítimas de doenças como sarampo, varíola, gripe, para as quais não tinham defesas biológicas". *História do Brasil*. São Paulo: Usp, 2007. p. 49-50.

(92) Costuma-se dividir os povos africanos em dois grandes grupos étnicos: os sudaneses, predominantes na África ocidental, Sudão egípcio e na costa norte do Golfo da Guiné, e os bantos, da África equatorial e tropical, de parte do Golfo da Guiné, do Congo, Angola e Moçambique. HEYWOOD, Linda M. *Diáspora negra no Brasil*. Tradução de Ingrid de Castro Vompean Fergozen. São Paulo: Contexto, 2010.

Coroa portuguesa. "Durante o período em que era legal entre África e Brasil, foram importados entre 3,5 e 3,6 milhões de escravos."(93)

> O que o português vinha buscar era, sem dúvida, a riqueza, mas a riqueza que custa ousadia, não riqueza que custa trabalho. A mesma, em suma, que se tinha acostumado a alcançar na Índia com as especiarias e os metais preciosos. Os lucros que proporcionou de início, o esforço de plantar a cana e fabricar o açúcar para mercados europeus, compensavam abundantemente esse esforço — efetuado, de resto, com as mãos e os pés dos negros.(94)

O negro passou a ser a grande máquina produtiva da sociedade colonial brasileira, proporcionando às elites de então a exaltação da ociosidade frente ao trabalho manual que era inferior e degradante. Retorna-se a um instituto que se pensava superado no mundo ocidental.

> Enquanto povos protestantes preconizam e exaltam o esforço manual, as nações ibéricas colocam-se ainda largamente no ponto de vista da Antiguidade Clássica. O que entre elas predomina é a concepção antiga de que o ócio importa mais que o negócio e de que a atividade produtora é, em si, menos valiosa que a contemplação e o amor.(95)

A escravidão era, portanto, essencial para a sobrevivência do colono europeu no Brasil nas novas terras.(96) A incorporação dos negros à sociedade brasileira ocorreu, desse modo, através da violência, da opressão e do desrespeito à dignidade humana.

Assim foi também no período do ouro e do café: o negro escravizado sempre garantiu, com seu trabalho, o sucesso dos diversos ciclos econômicos da colonização brasileira.(97)

Seria errôneo pensar, contudo, que, enquanto os índios se opuseram à colonização, os negros a aceitaram passivamente. A resistência negra se deu, àquela época, por meio de fugas individuais ou em massa, bem como agressões. Os quilombos, estabelecimentos de negros que escapavam à escravidão por fuga e constituíam formas de organização social semelhantes às africanas, espalharam-se por todo o Brasil. "A reação mais contundente ao regime colonial, no caso brasileiro, foi sem nenhuma dúvida as várias experiências quilombolas que a historiografia oficial sempre tentou desconsiderar ou reduzir sua importância."(98)

---

(93) HEYWOOD, Linda M. *Diáspora negra no Brasil*, 2010. p. 19.
(94) HOLANDA, Sérgio Buarque de. *Raízes do Brasil*. Rio de Janeiro: José Olympio, 1969. p. 55
(95) *Ibid.*, p. 33.
(96) FURTADO, Celso, 2007. p. 64.
(97) FURTADO. *Op. cit.*, p. 65.
(98) SILVÉRIO, Valter Roberto. Ação afirmativa e o combate ao racismo institucional no Brasil. *Cadernos de Pesquisa*, São Paulo, n. 117, p. 230.

Nada caracterizava melhor o final do período colonial brasileiro no início do século XIX do que a escravidão, que influenciava todos os setores da vida social: organização econômica, política, social e moral. "Nessa época, havia no país cerca de sete milhões de habitantes, sendo que desses, dois milhões eram de escravos".(99)

Mesmo com a independência do país, tal era a força da resistência à abolição que se impediu sua efetivação. O escravo era considerado como uma riqueza e a abolição da escravidão ensejaria, segundo o pensamento da época, o empobrecimento dos proprietários.(100)

Desse modo, mantiveram-se, no Império, em linhas gerais, as mesmas condições desumanas impostas ao negro durante o período colonial,(101) restringindo-lhes direitos essenciais como saúde(102) e educação(103).

Fortes pressões internacionais houve pelo fim da escravidão no século XIX, a exemplo do Congresso de Viena (1815), no qual Portugal e Inglaterra acordaram o fim do tráfico negreiro, levando o Governo brasileiro a proibir, em 1831,(104) a importação de escravos. Tais medidas não foram suficientes para findar o comércio marítimo de negroides.

---

(99) FURTADO. *Op. cit.*, p. 198.

(100) *Ibid.*, p. 199.

(101) A Constituição de 1824 manteve intacto o instituto da escravidão consoante se depreende da análise do inciso I do art. 6º que faz menção ao liberto (escravo que obtém a alforria) e ao ingênuo (filhos de escravos ou ex-escravos que nascem livres), a despeito de propugnar, de acordo com o inciso XIII do art. 179, que "a Lei será igual para todos, quer proteja, quer castigue, e recompensará em proporção dos merecimentos de cada um".

(102) Veja-se exemplo trazido por Vieira Júnior: "Regulamento para o Hospital Público São Pedro de Alcântra da cidade de Goyaz: 'art. 4º — Os benefícios do hospital também se estenderão aos escravos, si os seus senhores quiserem pagar as despesas de seu tratamento. Essas despesas consistem em assistir aos escravos com 200 rs. por dia para sua sustentação, os quaes deverão ser adiantados de cinco em cinco dias, e pelos remédios aplicados pelo Facultativo'. Diferentemente dos cidadãos que tinham acesso gratuito aos socorros públicos, os negros escravos tinham que ter seu tratamento custeado por seus senhores." VIEIRA JÚNIOR, Ronaldo Jorge Araújo. *Responsabilidade objetiva do estado*: segregação institucional do negro e adoção de ações afirmativas como reparação aos danos causados. Curitiba: Juruá, 2011. p. 68.

(103) A Carta Outorgada de 1824 estabelecia, por força de seu art. 179, inciso XXXII, que a instrução primária era gratuita a todos os cidadãos. Como os negros escravos e os libertos nascidos na África não possuíam a cidadania brasileira, estavam alijados desse direito constitucional. "Houve na legislação do Império, a partir de 1854, vedação expressa à presença de negros escravos no ensino primário e secundário. A reforma Couto Ferraz, implementada pelo Decreto n. 1.331 de 17.2.1854, estabelecia que 'nas escolas públicas do país não seriam admitidos escravos e a previsão da instrução para adultos dependia da disponibilidade dos professores' [...] O Decreto n. 7.031-A de 1878 estabelecia que os negros somente poderiam estudar nos turnos noturnos, ao mesmo tempo que impunha obstáculos ao funcionamento das escolas nesse período do dia, o que dificultava a educação dos negros." LIMA, Maria José Rocha. Da educação negada à educação renegada. In: *Educação, etnias e combate ao racismo*. Brasília: Núcleo de Educação, cultura, desporto, ciência e tecnologia da Bancada do Partido dos Trabalhadores na Câmara dos Deputados, 2001. p. 81.

(104) Constituída de nove artigos, a Lei Feijó, no primeiro deles, declarava livres todos os escravos que entrassem no Brasil a partir da data de sua promulgação. Essa cláusula obteve uma importância

Assim, o Parlamento Inglês, em 1845, atribuiu poderes especiais à Marinha Real Inglesa para apreensão de quaisquer navios de tráficos de escravos. Tal medida, o *Slave Trade Suppression Act*, ficou conhecida por *Bill Aberdeen*[105].

Como resultado direto da investida inglesa, adveio a Lei Eusébio de Queiroz, Lei n. 581/1850, a qual entrou para história como a lei que, de fato, extinguiu o tráfico de escravos. Tal lei criminalizou a conduta,[106] bem como dispôs que as embarcações utilizadas para esta prática seriam apreendidas.[107]

Com o fim do tráfico de escravos e o aumento das demandas pelo café nos idos do século XIX, surge o problema da mão de obra, que se tornara escassa.

> Eliminada a única fonte importante de imigração, que era a africana, a questão da mão de obra se agrava e passa a exigir urgente solução. [...] Demais, é provável que a redução do abastecimento de africanos e a elevação do preço destes hajam provocado uma intensificação na utilização da mão de obra e, portanto, um desgaste ainda maior da população escrava.[108]

---

histórica porque, nas décadas posteriores, foi utilizada por escravos e advogados como argumento jurídico para pleitearem o direito à alforria. Outros aspectos que podemos destacar nesse diploma legal são a punição dos responsáveis pela importação de escravos, com base no Código Penal brasileiro, e a ampla classificação de quem seria considerado importador, que incluía não apenas os comandantes das embarcações, mas também os financiadores das viagens e os compradores do produto do tráfico. Durante o primeiro ano de vigência da lei, houve uma queda nas importações. Logo em seguida, entretanto, o tráfico se reorganizou em bases ilegais e voltou a atingir índices alarmantes no fornecimento de mão de obra africana para as lavouras de café e açúcar. BETHELL, Leslie. *A abolição do tráfico de escravos no Brasil, 1807-1869*. Rio de Janeiro: Expressão Cultural, 1976.

(105) "O Parlamento Inglês aprovou um ato que no Brasil ficou conhecido como 'Bill Aberdeen', em uma referência a Lorde Aberdeen, então ministro das Relações Exteriores do governo britânico. O ato autorizou a marinha inglesa a tratar os navios negreiros como navios piratas, com direito à sua apreensão e julgamento dos envolvidos pelos tribunais ingleses. No Brasil, o Bill Aberdeen foi alvo de ataques com um recheio nacionalista. Mesmo na Inglaterra, muitas vozes se levantaram contra o papel que o país se atribuía de 'guardião moral do mundo'." FAUSTO, Boris, 2006. p. 197.

(106) Art. 3. São autores do crime de importação de escravos, ou de tentativa dessa importação, o dono, o capitão ou mestre, o piloto e o contramestre da embarcação e o sobrecarga. São cúmplices a equipagem e os que coadunarem o desembarque de escravos no território brasileiro ou que concorrerem para os ocultar ao conhecimento da autoridade, ou para subtrair à apreensão no mar, ou em ato de desembarque, sendo perseguidos.

Art. 4. A importação de escravo no território do Império fica nele considerada como pirataria, e será punida pelos seus tribunais com as penas declaradas no artigo segundo da lei de 7 de novembro de 1831. A tentativa e a cumplicidade serão punidas segundo as regras dos arts. 34 e 35 do Código Criminal.

(107) Art. 6: Todos os escravos que forem apreendidos serão reexportados por conta do Estado para os portos donde tiverem vindo, ou para qualquer outro ponto fora do Império, que mais conveniente parecer ao governo, e enquanto essa reexportação se não verificar, serão empregados em trabalho debaixo da tutela do governo, não sendo em caso algum concedidos os seus serviços a particulares.

(108) FURTADO, Celso, 2007. p. 176.

Percebendo que o sistema escravista se degradava rapidamente, a solução alternativa da elite cafeeira paulista para o problema da mão de obra nas plantações, que era "a chave da crise econômica brasileira",(109) foi o emprego da mão de obra livre dos imigrantes europeus, que seriam organizados em colônias financiadas pelo Estado. Assim, pela primeira vez na América, tornou-se possível que uma volumosa corrente migratória europeia fosse destinada para o trabalho em grandes plantações agrícolas.

3.2. *A exclusão social do negro após a escravidão: a incorporação da teoria do racismo "científico"*

A 13 de maio de 1888 foi dado o passo final para o fim do sistema escravista no Brasil com a Lei Áurea, Lei n. 3.353/1888,(110) sancionada pela princesa Isabel. Contudo, tal norma não possibilitou a inclusão, mas somente colocou os negros diante de outra batalha: a busca por cidadania, dignidade, igualdade e inclusão.

> Cabe tão somente lembrar que o reduzido desenvolvimento mental da população submetida à escravidão provocará a segregação parcial desta após a abolição, retardando sua assimilação e entorpecendo o desenvolvimento econômico do país. Por toda a primeira metade do século XX, a grande massa dos descendentes da antiga população escrava continuará vivendo dentro de seu limitado sistema de necessidades, cabendo-lhe um papel puramente passivo nas transformações econômicas do país.(111)

Os negros foram arremessados das senzalas para as periferias das cidades, vivendo na pobreza e na marginalização. Ao ex-escravo, após tantos anos de exploração e luta pela sobrevivência, não era presente a ideia de acumulação de capital.

---

(109) *Ibid.*, p. 177.

(110) A Princesa Imperial Regente, em nome de Sua Majestade o Imperador, o Senhor D. Pedro II, faz saber a todos os súditos do Império que a Assembleia Geral decretou e ela sancionou a lei seguinte:
Art. 1º: É declarada extinta desde a data desta lei a escravidão no Brasil.
Art. 2º: Revogam-se as disposições em contrário.
Manda, portanto, a todas as autoridades, a quem o conhecimento e execução da referida Lei pertencer, que a cumpram, e façam cumprir e guardar tão inteiramente como nela se contém.
O secretário de Estado dos Negócios da Agricultura, Comércio e Obras Públicas e interino dos Negócios Estrangeiros, Bacharel Rodrigo Augusto da Silva, do Conselho de Sua Majestade o Imperador, o faça imprimir, publicar e correr.
Dada no Palácio do Rio de Janeiro, em 13 de maio de 1888, 67º da Independência e do Império.
Princesa Imperial Regente.

(111) FURTADO, Celso, 2007. p. 137.

A falta de perspectiva e a busca por cidadania se deram de maneiras diferentes em cada região do país. No sudeste, os negros se viram excluídos diante da concorrência com os muitos imigrantes europeus[(112)] e as políticas de branqueamento da população nacional.

> No sudeste, estabeleceu-se uma clara relação entre abolicionismo e imigracionismo, como resultado do clima de pessimismo racial do fim do século XIX. Nesse contexto, o progresso era entendido como exigindo o branqueamento do país. [...] viam o escravo como um obstáculo à modernização econômica.[(113)]

No nordeste, os negros foram integrados às fazendas onde viviam. Houve, com o fim da relação escravista, o florescimento e a intensificação de relações sociais marcadas pela dependência nos moldes dos regimes servis, o que trouxe graves consequências ao longo de toda a história brasileira, como a formação do coronelismo e a opressão social, bem como as disparidades sociais.[(114)]

> Na região nordestina as terras de utilização agrícola mais fácil já estavam ocupadas praticamente em sua totalidade à época da abolição. Os escravos liberados que abandonaram os engenhos encontraram grandes dificuldades para sobreviver, nas regiões urbanas pesava já um excedente de população que, desde o começo do século, constituía um problema social. Os deslocamentos [dos ex-escravos] se faziam de engenho para engenho. Não foi difícil em tais condições atrair e fixar uma parte substancial da antiga força de trabalho escravo, mediante um salário relativamente baixo. [...] seria difícil admitir que as condições de vida dos antigos escravos se hajam modificado sensivelmente após a abolição, sendo pouco provável que esta última haja provocado redistribuição de renda de real significação.[(115)]

O racismo fez-se presente e encontrou apoio nas teorias racistas que proclamavam a inferioridade do negro em relação ao branco. A miscigenação era vista como um mal profundo à sociedade brasileira e que impediria qualquer possibilidade de um desenvolvimento econômico, político e social pleno.[(116)] O europeu era visto como mais qualificado e o negro como inútil, não servindo nem mais para o trabalho.

---

(112) "O número de imigrantes europeus que entram nesse estado [São Paulo] sobe de 13, no ano de 1870, para 184 mil no decênio seguinte e 609 mil no último decênio do século. O total para o último quartel do século XIX foi 803 mil, sendo 577 mil provenientes da Itália." FURTADO, Celso, 2007. p. 188.

(113) HASENBALG, Carlos A. *Discriminação e desigualdades raciais no Brasil*. Tradução de Patrick Burling. Belo Horizonte: UFMG, 2005. p. 164.

(114) FAUSTO, Boris, 2006. p. 359.

(115) FURTADO, Celso, 2007. p. 201.

(116) O final do século XVIII foi marcado pelo progresso das ciências naturais. Chegou-se à classificação das raças com base no estudo do crânio ou do rosto. Os principais elementos que fundamentaram as

> O imigrante europeu era um concorrente direto pelas posições de trabalho com os negros, inclusive naquelas formas mais simples e humildes. A consequência destas práticas excludentes foi a marginalização social do negro que em tudo era perseguido e visto como ser diferente e inferior ao branco. De maneira sutil e com base em políticas universalistas, o Estado brasileiro criou formas excludentes para os negros. Um racismo quase imperceptível privilegiou sobremaneira os imigrantes europeus através de um sistema social hierarquizante e condizente com a supremacia branca.(117)

As teorias racistas europeias influenciaram os intelectuais brasileiros daquela época. Sílvio Romero, representante da Faculdade de Direito do Recife, defendia o branqueamento como única solução alternativa para a nação em face da inferioridade do negro e do índio;(118) já Nina Rodrigues, médico maranhense, professor da Faculdade de Medicina da Bahia, acreditava que a mestiçagem no Brasil explicava a criminalidade, a loucura e a degeneração da população.(119)

Assim, surgiu a ideia de "branqueamento" da população brasileira como tentativa patrocinada pelo Estado de "refinar" a composição da população do Brasil, fazendo que os negros e mestiços fossem paulatinamente desaparecendo do horizonte demográfico brasileiro mediante sucessivos cruzamentos interétnicos de um lado, e, de outro, pelo estímulo oficial(120) a uma massiva imigração de colonos europeus. "O núcleo desse racialismo era a ideia de que o sangue do branco purificava, diluía e exterminava o do negro, abrindo, assim, a possibilidade para que os mestiços se elevassem ao estágio civilizado."(121)

---

teorias racistas eram "a existência de raças como grupamentos humanos que possuem características físicas comuns; a continuidade entre o físico e o cultural, em que a capacidade intelectual de uma raça é, por determinismo biológico, transmitida hereditariamente; a ação do grupo sobre o indivíduo, em que o pertença; a hierarquia universal dos valores, em que os grupamentos raciais étnicos são submetidos a uma hierarquização, cujo ápice é ocupado pelo padrão eurocêntrico a partir do qual são universalizados os padrões estéticos, intelectuais e morais; e a política assentada no saber, em que as raças inferiores devem ser subjugadas, assimiladas ou eliminadas pelas superiores". ABREU, Sérgio. *Os caminhos da tolerância*: o afro-brasileiro e o princípio da igualdade e da isonomia no direito constitucional. Rio de Janeiro: Lumen Juris, 1999. p. 7.

(117) RODRIGUES, Eder Bomfim. *As ações afirmativas e o princípio da igualdade no Estado Democrático de Direito*. Paraná: Juruá, 2011. p. 150.

(118) ABREU, Sérgio. *Op. cit.*, p. 19-20; 35-36.

(119) *Id. Ibid.*

(120) O Decreto de 20.4.1824 mandava "abonar subsídios pelo prazo de dois anos, aos Colonos Alemães que se forem estabelecer em Nova Friburgo"; o Decreto de 22.12.1829 concedia "quatro loterias para socorro dos emigrados portugueses"; O Decreto de 9.12.1835 dava instruções aos presidentes de Províncias para tomarem providências, como transporte, manutenção e outras para bom desempenho das atividades dos colonos; o Decreto de 18.4.1836 isentava as embarcações que conduzissem colonos para o Brasil do imposto da ancoragem. Sua única restrição é que deveria ser de "colono branco"; a Lei n. 601 de 18.9.1850 previu a possibilidade de destinar as terras devolutas para a colonização de europeus. VIEIRA JÚNIOR, Ronaldo Jorge Araújo, 2011. p. 69.

(121) GUIMARÃES, Antônio Sérgio Alfredo. *Racismo e antirracismo no Brasil*. São Paulo: 34, 2011. p. 53.

> Na verdade, quando se estuda o branqueamento, constata-se que foi um processo inventado e mantido pela elite branca brasileira, embora apontado por essa mesma elite como um problema do negro brasileiro. Considerando (ou quiçá inventando) seu grupo como padrão de referência de toda uma espécie, a elite fez uma apropriação simbólica crucial que vem fortalecendo a autoestima e o autoconceito do grupo branco em detrimento dos demais, e essa apropriação acaba legitimando sua supremacia econômica, política e social. O outro lado dessa moeda é o investimento na construção de um imaginário extremamente negativo sobre o negro, que solapa sua identidade racial, danifica sua autoestima, culpa-o pela discriminação que sofre e, por fim, justifica as desigualdades raciais.(122)

Dessa arte, os horizontes culturais diferentes colocaram os negros e mulatos em desvantagens em face dos imigrantes. Em consequência, a estrutura do operariado incipiente(123) constituiu-se permeada pelo preconceito de cor e pelo etnocentrismo.

> Os negros e os mulatos ficaram à margem ou se viram excluídos da prosperidade geral, bem como de seus proventos políticos porque não tinham condições para entrar nesse jogo e sustentar as regras. Em consequência, viveram dentro da cidade, mas não progrediram com ela e através dela. Constituíam uma congérie social, dispersa pelos bairros, e só partilhavam em comum uma existência árdua, obscura e muitas vezes deletéria. Nessa situação, agravou-se, em lugar de corrigir-se, o estado de anomia social transplantado do cativeiro.(124)

3.3. A difusão por Gilberto Freyre da "democracia racial" e a ocultação da realidade social

Na década de 1930, contrastando com as teorias de racismo "científico", que outrora fixavam a órbita de debates entorno do qual girava a discussão da raça no Brasil, adveio, com bastante aceitação, a ideia romântica e cordial

(122) BENTO, Maria Aparecida Silva. Branqueamento e branquetude no Brasil. In: VIEIRA JÚNIOR, Ronaldo Jorge Araújo, 2011. p. 25.

(123) Em verdade, a classe operária paulista já havia se transformado, em termos raciais, nos anos 1950, por meio da absorção de imigrantes nordestinos, em especial negros e mestiços, enquanto os descendentes de imigrantes recentes escalavam a pirâmide social. A mobilidade relativamente rápida dos imigrantes europeus testemunha, assim, a relativa complacência da sociedade brasileira *vis-à-vis* aos imigrantes brancos, contrastando muito com o modo subordinado e preconceituoso com que os africanos foram assimilados. GUIMARÃES, Antônio Sérgio Alfredo, 2011. p. 57.

(124) FERNANDES, Florestan. *A integração do negro à sociedade de classes*. São Paulo: Faculdade de Filosofia, Ciências e Letras, USP, 1964. p. 82.

da gênese do país decorrida da miscigenação das raças branca, negra e indígena, exaltando as contribuições de cada raça na formação da nação brasileira.

Em sua obra "Casa-Grande e Senzala" (1933), Gilberto Freyre inaugura essa concepção, entendendo ser desnecessário e irrelevante, num país miscigenado como o Brasil, distinguir quem é branco ou quem é negro. Pelo contrário, a mistura dessas raças, bem como da indígena, é um traço positivo, pois foi a base para a formação da nacionalidade brasileira, a qual é uma integração única entre essas raças.

Para Freyre, a miscigenação é um traço constitutivo e formador da nacionalidade brasileira. O Brasil nada mais é do que um caldeirão étnico, uma incrível mistura de raças. Assim, o mestiço é alçado à condição de símbolo nacional, diferentemente dantes, quando era tido como grave problema para o Brasil.(125)

Enxerga, na formação da sociedade colonial, não a exploração, os conflitos e a discriminação, mas a predisposição à miscigenação do colonizador português, afirmando que havia um contato íntimo entre o conquistador e os povos dominados, uma espécie de mútuo sentimento de cooperação para a formação da sociedade brasileira, sendo tal aspecto um diferencial da colonização do Brasil entre os demais países latino-americanos.(126)

> Híbrida desde o início, a sociedade brasileira é de todas da América a que se constituiu mais harmoniosamente quanto às relações de raça: dentro de um ambiente de quase reciprocidade cultural que resultou no máximo de aproveitamento dos valores e experiências dos povos atrasados pelo adiantado; no máximo de contemporização da cultura adventícia com a nativa, da do conquistador com a do conquistado.(127)

Em suas palavras, "a singular predisposição do português para a colonização híbrida e escravocrata dos trópicos explica-a, em parte, o seu passado étnico, ou antes, cultural de povo indefinido entre a Europa e a África",(128) ou seja, a diversidade na composição do povo levou à facilidade de adaptação e à mobilidade e miscibilidade que resultaram numa eficiente ocupação de um vasto território.

Para o sociólogo, a vitoriosa colonização do Brasil só teve sucesso com o traço da miscigenação entre brancos, índios(129) e negros, que muito foi

---

(125) "Todo brasileiro, mesmo o alvo, de cabelo louro, traz na alma, quando não na alma e no corpo [...] a sombra, ou pelo menos a pinta do indígena ou do negro." FREYRE, Gilberto. Casa-Grande & Senzala: formação da família brasileira sob o regime da economia patriarcal. In: SANTIAGO, Silviano. *Intérpretes do Brasil*. Rio de Janeiro: Nova Aguilar, 2002. p. 230.

(126) GUIMARÃES, Antônio Sérgio Alfredo, 2011. p. 45.

(127) FREYRE, Gilberto, 2002. p. 396.

(128) *Ibid.*, p. 235.

(129) "Não nos esqueçamos, entretanto, de atentar no que foi para o indígena, e do ponto de vista de sua cultura, o contato com o europeu. Contato dissolvente. Entre as populações nativas da América, dominadas pelo colono ou pelo missionário, a degradação moral foi completa." FREYRE, Gilberto. *Op cit.*, p. 238.

influenciada pelos particulares, os quais foram os responsáveis diretos por boa parte dos empreendimentos coloniais.[130] E nesse aspecto, procurando explicar a mistura das raças, retoma a lenda portuguesa da moura encantada para valorizar o tipo físico mestiço.[131] A mulher morena é glorificada e todos os seus traços físicos são apresentados como objetos de puro desejo.

Distingue a colonização brasileira da norte-americana pela falta de preocupação dos portugueses com a mistura das raças. Aqui o bandeirante, filho da mistura do português com os povos dominados, é valorizado por ser o grande responsável pela expansão e desbravamento do território conquistado.[132] Era o povo brasileiro se autocolonizando. Desse modo, para Freyre, o mulato e a miscigenação são elementos de paz social e da integração pacífica de todas as raças do país.

Inaugura Freyre um modo de ver todo especial da escravização do negro no Brasil. Parece ver a escravidão como algo positivo para os dois lados. Haveria, segundo ele, em virtude de uma herança moura dos portugueses, doçura e cordialidade nas relações entre brancos e negros na colonização.

> [...] através desse elemento moçárabe é que tantos traços de cultura moura e mourisca se transmitiram ao Brasil. Traços de cultura moral e material. Debané destaca um: a douçura no tratamento dos escravos, que, na verdade, foram entre os brasileiros, tanto quanto entre os mouros, mais gente da casa do que besta de trabalho.[133]

Na obra freyreana, a amizade entre negros e brancos é fortemente realçada. Relata-se a contadora de histórias, a ama negra, a cozinheira, sempre presentes na vida das jovens brancas filhas dos colonizadores.

> Histórias de casamento, de namoros, ou outras, menos românticas, mas igualmente sedutoras, eram as mucamas que contavam às sinhazinhas nos doces vagares dos dias de calor, a menina sentada, à mourisca, na esteira de pipiri, cosendo ou fazendo renda; ou então deitada na rede, os cabelos soltos, a negra catando-lhe piolho, dando-lhe

---

(130) "Tudo deixou-se, porém, à iniciativa particular. Os gastos de instalação. Os encargos de defesa militar da colônia. Mas também os privilégios de mando e de jurisdição sobre terras enormes. Da extensão delas fez-se um chamariz, despertando-se nos homens de pouco capital, mas de coragem, o instinto de posse; e acrescentando-se ao domínio sobre terras tão vastas direitos de senhores feudais sobre a gente que fosse aí mourejar. A atitude da Coroa vê-se claramente qual foi: povoar sem ônus os ermos da América." *Ibid.*, p. 239.

(131) "A mulher morena tem sido preferida pelos portugueses para o amor, pelo menos para o amor físico." *Ibid.*, p. 239.

(132) GUIMARÃES, Antônio Sérgio Alfredo, 2011. p. 198.

(133) FREYRE, Gilberto. *Op. cit.*, p. 230.

cafuné; ou enxotando-lhe as moscas do rosto com um abano. Supria--se assim para uma aristocracia quase analfabeta a falta de leitura.[134]

Relatava, ainda, que os brancos e negros eram educados juntos nas aulas ministradas pelos padres nas casas grandes. Da mesma forma era o profundo respeito dos negros com seus senhores. Choravam aqueles nos enterros destes, "choravam não só com saudades do senhor velho, como pela incerteza do seu próprio destino".[135] O contrário também acontecia:[136] a consideração era tanta que "os negros tomavam a bênção ao senhor dizendo: 'Louvado seja o nome de Nosso Senhor Jesus Cristo!'. E o senhor respondia: 'Para sempre!' ou 'Louvado seja!'".[137]

Destacou que os negros teriam por natureza espírito alegre,[138] e que tal sentimento sempre contagiava seu ambiente de trabalho, seja nas fazendas ou nas cidades.

> Nos engenhos, tanto quanto nas plantações como dentro de casa, tanques de bater roupa, nas cozinhas, lavando roupa, enxugando prato, fazendo doce, pilando café; nas cidades, carregando sacos de açúcar, pianos, sofás de jacarandá de ioiôs brancos — os negros trabalhavam sempre cantando: seus cantos de trabalho, tanto quanto os de xangô, os de festa, os de ninar menino pequeno, encheram de alegria africana a vida brasileira.[139]

Por meio da obra de Gilberto Freyre difundiu-se, entretanto, a ideia de "democracia racial", uma vez que ser de uma origem híbrida transformou-se em motivo de orgulho nacional, um elemento capaz de formar uma nova identidade coletiva no país, refutando-se as teorias científicas do racismo e atendendo aos anseios de recusa do passado escravista brasileiro.

> Com a aparição de *Casa-Grande e Senzala*, em 1933, estava dada a partida para uma grande mudança no modo como a ciência e o pensamento social e político brasileiros encaravam os povos africanos e seus descendentes, híbridos ou não. Gilberto Freyre (1933), ao introduzir o conceito antropológico de cultura nos círculos eruditos nacionais, e ao apreciar, de modo muito positivo, a contribuição dos

---

(134) FREYRE, Gilberto, 2002. p. 443.

(135) *Ibid.*, p. 525.

(136) "Alguns senhores mandavam dizer missa por alma dos escravos de estimação; enfeitavam-lhes as sepulturas com flores; choravam com saudade deles como se chora com saudade de um amigo ou de um parente querido." *Ibid.*, p. 526.

(137) *Ibid.*, p. 521.

(138) "A risada do negro é que quebrou toda essa 'apagada e vil tristeza' que foi abafando a vida nas casas grandes." *Ibid.*, p. 552.

(139) *Ibid.*, p. 546.

> povos africanos à civilização brasileira, representou um marco no deslocamento e no desprestígio que, daí em diante, sofreram o antigo discurso racialista de Nina Rodrigues e, principalmente, o pensamento da escola de Medicina legal italiana, ainda influente nos meios médicos e jurídicos nacionais. [...] a ideia de "democracia racial", tal como interpretada por Freyre (1933), pode ser considerada como um mito fundador de uma nova nacionalidade.[140]

Contudo, o mito da democracia racial acabou por tornar-se um elemento de manutenção das desigualdades raciais no Brasil e da garantia de privilégios aos brancos.[141] Ele obscurece as enormes disparidades entre ser branco e ser negro, naturalizando as diferenças sociais e negando o racismo no país, além de impedir a contestação ao *status quo* de desigualdade e de perseguição e a realização de políticas públicas e privadas de combate ao racismo e de todas as formas de desigualação injustas no país. "O Brasil foi o último país das Américas a pôr fim ao sistema escravista e, ironicamente, foi o primeiro a se declarar como uma democracia racial."[142]

> O Brasil criou o melhor dos mundos. Ao mesmo tempo que mantém a estrutura de privilégio branco e subordinação da população de cor, evita que a raça se constitua em um princípio de identidade coletiva e ação política.[143]

Por conseguinte, a difusão do mito contribuiu decisivamente para a proliferação de inverdades a respeito da situação dos negros no Brasil, por meio de ocultação da realidade.

> Generalizou um estado de espírito farisaico, que permitia atribuir à incapacidade ou à irresponsabilidade do "negro" os dramas sociais da "população de cor" da cidade, com o que eles atestavam com índices insofismáveis de desigualdade econômica, social e política na ordenação das relações raciais. Segundo, isentou o "branco" de qualquer obrigação, responsabilidade ou solidariedade morais, de alcance social e natureza coletiva, perante os efeitos sociopáticos da espoliação abolicionista e da deterioração progressiva da situação socioeconômica do negro e do mulato. [...] [Criou-se com o mito as ideias de que] 1º "o negro não tem problemas no Brasil"; 2º a ideia de

(140) GUIMARÃES, Antônio Sérgio Alfredo, 2011. p. 64-65; 54.

(141) O mito da "democracia racial" assumiu importância específica como componente dinâmico das forças de inércia social, que atuavam no sentido de garantir a perpetuidade de esquemas de ordenação das relações sociais herdadas do passado. FERNANDES, Florestan, 1964. p. 205.

(142) RODRIGUES, Eder Bonfim, 2011. p. 172.

(143) HASEMBALG, Carlos, 2005. p. 116.

> que, pela própria índole do povo brasileiro, "não existem distinções raciais entre nós"; 3º a ideia de que as oportunidades de acumulação de riqueza, de prestígio social e de poder foram indistinta e igualmente acessíveis a todos, durante a expansão urbana e industrial da cidade de São Paulo; 4º a ideia de que o "preto está satisfeito" com sua condição social e estilo de vida em São Paulo; 5º a ideia de que não existe, nunca existiu, nem nunca existirá outro problema de justiça social com referência ao "nego", excetuando-se o que foi resolvido pela revogação do estatuto servil e pela universalização da cidadania — o que pressupõe o corolário segundo o qual a miséria, a prostituição, a vagabundagem, a desorganização da família etc., imperantes "na população de cor", seriam efeitos residuais, mas nunca transitórios, a serem tratados pelos meios tradicionais e superados por mudanças qualitativas e espontâneas.(144)

De fato, se analisada à profundidade, a suposta mudança de paradigma alavancada pela noção de democracia racial manteve o racismo e a ideia de "branqueamento" da população; entretanto, com novos argumentos.

> Embranquecimento passou, portanto, a significar a capacidade da nação brasileira (definida como uma extensão da civilização europeia, em que uma nova raça emergia) de absorver e integrar mestiços e pretos. Tal capacidade requer, de modo implícito, a concordância das pessoas de cor em renegar sua ancestralidade africana ou indígena. Embranquecimento e democracia racial transformaram-se, pois, em categorias de um novo curso racialista. O núcleo desses conceitos reside na ideia, às vezes totalmente implícita, de que foram três as raças fundadoras da nacionalidade, que aportaram diferentes contribuições, segundo as suas qualidades e seu potencial civilizatório. A cor das pessoas, assim como seus costumes, são, portanto, índices do valor positivo ou negativo dessas raças.(145)

Ora, como negar o racismo em uma sociedade marcada por grandes contradições? Como afirmar uma democracia racial se ao mesmo tempo vivem-se intensas desigualdades raciais? Como defender igualdade racial em uma sociedade em que "a 'cor' tornou-se, a um tempo, marca racial e símbolo indisfarçável de uma posição social"?(146)

---

(144) FERNANDES, Florestan, 1964. p. 198-199.

(145) GUIMARÃES, Antônio Sérgio Alfredo, 2011. p. 55-56.

(146) Fernandes utiliza a expressão "metamorfoses do escravo", que consiste justamente em empregar o termo "preto" ou "negro" — que parecem designar a cor da pele — para significar uma subclasse de brasileiros marcada pela subalternidade. FERNANDES, Florestan. *Op. cit.*, p. 319.

3.4. *Diagnóstico da realidade do negro no Brasil do século XXI: desigualdade, discriminação e injustiça social*

Devem-se expor agora dados da realidade social brasileira sob o viés étnico, para que se constate a atual posição em que se encontram os afrodescendentes na pirâmide. São pesquisas que atestam a baixa apropriação de bens e serviços públicos, a colocação nos extratos mais baixos da distribuição nacional de renda, bem como as reduzidas oportunidades de ingresso e permanência no mercado de trabalho.

De acordo com dados da PNAD de 1999, dos cerca de 160 milhões de brasileiros, 54% declaravam-se brancos, 39,9% pardos, 5,4% pretos, 0,46% amarelos e 0,16% índios. É a segunda maior população negra do mundo em termos absolutos, perdendo apenas para a Nigéria.(147)

Pela PNAD de 2001, a população brasileira é de cerca de 170 milhões de pessoas, das quais em torno de 91 milhões são brancas e 76 milhões são negras, vale dizer, 45% da população brasileira é composta por negros, em pouco diferindo da pesquisa de 1999.(148)

A composição da população nas diversas regiões do país é muito diferente. Os brancos são maioria nas regiões Sul e Sudeste e os negros, nas regiões Norte e Nordeste (Tabela 1(149)).

Tabela 1: Proporção aproximada da distribuição da população por cor em cada região do Brasil em 2003

	brancos	negros
Norte	26%	73%
Nordeste	29%	71%
Sudeste	62%	37%
Sul	82%	17%
Centro-Oeste	43%	56%

No que diz respeito à distribuição de renda, a população negra revela-se, de forma marcante, em desvantagem. Em 2001, cerca de 34% da população brasileira vivia em famílias com renda abaixo da linha de pobreza, e 15% em

(147) HENRIQUES, Ricardo. *Desigualdade racial no Brasil*: evolução das condições de vida na década de 90. Rio de Janeiro: IPEA, 2001.
(148) *Id. Ibid.*
(149) Disponível em: <http://pfdc.pgr.mpf.gov.br/>. Fonte: Ipea, com base na PNAD.

famílias com renda inferior à linha de extrema pobreza.[150] Entre os negros, a pobreza atingiu 47% do grupo, entre os brancos apenas 22%; a porcentagem de extremamente pobres no interior dos grupos era de 22% e de 8%, respectivamente (Tabela 2).Conclui-se, portanto, que "o combate à pobreza no Brasil não tem resultado historicamente em alterações significativas no quadro de disparidade entre brancos e negros".[151]

Tabela 2: Proporção e número de pobres e extremamente pobres por cor no Brasil

	Proporção (%)		Número (em milhões)	
	1992	2001	1992	2001
Pobres				
Total	41	34	57	55
Entre brancos	29	22	22	20
Entre negros	55	47	35	36
Indigentes				
Total	19	15	27	24
Entre brancos	12	8	9	7
Entre negros	28	22	18	17

Fonte: IPEA, com base na PNAD.

Notas: 1. A população negra é composta por pardos e pretos.
2. Exclusive a população rural de Rondônia, Acre, Amazonas, Roraima, Pará e Amapá.
3. A proporção de pobres e indigentes é calculada no universo de cada um dos grupos (total, brancos e negros)

A distribuição dos pobres entre os grupos de cor nas regiões Sudeste e Sul não evidencia claramente a real desvantagem dos negros nessas localidades. Na verdade, deve-se atentar para a supremacia da cor branca nesses espaços: no Sudeste, pelo grande peso de São Paulo, que, detendo 51% da população regional, abriga 70,4% de brancos e apenas 20,4% de negros e pardos; no Sul, pela força do componente branco na região como um todo.[152] Tomada a média dos domicílios cujos chefes são brancos como referência (100%), o Gráfico 1 indica em que patamar se encontra relativamente a renda dos domicílios "negros" em cada localidade, e não deixa dúvidas quanto ao déficit deste grupo em todas as regiões, seguindo a tendência nacional.

(150) A linha de extrema pobreza refere-se aos custos de uma cesta alimentar, regionalmente definida, que atenda às necessidades de consumo calórico mínimo de um indivíduo, enquanto a linha de pobreza inclui, além dos gastos com alimentação, um mínimo de gastos individuais, como vestuário, habitação e transportes.
(151) Henriques, Ricardo. *Op. cit.*, 2001.
(152) *Idem*.

Gráfico 1: Renda dos domicílios "negros" como porcentagem da renda dos domicílios "brancos" no Brasil

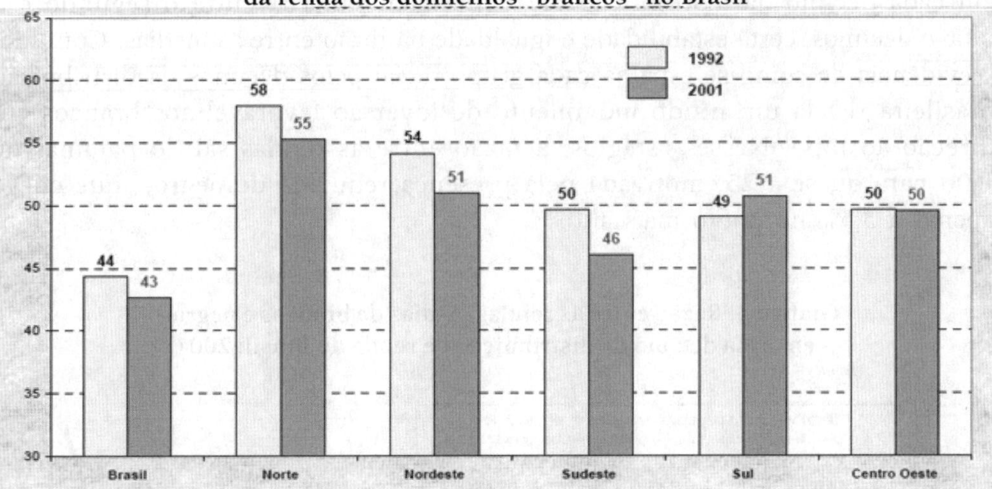

Fonte: IPEA, com base na PNAD.
Nota: 1. A população negra é composta por pardos e pretos.

De fato, como mostra o Gráfico 2, no período após a estabilização econômica do Plano Real, a partir de 1994, as rendas de brancos e negros variaram, mas as distâncias entre os níveis de bem-estar permaneceram constantes — como historicamente se tem revelado na evolução socioeconômica no Brasil, mantida sempre a desvantagem entre os negros.

Gráfico 2: Evolução da renda média domiciliar para brancos e negros no Brasil e regiões Nordeste e Sudeste

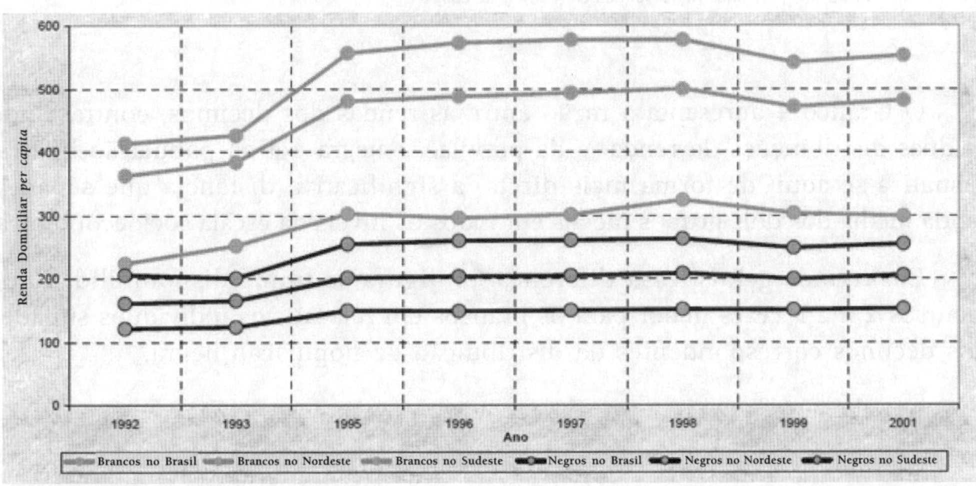

Fonte: IPEA, com base na PNAD.
Notas: 1. A população negra é composta por pardos e pretos.
2. Renda a preços de janeiro de 2002, deflacionada pelo INPC.

O Gráfico 3 apresenta a razão entre as rendas de negros e brancos alocados em cada décimo da distribuição da renda nacional. Há, entre o segundo e o oitavo décimos, certa estabilidade e igualdade na razão entre as médias. Contudo, a evidência de como se espalha cada grupo racial pelos décimos da distribuição brasileira revela um nítido movimento de inversão favorável aos brancos em direção ao topo. Nesses estágios, a razão entre as rendas sai do patamar de 1,00 para quase 1,25, motivada pela presença reduzida de negros, que chega apenas a 3,5% no ponto mais alto.

Gráfico 3: Razão entre as rendas médias de brancos e negros* em cada décimo da distribuição de renda do Brasil: 2001

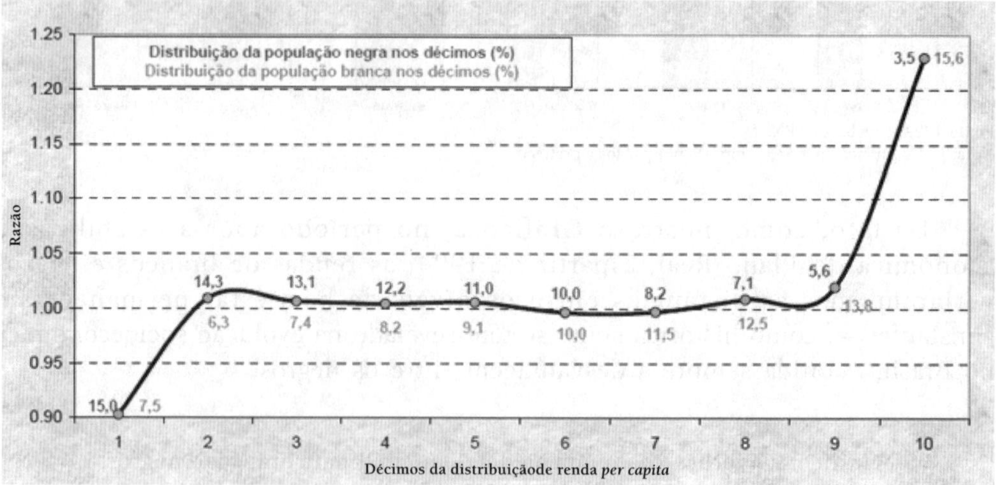

Fonte: Pesquisa Nacional por Amostra de Domicílios (PNAD) de 2001.
Nota: *A população negra é composta por pardos e pretos.

O Gráfico 4 apresenta a razão entre as rendas dos décimos, contrastando as duas distribuições de renda, a da população negra e a da população branca. Visualiza-se aqui, de forma mais direta, a significativa distância que separa a renda média dos dois grupos raciais em todos os níveis da escala socioeconômica.

Em termos gerais, essa diferença configura-se numa disponibilidade de recursos 2 a 2,5 vezes maior para os brancos em relação aos indivíduos situados nos décimos correspondentes da distribuição da população negra.

Gráfico 4: Razão entre as rendas médias das distribuições de brancos e negros*: 2001

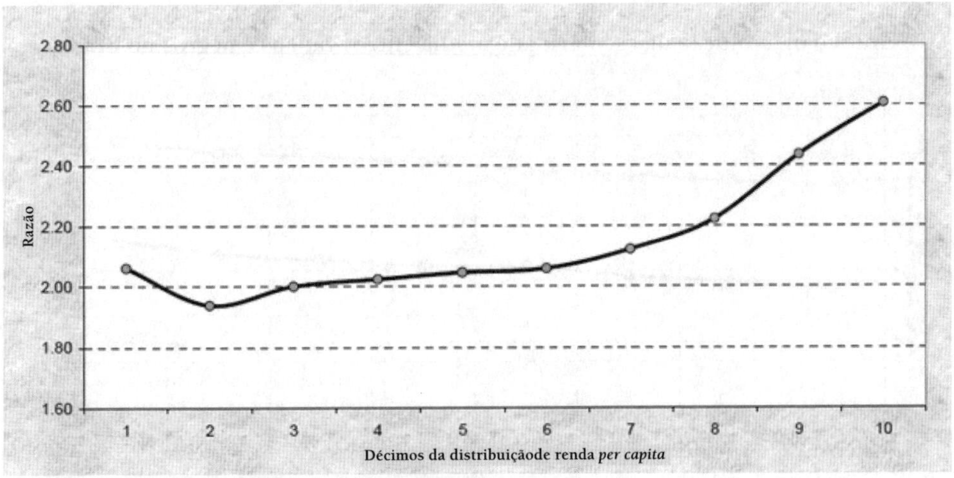

Fonte: Pesquisa Nacional por Amostra de Domicílios (PNAD) de 2001.
Nota: *A população negra é composta por pardos e pretos.

Essa estrutura de desigualdades entre brancos e negros mantém-se na comparação da média de renda da ocupação principal por cor (Gráfico 5).

Gráfico 5: Evolução da renda média na ocupação principal para brancos e negros no Brasil

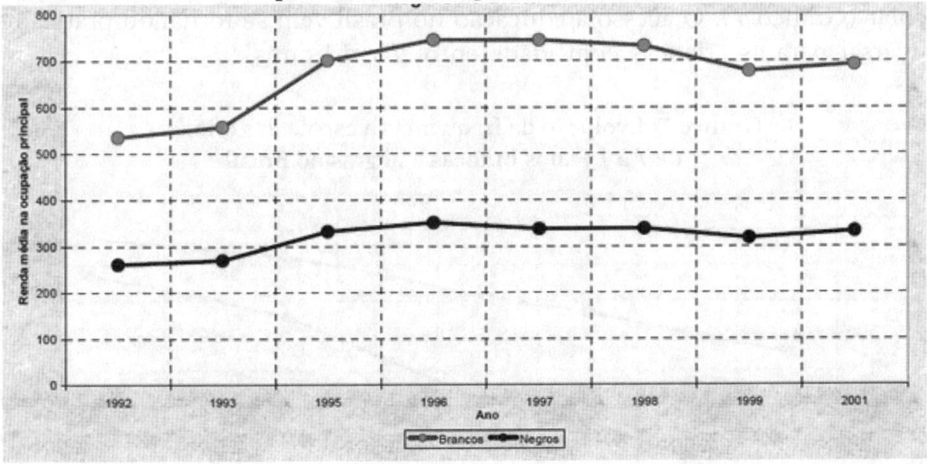

Fonte: IPEA, com base na PNAD.

Notas: 1. A população negra é composta por pardos e pretos.
2. Renda a preços de janeiro de 2002, deflacionada pelo INPC.

A desigualdade racial mantém-se presente, de igual modo, nos indicadores culturais. Com relação às estatísticas educacionais, por exemplo, melhor sorte não assiste a população negra. Ainda que a escolaridade média do brasileiro tenha aumentado, a diferença entre os brancos e negros ainda continua acentuada, conforme se aduz do Gráfico 6.

Gráfico 6: Evolução da escolaridade média entre brancos e negros no Brasil

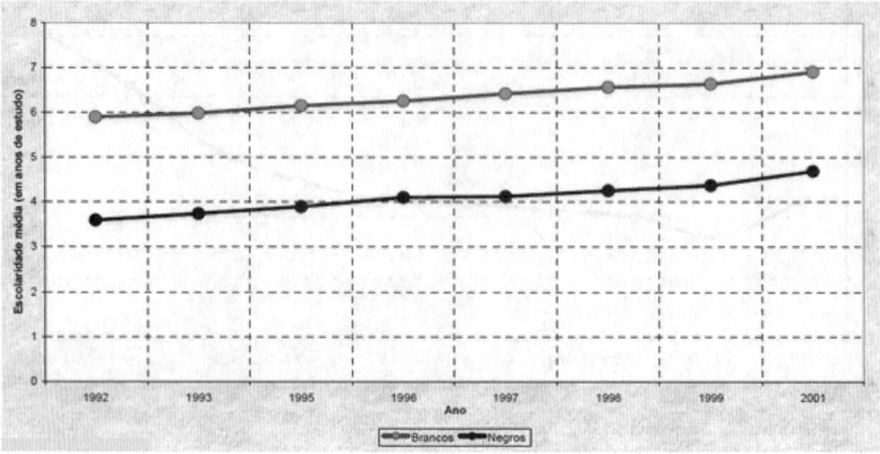

Fonte: IPEA, com base na PNAD.

Notas: 1. A população negra é composta por pardos e pretos.
2. Considerando a população de 25 anos ou mais.

A primeira exigência para que uma pessoa possa ser educada, contudo, é que tenha acesso à escola e obtenha bom desempenho, sendo aprovada a cada ano. Nesse sentido, são importantes outros indicadores, como a frequência escolar (Gráfico 7). O acesso à educação no Brasil vem se tornando praticamente universal para as crianças com idade entre 7 e 14 anos.

Gráfico 7: Evolução da frequência à escola das crianças de 7 a 14 anos brancas e negras no Brasil

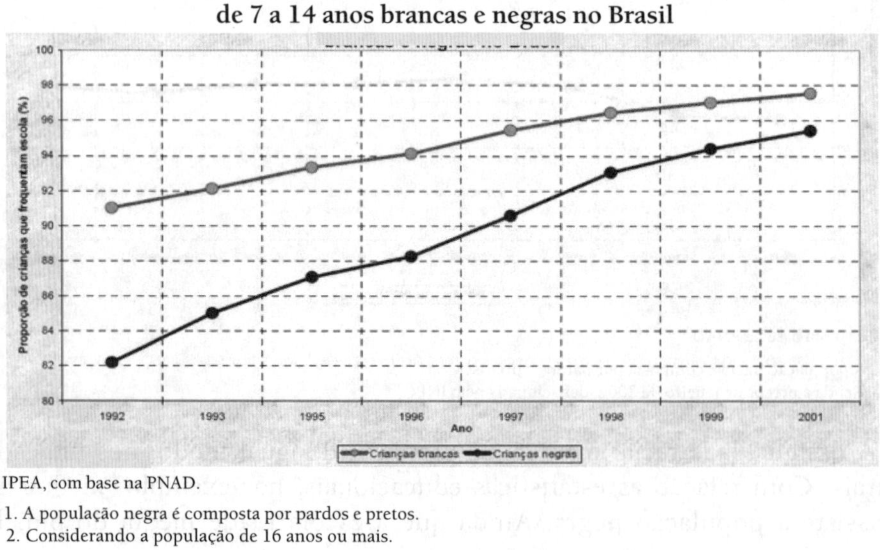

Fonte: IPEA, com base na PNAD.

Notas: 1. A população negra é composta por pardos e pretos.
2. Considerando a população de 16 anos ou mais.

No entanto, há índices que chamam atenção para uma desigualdade ainda mais grave para o propósito deste estudo, que pode ser verificada na comparação relativa à proporção de pessoas de 25 anos ou mais de idade que possuem entre 11 e 14 anos de estudo (superior incompleto): aí se encontram 22% da população branca, mas apenas 14% dos negros (Gráfico 8). Para a faixa com 15 a 17 anos de estudo (nível superior), a distância é ainda maior: os brancos ficam no patamar de 10%, enquanto os negros atingem somente 2,5%.

Gráfico 8: Distribuição dos adultos (25 anos ou mais) segundo o nível educacional por cor no Brasil em 2001

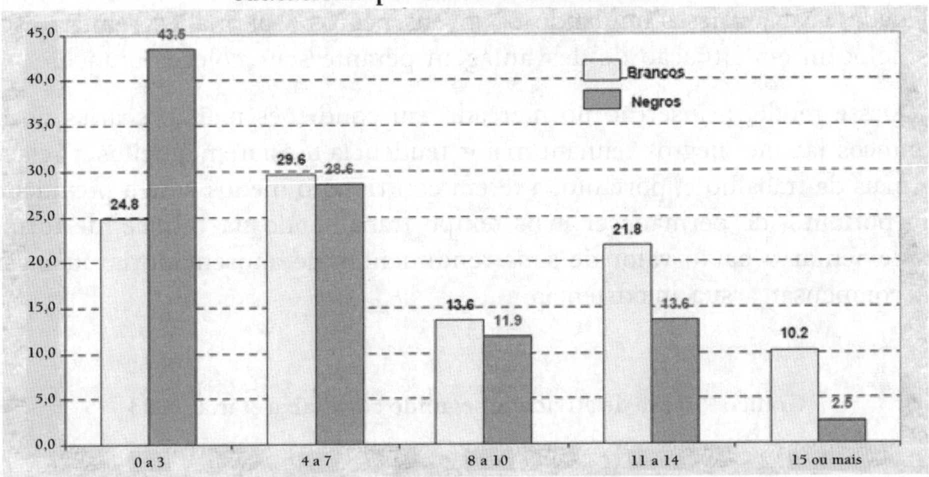

Fonte: IPEA, com base na PNAD.
Nota: 1. A população negra é composta por pardos e pretos.

A taxa de analfabetismo é outro grave problema nacional, como se percebe nas informações contidas na Tabela 3. Mesmo com a redução dos índices de analfabetismo, a diferença entre brancos e negros ainda é bastante acentuada, uma vez que o percentual dos negros é mais que o dobro dos brancos.

Tabela 3: Taxa de analfabetismo e média de anos de estudo segundo cor, 1995-2001

Cor	1992	1993	1995	1996	1997	1998	1999	2001
Taxa de analfabetismo								
Brancos	11%	10%	9%	9%	9%	8%	8%	8%
Negros	26%	25%	23%	22%	22%	21%	20%	18%
Total	17%	16%	16%	15%	15%	14%	13%	12%
Anos médios de estudo								
Brancos	5,9	6,0	6,2	6,3	6,4	6,6	6,6	6,9
Negros	3,6	3,7	3,9	4,1	4,1	4,3	4,4	4,7
Total	4,9	5,1	5,2	5,4	5,5	5,6	5,7	6,0

Fonte: IBGE. PNAD, 1995-2001. Elaboração Disoc/Ipea a partir dos microdados.
Nota: 1. Pessoas de 15 anos ou mais de idade.

Ao se debruçar nas pesquisas referentes ao mercado de trabalho, podem-se perceber diversas desvantagens da população negra em relação à branca. Existem diferenças importantes, por exemplo, no momento de entrada e de saída de indivíduos pertencentes a grupos raciais distintos, é dizer, os negros tendem a entrar mais cedo e sair mais tarde do mercado de trabalho (Gráfico 9). A entrada precoce de crianças e jovens no mundo do trabalho e a consequente necessidade de conciliar trabalho e estudo levam não só a uma taxa de abandono escolar mais elevada entre os negros, mas também a piores *performances* no sistema educacional que, somadas às manifestações racistas que permeiam a sociedade, acabam desestimulando os jovens negros a permanecerem na escola e os colocam em situação de desvantagem perante seus colegas brancos.

Desse modo, a inserção no mercado em condições mais precárias do que os brancos faz que negros tenham maior tendência a estarem sujeitos a relações informais de trabalho e, portanto, a terem contribuído menos para a previdência. Têm, portanto, de permanecer mais tempo trabalhando na velhice, de forma a complementar o baixo valor de seus rendimentos de aposentadoria ou mesmo para compensar a sua inexistência.

Gráfico 9: Taxa de atividade segundo cor e faixa etária, 2003

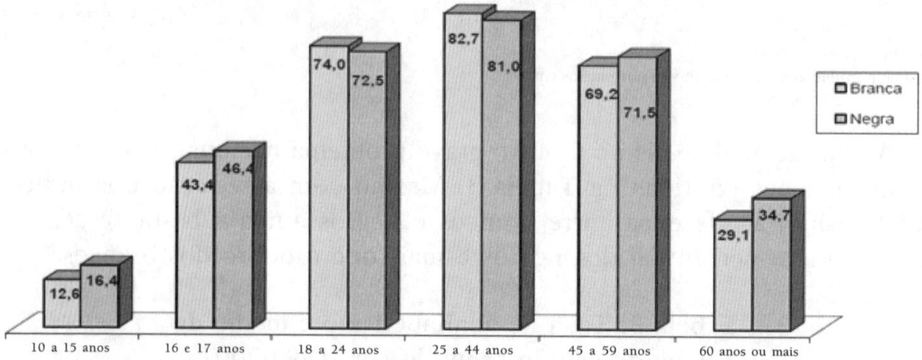

A decisão de entrar no mercado de trabalho não é concretizada de forma igualitária para os diferentes grupos populacionais. Constata-se que mulheres e negros encontram mais dificuldades para ocupar postos de trabalho, sejam eles formais ou informais.

O Gráfico 10, abaixo, aponta para uma maior probabilidade de esses grupos se encontrarem na situação de desemprego. Enquanto quase 8% dos homens e 10,6% dos brancos encontravam-se desempregados em 2003, esses valores saltavam para 12,4% e 12,6% no caso de mulheres e negros, respectivamente.

Cabe destacar, ainda, que o aumento nas taxas de desemprego, verificado entre 1996 e 2003, se deu de forma mais intensa para mulheres e negros do que para a população branca ou masculina.

Gráfico 10: Taxa de desemprego por cor e sexo no Brasil, 2003

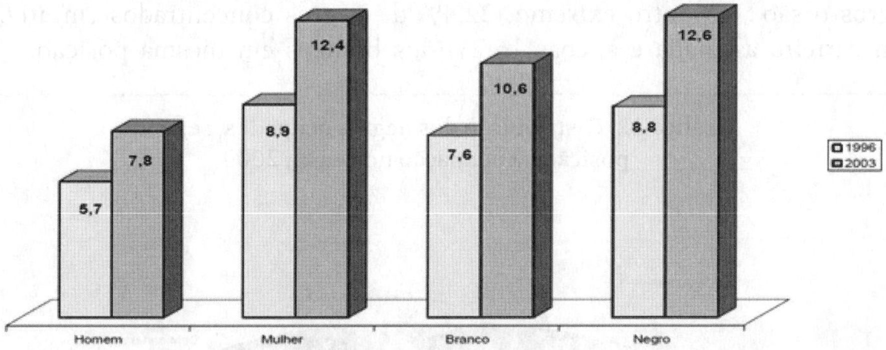

A análise cruzada por sexo e cor revela que entre homens brancos e mulheres negras existe uma diferença de quase 9 pontos percentuais nas suas taxas de desemprego. Enquanto para os homens brancos esse valor é de 8,3%, para as mulheres negras ele sobe para 16,6% (Gráfico 11). Essa é uma clara manifestação da dupla discriminação a que este grupo está submetido, pois, se de um lado, as mulheres negras são excluídas dos "melhores" empregos simplesmente por serem mulheres, de outro elas também são excluídas dos "empregos femininos", como aqueles que requerem contato com o público, simplesmente por serem negras.

Gráfico 11: Taxa de desemprego segundo cor e sexo no Brasil, 1996

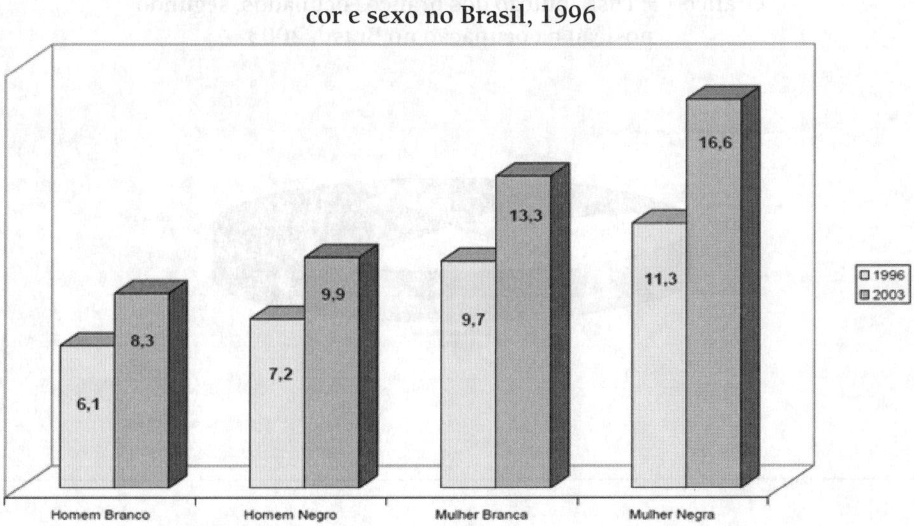

Se observarmos, por fim, onde se situam os negros no mercado de trabalho, a partir dos dados de posição na ocupação, fica claro que estes se concentram em atividades mais precárias e com menor proteção social do que a população branca (Gráficos 12 e 13). Enquanto 34,5% dos brancos estão em ocupações com carteira assinada, apenas 25,6% dos negros estão na mesma situação. De forma semelhante, 5,9% dos brancos são empregadores, e apenas 2,3% dos negros o são. No outro extremo, 22,4% de negros concentrados em atividades sem carteira assinada e apenas 16,2% dos brancos em mesma posição.

Gráfico 12: Distribuição dos negros ocupados, segundo posição na ocupação no Brasil, 2003

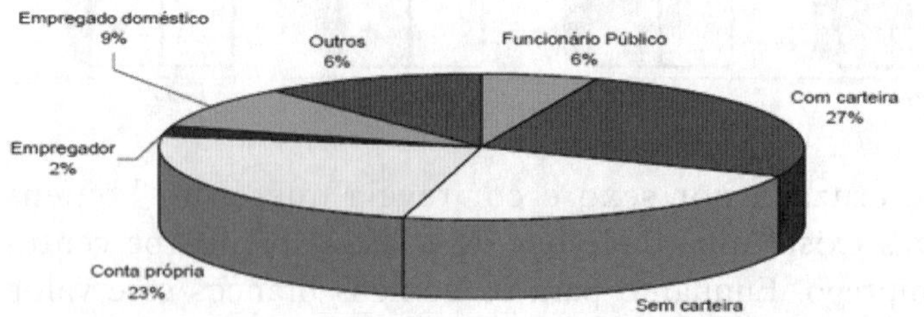

Gráfico 13: Distribuição dos brancos ocupados, segundo posição na ocupação no Brasil, 2003

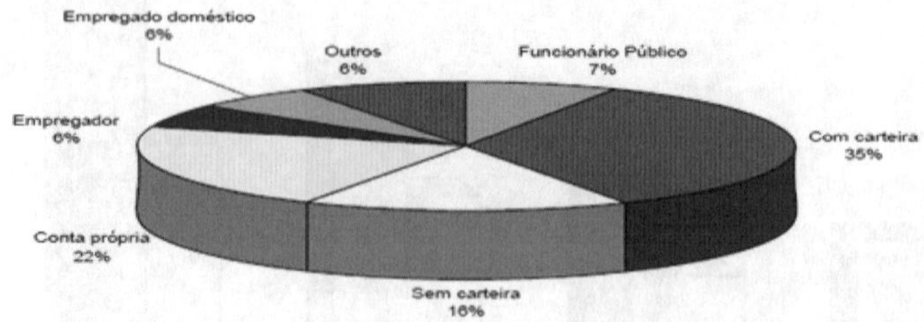

Dessa maneira, constata-se, a partir do exame dos dados aqui listados, que, de fato, sofrem os negros, ainda, as consequências do processo histórico que os rebaixou em relação aos outros atores sociais desde os exórdios da povoação do país. São os afrodescendentes, ainda hoje, apesar de seus ascendentes terem sido fundamentais para a formação econômica brasileira, vítimas da marginalização social, além da estigmatização oriunda da discriminação em todas as faces da sociedade.

A inexistência de um aparato legal efetivo de segregação racial no País tem sido um dos argumentos mais utilizados pelos opositores das políticas afirmativas direcionadas para os negros. Alguns números divulgados pela imprensa em 2001 e atualizados pelo pesquisador José Jorge de Carvalho em 2005 apontam para uma espécie de, como ele mesmo concluiu, "cotas de fato" para cargos de elite no Brasil:

— Dos 620 procuradores da República, apenas 7 são negros, ou seja, 98,6% de brancos;

— No Poder Judiciário, dos 77 ministros dos quatro Tribunais Superiores, há apenas dois negros: um ministro do Tribunal Superior do Trabalho (TST), e um no Supremo Tribunal Federal (STF). Ressalte-se que Carlos Alberto Reis de Paula foi o primeiro negro a ingressar em um dos Tribunais Superiores Brasileiros;

— Segundo a Associação dos Juízes Federais, dos 970 juízes, o número de negros é menor que 5%;

— No Superior Tribunal de Justiça, há 33 ministros, todos (100%) são brancos;

— No Ministério Público do Trabalho, de 465 procuradores, apenas 7 são negros, ou seja, 98% são brancos;

— Na Câmara Federal, há 513 deputados, dos quais apenas 20 são negros (96% de brancos);

— No Senado Federal, apenas 2 dos 81 senadores são negros (97% são brancos);

— O Itamaraty conta com um corpo de cerca de 1.000 diplomatas, menos 10 deles são negros (99% de brancos);

— Dos professores da rede das 53 Universidades Federais, 99% são brancos.

Nesse sentido, é certo que o racismo e a discriminação são dados presentes na realidade nacional, sendo, inclusive, reconhecidos pelo próprio povo brasileiro,[153] e que causam graves disparidades. Tudo isso só dificulta a realização efetiva de um Estado Democrático de Direito, pautado pelo princípio da dignidade humana e da igualdade real.

---

(153) Em pesquisa realizada pela Fundação Perseu Abramo, por meio da qual se perguntava ao entrevistado "Em sua opinião, existe racismo no Brasil?", 89% dos participantes se posicionaram pela existência, enquanto apenas 5% acreditam não existir racismo no Brasil. SILVA, Maria Palmira da; SANTOS, Gevanilda. *Racismo no Brasil*: percepções da discriminação e do preconceito racial no século XXI. São Paulo: Fundação Perseu Abramo, 2011. p. 141.

4. A FRANÇA NÃO PODE RECEBER TODA A MISÉRIA DO MUNDO: INTOLERÂNCIA E XENOFOBIA NO HEXÁGONO EUROPEU E SUAS CONSEQUÊNCIAS SOCIAIS

> "Solo voy con mi pena, sola va mi condena,
> correr es mi destino para burlar la ley.
>
> Perdido en el corazón de la grande Babylon,
> me dicen el clandestino por no llevar papel.
>
> Para una ciudad del norte yo me fui a trabajar,
> mi vida la dejé entre Ceuta y Gibraltar.
>
> Soy una raya en el mar, fantasma en la ciudad:
> mi vida va prohibida, dice la autoridad.
>
> Africano, clandestino; argelino, clandestino;
> nigeriano, clandestino; mano negra ilegal."
>
> (Manu Chao)

Nas eleições presidenciais francesas de 2002, o partido de extrema direita, *Front Nacional*, representado pelo candidato *Jean Marie Le Pen*, logrou a disputa do segundo turno, enfrentando ali o candidato *Jacques Chirac* (candidato de direita tradicional), deixando de fora do debate presidencial o tradicional Partido Socialista.

Na ocasião, o sucesso eleitoral de *Le Pen* no primeiro turno foi recebido com espanto pela mídia e pela própria sociedade francesa, o que, apesar da vitória larga (82% dos votos válidos[154]) de *Chirac* em relação a seu oponente, evidenciou o quão relevante o "problema da imigração" na França tem se tornado.

Desde os anos 1970, mas, sobretudo, após a queda do muro de Berlim, a questão das identidades nacionais vem ocupando um espaço cada vez maior

(154) Le monde-web, 5 maio 2002.

nos debates mundiais. Espalham-se pelos países conflitos raciais entre negros e brancos; acontecimentos como a guerra da Iugoslávia, retomando a ideia de "limpeza étnica"; atentados de *skin heads* na Alemanha;(155) chacina de imigrantes na Suécia(156) chamam a atenção, uma vez que se mostram paradoxalmente opostos à realidade atual, em que as ideias de difusão da noção de globalização e de fim das fronteiras são intensamente discutidas.

Esse contexto extremista tem, também, tomado espaço no cenário sociopolítico francês, dando lugar a manifestações de racismo e de xenofobia, uma vez que, "despite an astonishing level of cultural and ethnic diversity, France has seen itself as and has sought to become a monocultural society,"(157) ou, em outras palavras, "France has been the European country most open to immigration but the most resistent on assimilation."(158)

Além da inesperada ascensão ao segundo turno das eleições do partido de extrema direita francês nas eleições de 2002, inúmeros são os exemplos do crescimento da intolerância no hexágono europeu nos últimos anos. No *affaire du foulard*, por exemplo, como ficou conhecido, à medida que se foi desenvolvendo e envolvendo cada vez mais as altas esferas da política nacional, e até mesmo as relações da França com os países do mundo islâmico, foi revelando muito sobre a natureza da identidade nacional francesa, e como ela se constrói em relação ao outro, representado pelo estrangeiro.(159) Observa-se, simbolicamente, uma confrontação entre a identidade nacional francesa e o outro.

> La démocratie implique par essence la reconnaissance de la diversité. Tant que cette diversité s'inscrit dans un même cadre, les difficultés de cohabitation sont en général mineures et peuvent être assez aisément surmontées. Les véritables défis à la démocratie sont liés à des conflits de valeurs, de lois et de normes, en particulier lorsque certaines expressions culturelles ou religieuses se présentent comme l'image d'un passé que nous avons combattu ou refusent elles-mêmes la diversité. Or, on assiste aujourd'hui à la montée de courants fondamentalistes religieux de tout ordre face auxquels les démocrates

---

(155) The New York Times. Skinhead violence is worldwide and growing. Washington, 27 june 1995; ________. Germany bans 3 neo-nazi groups, 23 aug. 2012; El país. Los ultraderechistas de Alemania son menos pero más violentos. 5 abr. 2000.

(156) El país. Xenofobia en Suecia, la punta del iceberg. 1 mar. 1992.

(157) JELLOM, Tahar Ben. *French hospitality:* racism and north african immigrants. New York: Columbia University Press, 1999. p. 13. Em tradução livre: "apesar de um nível impressionante de diversidade cultural e étnica, a França tem se visto como e tem procurado se tornar uma sociedade monocultural".

(158) LEVINE, Robert A. *Assimilating immigrants*: why America can and France cannot. Los Angeles: Rand Europe, 2004. Em livre tradução: "A França foi o país europeu mais aberto à imigração, mas o mais resistente na assimilação".

(159) MONT´ALVERNE, Tarin Cristino Frota. La remise encause du principe de laïcité à travers l'affaire du foulard. *Nomos, revista do curso de mestrado em direito da UFC*, v. 29.2, jul./dez. 2009.

> se doivent de réaffirmer clairement un certain nombre de principes. [...] Nous avons pu percevoir que l'affaire du port du foulard n'est qu'un signe d'une évolution du phénomène religieux dans la société et la République française, ainsi que du changement des rapports sur la scène internationale, mais également de la difficile tâche d'intégration dans une démocratie.(160)

Atualmente, portanto, a relação nacional/estrangeiro adquiriu uma imensa importância na França, a julgar pela frequência com que ela é discutida nos meios de comunicação, nas ruas, nos meios políticos, pela relevância que ela adquire nas vésperas de eleições, pela imensa quantidade de leis, circulares e decretos que concernem a essa relação, passando até por uma reforma no código de nacionalidade, a primeira desde 1945.

Mesmo durante o primeiro mandato de *François Mitterrand*, quando, sem dúvida, inúmeros progressos foram feitos em termos dos direitos dos imigrantes, o primeiro-ministro socialista *Michel Rocard* ficou famoso ao justificar a adoção de voos *charters* para expulsar imigrantes ilegais, afirmando: "A França não pode acolher toda a miséria do mundo".(161)

> France has always prided itself as a *terre d'accueil*, as the land of freedom and human rights. Since the Revolution, however, the ability of French citizens to welcome or simply accept the arrival of large groups of foreigners — let alone tolerate their own regional minorities has been severely put to the test.(162)

Tendo já feito breves considerações a respeito do racismo no Brasil, buscar-se-á, neste capítulo, explorar a questão da discriminação racial imperante na França, traçando alguns dos fatores envolvidos nessa temática.

---

(160) *Id. Ibid.* Em tradução nossa: "A democracia, por essência, envolve o reconhecimento da diversidade. Como essa diversidade está no mesmo contexto, as dificuldades de convivência são geralmente menores e podem ser facilmente superadas. Os verdadeiros desafios para a democracia estão relacionados aos conflitos de valores, leis e normas, especialmente quando certas expressões religiosas ou culturais se mostram como a imagem de um passado que nós combatemos ou negamos a diversidade. Ora, hoje estamos testemunhando o surgimento de movimentos religiosos fundamentalistas de todos os tipos contra os quais os democratas devem claramente reafirmar um certo número de princípios. [...] Nós pudemos perceber que o caso do porte do véu islâmico é somente um sinal de uma evolução do fenômeno religioso na sociedade e da República francesa, bem como da mudança das relações no cenário internacional, mas igualmente da difícil tarefa de integração em uma democracia".

(161) Le monde-web, 3 dez. 1989.

(162) HARGREAVES, Alec G. *Perceptions of Ethnic Difference in Post-War France.* Immigrant Narratives in Contemporary France. Eds. Susan Ireland and Patrice J. Proulx. estport, CT: Greenwood Press, 2001. Em tradução livre: "A França sempre se considerou 'terre d'accueil', como lugar da liberdade e dos direitos humanos. Desde a revolução, entretanto, a habilidade dos cidadãos franceses de receber ou simplesmente aceitar a chegada de grandes grupos de estrangeiros — ou apenas tolerar suas próprias minorias regionais — tem sido posta em jogo de maneira severa".

4.1. Contextualização histórica da imigração na França

Malgrado se tenha ventilado com mais vigor, especialmente a partir da década de 1980, a questão da xenofobia e da discriminação racial na França, a preocupação com os grupos estrangeiros no território francês é um fenômeno cujo nascedouro enraíza-se em período bem mais largo,(163) uma vez que é sabido que, durante a maior parte dos últimos dois séculos, a França foi o mais importante país da imigração no mundo industrializado.(164)

Os estudiosos das correntes migratórias costumam fazer a distinção entre fatores que "puxam" e fatores que "empurram" (*pull and push factors*) as populações entre os países.(165) A industrialização e os baixos índices de crescimento populacional, quando comparados com a maioria dos países vizinhos, são os principais *pull factors* que inclinaram a França a aceitar, e em alguns casos até a recrutar, fluxos de estrangeiros. De fato, as grandes perdas populacionais sofridas pelo país na Primeira Grande Guerra, por exemplo, bem como, de modo mais ameno, na Segunda Grande Guerra, impulsionaram fortemente o desenvolvimento de políticas pró-imigração.(166)

Na maior parte das vezes, a busca por ascensão econômica impeliu os estrangeiros a se deslocarem até o território francês. Contudo, em alguns casos, as perseguições políticas falavam mais alto que interesses econômicos, e muitos grupos buscaram as terras francesas como refúgio de práticas genocidas vigentes em seus países de origem.

Ademais, desde a Revolução de 1789, a França cultiva uma reputação internacional de país defensor dos direitos humanos, fazendo dele um destino natural daqueles que desejavam refugiar-se.(167)

Há ainda outros *pull factors*, como o grau de facilidade de adentrar legalmente as barreiras do país, bem como "geographical proximity, transport systems and social networks based on friends or relatives who have already migrated."(168)

Durante o século XIX, a França não possuía relevantes controles da entrada de estrangeiros no país, ficando a movimentação de pessoas reguladas pelas

---

(163) *Id. Ibid.*

(164) HANSEN, Randall. *Migration to Europe since 1945*: its history and its lessons. Oxford: Blackwell Publishing, 2003.

(165) HOLLIFIELD, James. Migrants ou citoyens: la politique de l'immigration en France et aux États--Unis. *Revue européenne de migrations internationales*, v. 6, n. 1. L'immigration aux États-Unis.

(166) *Id. Ibid.*

(167) *Id. Ibid.*

(168) *Id. Ibid.* Em tradução livre : "proximidade geográfica, sistemas de transporte e redes sociais com base em amigos ou parentes que já migraram".

forças do mercado.[169] Até mesmo depois da instituição oficial de controles, estes eram flexíveis, a depender das conveniências do Estado, fato bem exemplificado pela entrada da maioria dos trabalhadores imigrantes na França na época do *boom* econômico de 1960, que se deu inicialmente de modo ilegal, tendo sido regularizada *ex post facto* sua situação, mediante a comprovação de que estavam trabalhando. Evidenciava-se, assim, a necessidade francesa de suprir a escassez de mão de obra naquele período.[170]

Dessa arte, observa-se que a mão de obra francesa não foi suficiente para as altas demandas decorrentes da expansão industrial e, apesar da considerável migração de franceses das áreas rurais para as urbanas, trabalhadores estrangeiros vieram em muita quantidade.

O Gráfico 14 mostra uma coleta de dados percentuais da população estrangeira na França desde 1851. É notável o aumento dessa população em relação à nacional de 1% em 1851 para 3% em 1886. Manteve-se essa proporção estável até a Primeira Guerra Mundial, quando, rapidamente, dobrou. Nos anos após a Segunda Guerra Mundial, a média manteve-se estável até a década de 1970, em virtude da forte instabilidade econômica e das altas taxas de desemprego do pós-guerra.[171]

Gráfico 14: Porcentagem de estrangeiros em relação ao total da população francesa na França, 1851-1999

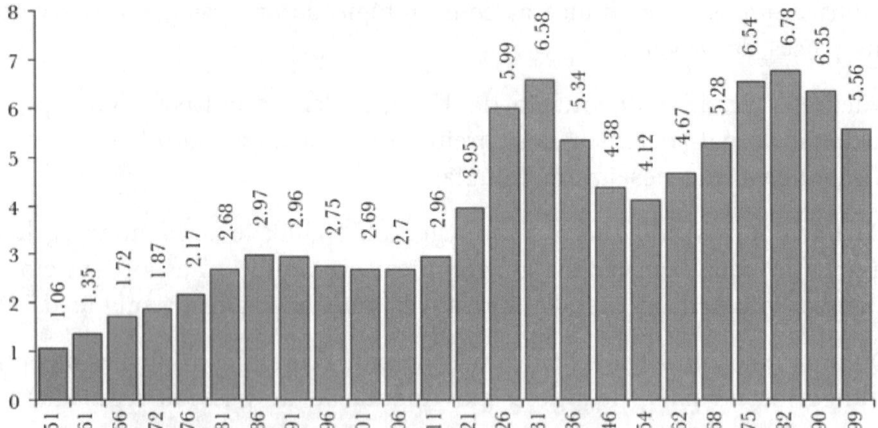

Fonte: INSEE-web. Institut National de la statitique et des études économiques <www.insee.fr>

---

(169) FASSIN, Didier. L'intervention française de la discrimination. *Revue française de science politique*, 52e année, n. 4, p. 403-423, 2002.

(170) *Id. Ibid.*

(171) Para panorama dos fluxos migratórios em toda a Europa, conferir: CLOCMARD, Oliver. Atlas des migrants en Europe: *Géographie critique des politiques migratoires*. Paris: Armand Colin Editeur, 2012.

Nos anos 1920, belgas e italianos representavam mais da metade dos estrangeiros residentes. Aqueles atraídos pelas oportunidades de emprego nos setores têxtil e de carvão do norte da França; estes, tradicionalmente concentrados em trabalhos não qualificados no sudeste do país. Na década de 1930, foram os espanhóis aqueles particularmente numerosos dentre os imigrantes, compondo grande parte dos trabalhadores da agricultura do sudeste francês. No período entre guerras, uma grande comunidade polonesa também se desenvolveu, trabalhando sobretudo em minas ou plantações.(172)

Finda a Segunda Guerra Mundial, o governo francês alavancou políticas para arregimentar imigrantes a fim de assistir a construção civil, bem como para compensar a queda demográfica no país. As discussões em torno do melhor formato para uma política de imigração foram, no entanto, bastante intensas e controversas. De um lado, estavam os economistas preocupados com a questão da mão de obra e, de outro, os demógrafos, encabeçados por *George Mauco*, que apregoavam a imigração de famílias, obedecendo a critérios de compatibilidades étnica e cultural com a França.(173)

Diante das pressões econômicas e da impopularidade de medidas de discriminação nacional no imediato pós-guerra, a visão dos economistas prevaleceu e, já em 1945, o país lançou as bases de uma política que visava a atrair trabalhadores estrangeiros, com a criação do *Office National d'Immigration*(174) para sua melhor implementação.(175)

Nesse período, o império além-mar francês, então o segundo maior do mundo,(176) foi, gradualmente, descolonizando-se. A independência foi garantida para a Indochina francesa em 1954, e para as colônias da África centro-leste, aconteceu em 1960.

O último grande passo desse processo veio com a independência da Argélia, em 1962. Até então, a região vinha sendo oficialmente regulada como uma parte

---

(172) SIMON, Patrick. Les statistiques, les sciences sociales françaises et les rapports sociaux ethniques et de "race". *Ophrys | Revue Française de sociologie*. 2008/1 — v. 49.

(173) LEVINE, Robert A. *Assimilating immigrants*: why America can and France cannot, 2004.

(174) "Los estragos de la Segunda Guerra Mundial han dejado a Francia con una crisis de población: sería imposible reconstruir la economía sin la ayuda de inmigrantes. Aunque no existía una política étnica oficial, el gobierno sí intentaba atraer agresivamente a ciertos grupos étnicos, como los italianos. En 1945, se creó un departamento oficial encargado de seguir la inmigración." VAILLANCOURT, Margaret. *Los inmigrantes "problematicos"*: la discrimination religiosa y linguística dirigida a ciertos grupos de inmigrantes en Francia y los Estados Unidos. Ohio, USA: Thesis submitted to the College of Bowling green State University, 2010. p. 8. Em tradução nossa: "Os estragos da Segunda Guerra Mundial deixaram a França com uma crise populacional: seria impossível reconstruir a economia sem a ajuda de imigrantes. Ainda que não existisse oficialmente uma política étnica oficial, o governo procurava sim atrair com mais intensidade certos grupos étnicos, como os italianos. Em 1945, foi criado um departamento oficial encarregado de administrar a atração de imigrantes".

(175) LEVINE, Robert A., 2004.

(176) *Id. Ibid.*

integral do território francês, e todos os seus habitantes tinham o *status* formal de nacionais. Com sua independência, os argelinos continuaram tendo direito de liberdade de ir e vir dentro e fora das metrópoles francesas. Em 1946, de 22 mil argelinos no território francês, a população passou para 805 mil em 1982, o que contribuiu para que se tornassem o maior grupo de estrangeiros na população francesa.(177)

> También, Francia, muy desesperada por atraer trabajadores, firmó acuerdos con muchos países, entre ellos Marruecos, Túnez, Portugal, Yugoslavia y Turquía. En particular, el acuerdo con Argelia, firmado tras su guerra con Francia en 1962, afectó la inmigración de una manera inesperada: las personas de estos dos países ahora podían mudarse libremente. Aunque el objetivo de tal acuerdo fue permitir el regreso de los franceses que se habían mudado a Argelia durante la colonización, lo opuesto ocurrió: los argelinos llegaron, aprovechándose de más oportunidades económicas en Francia. El impacto del acuerdo con Argelia se puede medir por estas cifras: durante los trece años después de firmar el acuerdo, la población argelina que vivía en Francia dobló hasta llegar 710.690. En general, como consecuencia de estas medidas, 3.5 millones de personas inmigraron a Francia entre 1945 y 1974.(178)

Marrocos e Tunísia eram também regulados pelas normas francesas até 1956, mas a esses Estados foi dado o *status* jurídico de protetorados. Seus cidadãos não foram, portanto, oficialmente classificados como franceses.

> Dans l'espace social et politique français, l'immigration maghrébine détient un statut symbolique particulier qui la différencie des autres migrations en raison principalement de son origine coloniale, puis post-colonial. Ceci explique que, plus que tout autre, elle a longtemps été considérée comme installée de manière transitoire non seulement par les autorités politiques françaises, mais aussi par les dirigeants des pays d'origine. Elle était appréhendée comme une migration

---

(177) BERTOSSI, Christophe. *Les Musulmans, la France, l'Europe* : contre quelques faux-semblants en matière d'intégration. Paris: Türkan Karakurt (FES) et Christophe Bertossi (Ifri), 2007.

(178) VAILLANCOURT, Margaret. *Los inmigrantes "problematicos"*: la discrimination religiosa y linguística dirigida a ciertos grupos de inmigrantes en Francia y los Estados Unidos. Ohio, USA: Thesis submitted to the College of Bowling green State University, 2010. Em livre tradução: "Também a França, muito desesperada em atrair trabalhadores, firmou acordos com muitos países, dentre eles Marrocos, Tunísia, Portugal, Iugoslávia e Turquia. Particularmente, o acordo com a Argélia, firmado no contexto de sua guerra de independência em 1962, afetou a imigração de uma maneira inesperada: as pessoas desses países poderiam agora se mudar livremente. Ainda que o objetivo do referido acordo tenha sido o regresso dos franceses que se haviam mudado para a Argélia durante a colonização, o oposto ocorrera: os argelinos chegaram aproveitando-se das maiores oportunidades econômicas na França. O impacto desse acordo com a Argélia se pode medir por estes números: durante os treze anos posteriores ao acordo, a população argelina que vivia na França dobrou até chegar a 710.690. Em geral, como consequência dessas medidas, 3,5 milhões de pessoas imigraram para França entre 1945 e 1974".

de travail provisoire n'ayant pas vocation à devenir une migration de peuplement dans la mesure où cette position était en adéquation avec le discours nationaliste des États d'origine ainsi qu'avec les impensés de la société française.[179]

Desse modo, entre 1945 e 1973, milhares de estrangeiros se estabeleceram na França, dentre eles portugueses,[180] refugiados da ditadura de Antonio Oliveira Salazar, bem como de argelinos (ver Gráfico 15).

Gráfico 15: Grupos de nacionalidades em porcentagem da população estrangeira francesa, 1946-1999

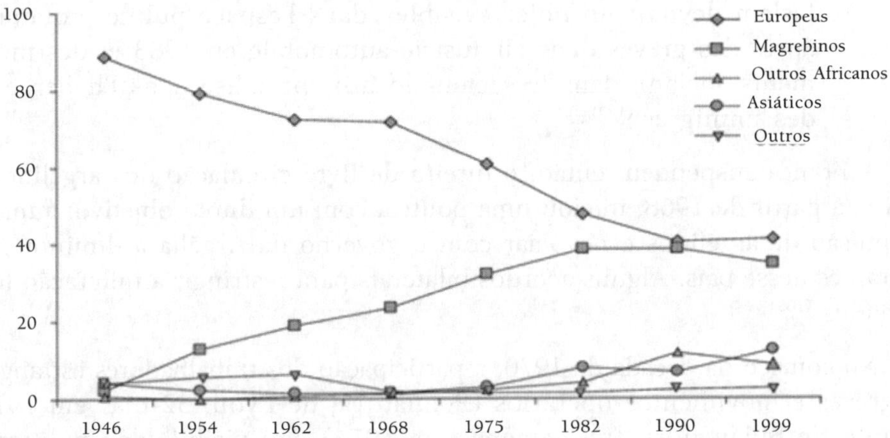

	1946	1954	1962	1968	1975	1982	1990	1999
Europeus	88,7	79,1	72,2	71,6	60,7	47,6	40,6	41,3
Magrebinos	2,3	12,9	18,9	23,6	32,3	38,8	38,7	34,8
Outros Africanos	0,8	0,1	0,8	1,2	2,3	4,2	11,8	8,7
Asiáticos	4,0	2,3	1,7	1,7	3,0	7,8	6,7	12,5
Outros	4,2	5,6	6,4	1,9	1,7	1,6	2,2	2,7
Todos	100,0	100,0	100,0	100,0	100,0	100,0	100,0	100,0

Fonte: INSEE-web. Institut National de la statitique et des études économiques <www.insee.fr>

(179) CESARI, Jocelyne. De l'immigré au minoritaire: les Maghrébins de France. *Revue européenne de migrations internationales*, v. 10, n. 1. Mobilisations des migrants en Europe — Du national au transversal. p. 109-126. Em tradução nossa: "No espaço social e político francês, a imigração magrebina detém um estatuto simbólico particular que a diferencia de outras migrações, principalmente em razão de sua origem colonial e, depois, pós-colonial. Isso explica porque, mais do que qualquer outra coisa, ela foi considerada por longo tempo como algo instalado de maneira transitória, não só pelas autoridades políticas francesas, mas também pelos líderes dos países de origem. Ela era tida como uma migração de trabalho temporário não destinado a se tornar uma migração demográfica, na medida em que esta posição se aliava ao discurso nacionalista dos países de origem assim com o que não fora pensado pela sociedade francesa".
(180) Para detalhes da migração de portugueses, ver HELDER, Diogo. A comunidade portuguesa em França e na região de Lyon: uma evolução sociodemográfica. *Cadernos curso de doutoramento em Geografia flup*, v. 1, 2009.

No início da década de 1970, a questão da imigração começou a despontar no contexto das revoltas estudantis e da denúncia das condições de vida dos imigrantes, sobretudo no que dizia respeito ao problema da habitação. Além disso, aumentaram os crimes de conotação racial no país.(181)

> Grâce au droit au regroupement familial, ceux-ci ont commencé à se sédentariser. La fermeture des frontières à l'immigration en 1974 a définitivement fixé ces populations sur le territoire français. A partir des années 1980, les immigrés passent au politique. Ils deviennent la cible des politiques publiques alors que l'immigration est reconstruite comme un «problème», tandis que leurs enfants deviennent des citoyens français en vertu du droit de la nationalité. Au même moment, l'islam devient un objet «visible» dans l'espace public, notamment après des grèves dans l'industrie automobile en 1983 et des mouvements sociaux dans le secteur locatif spécialisé dans l'hébergement des immigrés.(182)

A França suspendeu, então, o direito de livre circulação dos argelinos em 1964 e, a partir de 1968, iniciou uma política com um duplo objetivo: aumentar a expulsão de argelinos e negociar com o governo da Argélia a diminuição de imigrantes desse país. Alguns acordos bilaterais para restringir a imigração foram assinados.(183)

No começo da década de 1970, a participação dos trabalhadores estrangeiros em greves e movimentos operários (Pennaroya, de Lyon, 32 dias em 1972, e Renault, de Billancourt, três semanas em 1974) deu visibilidade política aos imigrantes. Grupos solidários aos imigrantes despontaram na cena política francesa. Paralelamente, a crise econômica francesa levou o governo a adotar medidas visando a desencorajar a vinda de imigrantes e controlar a entrada de ilegais.

A decisão de suspender as imigrações foi decorrente da Crise do Petróleo de 1973. A França, como outros países importadores de mão de obra, decidiu, então, fechar suas barreiras para os imigrantes, em virtude do aumento

---

(181) TAGMAN, Jeffrey M. *Op. cit.*, 2002.

(182) BERTOSSI, Christophe. *Dilemme de la citoyenneté / Intégration / anti-discrimination en Europe*: le cas français. CENTRE D'ETUDES DE L'ETHNICITE ET DES MIGRATIONS. Rencontre du CEDEM, 18 avril 2002. "Graças ao direito ao reagrupamento familiar, estes começaram a se sedentarizar. O fechamento das fronteiras à imigração em 1974 fixou definitivamente essas populações em território francês. A partir dos anos 1980, os imigrantes passaram a ser uma questão política, pois se tornaram o alvo das políticas públicas, uma vez que a imigração é reconstruída como um 'problema', pois seus filhos se tornam cidadãos franceses por conta da lei da nacionalidade. Ao mesmo tempo, o Islã se torna um objeto 'visível' na arena pública, especialmente após as greves na indústria automobilística em 1983 e os movimentos sociais no setor de locação especializada em alojamento de imigrantes." (tradução livre)

(183) BERTOSSI, Christophe. *Les Musulmans, la France, l'Europe*: contre quelques faux-semblants en matière d'intégration, 2007.

considerável no desemprego. Nesse contexto, um complexo de normas para retirar direitos dos imigrantes foi criado.(184)

> Because of the dominance of the labor market in shaping the basic thrust of migratory flows, immigrants had come to be regarded as synonymous with immigrant workers, who were in turn equated with unskilled workers rather than professionally qualified personnel.(185)

Em 1977, o governo passou não somente a evitar que os imigrantes entrassem no país, mas também a tentar fazer a população de imigrantes, a qual já estava na França, retornar ao seu país de origem. Os incentivos financeiros destinados a encorajar que estes deixassem a França, *l´aide au retour,* no entanto, obtiveram pouco sucesso.(186)

> Dès que cette crise apparaît durable, le chômage devient en 1977 la première préoccupation des Français et l' immigration familiale globalement en déclin, l'arrivée de familles de Maghrébins est en progression. Valéry Giscard Estaing décide de faire du retour massif immigrés non européens la priorité de sa nouvelle politique immigration.(187)

Muitos portugueses e espanhóis decidiram voltar, pois já havia terminado a guerra civil e a ditadura em seus países; poucos magrebinos,(188) entretanto, o quiseram, pois não havia vantagens significativas em fazê-lo.

Tal fato contribuiu para que, entre 1972 e 1980, o governo francês se empenhasse em atingir a chamada imigração zero.(189) No entanto, sucessivos

---

(184) *Id. Ibid.*

(185) JENNINGS, Jeremy. *Citizenship, republicanism and multiculturalism in contemporary France.* United Kingdom: Cambridge University Press B. J. Pol. S. 30. Tradução livre: "Por causa da dominância do mercado de trabalho na formação do impulso básico dos fluxos migratórios, os imigrantes passaram a ser vistos como sinônimos de força de trabalho, que representava muito mais a força de trabalho não qualificada do que qualificada".

(186) BERTOSSI, 2007.

(187) WEIL, Patrick. Racisme et discrimination dans la politique française de l'immigration: 1938--1945/1974-1995. *Vingtième Siècle. Revue d'histoire*, n. 47, juillet/septembre 1995, p. 77-102. "A partir do momento que esta crise se mostra durável, o desemprego se torna, em 1977, a primeira preocupação dos franceses e, com a imigração familiar, em geral em declínio, a chegada de famílias magrebinas progride. Então, Valéry Giscard d'Estaing decide fazer do retorno maciço de imigrantes não europeus a prioridade de sua nova política de imigração." (livre tradução)

(188) "O Magrebe ou Magreb (em língua árabe, *Al-Maghrib*) é uma região africana que abrange, em sentido estrito, Marrocos, Saara Ocidental, Argélia e Tunísia (Pequeno Magreb ou Magreb Central). O Grande Magreb inclui também a Mauritânia e a Líbia. Na época do Império Romano, era conhecido como *África menor*. *Al-Maghrib* significa "poente" ou "ocidente", em razão da posição ocidental dessa região relativamente ao resto do mundo islâmico. Opõe-se a Machrek ("nascente"), que designa o oriente árabe e se estende desde o Egito até o Iraque e a Península Arábica." FERREIRA, Aurélio B. de Holanda. *Novo dicionário da Língua Portuguesa.* 2. ed. Rio de Janeiro: Nova Fronteira, 1986.

(189) LEVINE, Robert A. *Assimilating immigrants*: why America can and France cannot, 2004.

governos esbarraram nos limites impostos pela legislação francesa de direitos humanos. Assim, por exemplo, em 1978, o Conselho de Estado, citando o Preâmbulo da Constituição de 1946 e a legislação europeia, proibiu o governo *Giscard d'Estaing* de recusar vistos aos familiares de imigrantes para diminuir a imigração, e afirmou que os estrangeiros residindo regularmente na França têm, como os nacionais, o direito de levar uma vida familiar normal; que esse direito comporta, em particular, a faculdade, para esses estrangeiros, de trazer para junto de si seus cônjuges e seus filhos.(190)

O Executivo também se deparou com a resistência dos próprios imigrantes, especialmente os da segunda geração, cada vez mais organizados e mobilizados, e de grupos de apoio aos imigrantes, dentre os quais um dos mais influentes, ainda hoje, é o *Groupe d'Information et de Soutien des Immigrés* (Gisti), fundado em 1972.(191)

Entre 1981 e 1983, durante o primeiro governo do socialista *François Mitterrand*, houve um processo de consolidação dos direitos dos estrangeiros. O governo declarou, desse modo, anistia para todos os imigrantes ilegais que tivessem entrado no país antes de 1º de janeiro.(192) Ao todo, 132.000 imigrantes ilegais foram regularizados dessa forma durante o inverno de 1981.(193) Em outubro de 1981, o governo promulgou lei que garante a liberdade de associação aos imigrantes, dando um novo impulso ao ativismo imigrante. As associações que reuniam a segunda geração dos imigrantes árabes das antigas colônias francesas, conhecidos como *beurs*, passaram a ser cada vez mais influenciadas pelo discurso da esquerda norte-americana de direito à diferença.(194)

> Plus tard en 1984, après que la gauche eut entre 1981 et 1983 pris l'exact contrepied de la politique précédente en régularisant par exemple 130000 étrangers en situation irrégulière, les quatre partis ayant participé au gouvernement depuis 1974 UDF RPR PS PCF adoptèrent une loi sur le titre unique de dix ans, touts en confirmant l'arrêt de l'immigration de travailleurs non qualifiés et donc la lutte contre l'immigration irrégulière. Elle garantit la stabilité du séjour des résidents étrangers quelle que soit leur nationalité.(195)

---

(190) *Id. Ibid.*
(191) *Id. Ibid.*
(192) LIONNET, Françoise. Immigration, poster art, and transgressive citizenship: France 1968-1988. *SubStance*, v. 24, n. 1/2, Issue 76/77: Special Issue: France's Identity Crises, (1995), p. 93-108.
(193) *Id. Ibid.*
(194) LEVINE, Robert A. *Assimilating immigrants*: why America can and France cannot, 2004.
(195) WEIL, Patrick. *Racisme et discrimination dans la politique française de l'immigration*: 1995. Em nossa tradução : "Mais tarde, em 1984, depois de a esquerda, entre 1981 e 1983, agir exatamente contrária à política do governo anterior, por exemplo, regulamentando 130.000 estrangeiros ilegais, os quatro partidos que participavam do governo desde 1974 — UDF RPR PS PCF — adotaram uma lei

Em 1983, essas organizações juntas realizaram a *Marcha pela igualdade e contra o racismo*, que ajudou a dar visibilidade a essa parte esquecida da sociedade francesa e pressionar pelo reconhecimento de suas demandas. Entre as reivindicações do movimento *beur*, estavam o direito de voto local para os imigrantes, a proteção contra a expulsão, a adoção de políticas sociais e a revisão da política de nacionalidade francesa.(196) Impulsionada pelo sucesso da Marcha, nasceu uma das organizações mais importantes e atuantes do movimento imigrante, o *SOS racisme*, que chega a ter dezoito mil filiados na década de 1980.(197)

> En 1983, un mouvement conduit par les jeunes de la deuxième génération s'attaque alors frontalement à ces confusions en articulant la dénonciation du racisme à l'hypocrisie du modèle d'intégration. La "marche pour l'égalité et contre le racisme", (également appelée "marche des beurs") est l'occasion de montrer l'inconsistance des promesses de la République à l'égard des descendants d'immigrants maghrébins. Tout au long des années 1980, se développe dans l'espace public français le thème de la montée du racisme. En 1985, la création de l'association SOS racisme va entraîner une médiatisation croissante de la question. Cette nouvelle force antiraciste, à laquelle s'ajoutent Radio Beur, France Plus et bien d'autres, se démarque des canaux plus traditionnels de la lutte contre le racisme en affirmant l'implication de toute une génération qui s'organise dans un premier temps autour du débat sur le droit à la différence.(198)

Paralelamente à intensificação do ativismo imigrante, cresceram também as manifestações racistas e xenófobas na sociedade francesa. Em 1972, foi fundado o *Front National*, cuja proposta era unificar a direita radical francesa e pôr fim ao "processo de decadência intelectual, moral e física no qual estamos engajados".(199) A imigração foi considerada pelo partido como um atentado

---

com o único objetivo de parar em dez anos a imigração dos trabalhadores não qualificados e, portanto, a luta contra a imigração irregular. Esta lei garante a estabilidade da estadia de estrangeiros residentes, independentemente da sua nacionalidade".(tradução livre)

(196) LEVINE, Robert A., 2004.

(197) *Id. Ibid.*

(198) POLI, Alexandra. *Faire face au racisme en France et au Brésil*: de la condamnation morale à l'aide aux victimes, 2005. "Em 1983, um movimento liderado pelos jovens da segunda geração começa a atacar frontalmente a confusão da denúncia do racismo e a hipocrisia do modelo de integração. A 'marcha por igualdade e contra o racismo' (também chamada de 'marcha dos *beurs*) foi uma oportunidade para mostrar a inconsistência das promessas da República contra os descendentes de imigrantes norte-africanos. Ao longo de toda a década de 1980, desenvolveu-se no espaço público francês o tema do aumento do racismo. Em 1985, a criação da associação *SOS racisme* levou a uma crescente midiatização da questão. Essa nova força antirracista, a qual fora completada pela *Radio Beur*, *France Plus* e muitas outras, destaca mais canais de luta contra o racismo, por afirmar o envolvimento de uma geração que está organizada inicialmente em torno do debate sobre o direito à diferença." (tradução livre)

(199) LEVINE, Robert A. *Assimilating immigrants*: why America can and France cannot, 2004.

contra a cultura e a economia francesa, e, como tal, passível de ser combatida. Ela não foi, no entanto, inicialmente, o foco principal do discurso do *Front*. Com o passar do tempo, no entanto, a mescla de imigração com a preocupação com a segurança veio a se tornar o eixo principal das campanhas do partido.

A profusão de novas legislações, quase todas de teor restritivo, ao longo dos últimos anos, levou, ainda, ao surgimento da figura dos *sans papiers*, indivíduos que, apesar de terem entrado legalmente na França, tornaram-se ilegais em virtude das mudanças na legislação francesa. Como muitas mudanças são contraditórias em relação à legislação anterior, os *sans papiers*, muitas vezes, não podem ser legalizados nem expulsos da França, ficando em uma espécie de limbo jurídico. Uma pessoa, por exemplo, que mora há pelo menos quinze anos na França é protegida da expulsão pelo artigo 25 da ordenança de novembro de 1945 referente à imigração, mas, pelas mudanças legislativas de 1993, pode não ter o seu visto renovado se estiver desempregada.[200]

Os *sans papiers* foram bastante ativos politicamente na década de 1990 e organizaram várias manifestações com o objetivo de sensibilizar a opinião pública e o governo para sua situação. Em certo sentido, o movimento dos *sans papiers* foi bastante inovador ao propor que a imigração fosse considerada como um direito humano. No fim de 1997, os socialistas foram eleitos com uma plataforma que incluía, entre outras coisas, a ab-rogação das legislações imigratórias de 1993 e 1997. Contudo, poucas mudanças foram feitas, e mais uma vez, parece ter prevalecido o temor de parecer complacente com os imigrantes ilegais diante de um eleitorado que flerta com o *Front National*.

A cada ano, cerca de 100.000 estrangeiros tornam-se franceses.[201] Cerca da metade são não imigrantes que o fizeram por naturalização (Tabela 4). Muitos outros foram naturalisados por meio do casamento com francês ou de filho nascido na França. No século XXI, mais de 9 milhões de pessoas que vivem na França são filhos ou netos de imigrantes.[202]

---

(200) BERTOSSI, Christophe. *Les Musulmans, la France, l'Europe*, 2007.
(201) SIMON, Patrick. *Les statistiques, les sciences sociales françaises et les rapports sociaux ethniques et de "race"*, 2008.
(202) SIMON, Patrick., 2008.

Tabela 4: Franceses que adquiriram nacionalidade francesa, por país de origem (percentagem)

	1995	2000	2003
Europa	25.0	16.5	14.5
Espanha	2.0	0.8	0.6
Itália	2.1	1.1	0.7
Portugal	14.8	7.9	6.9
África	53.5	59.6	63.9
Maghreb	43.7	48.4	49.1
Outros Países Africanos	9.8	11.3	14.8
Ásia	17.7	19.8	16.6
Turquia	5.7	8.6	7.5
Outros	3.8	4.1	5.0
Total	100.0	100.0	100.0

Fonte: INSEE-web. Institut National de la statitique et des études économiques <www.insee.fr>

4.2. A imigração como problema francês e o "novo racismo"

Quando os imigrantes divergem pelo menos de um dos conceitos que constituem a mentalidade da imigração (assimilação, papel de mão de obra, por exemplo), a sociedade dominante reage por meio de uma estigmatização ainda mais acentuada. Pela perspectiva da sociedade dominante, "an immigrant [is] supposed to remain an immigrant and never emerged from that strictly defined and supervised category".[203]

Como já aludido, na década de 1970, os grupos de imigrantes ou de filhos de imigrantes começaram a "sair" dessa dita categoria. Os magrebinos, ainda que tenham se assimilado e aculturado, resistiram à limitação socioeconômica. Surge, assim, da sociedade dominante um novo tipo de racismo, não baseado nas diferenças biológicas, mas culturais, como forma de manter seu *status* socioeconômico.

Nesse período, começou a ser perceptível o aumento dos magrebinos na França, o que representou uma grande mudança na percepção dos imigrantes, refletindo oficialmente em esforços do governo de reduzir o número de imigrantes o máximo possível.

(203) JELLOM, Tahar Ben. *French hospitality:* racism and north african immigrants, 1999. p. 13. "Um imigrante deve sempre ser um imigrante e nunca sair dessa categoria supervisionada e estritamente definida." (tradução livre)

Em razão do acordo com a Argélia, os franceses e argelianos poderiam intercambiar-se sem a aprovação dos respectivos governos; como consequência, o número de imigrantes argelinos subiu rapidamente e mais ainda com os programas de reunificação familiar. Por isso os imigrantes "invadiram" o espaço público, como as ruas, as praças e, especialmente, as escolas públicas.(204)

A visibilidade dos imigrantes aumentou bastante o debate do princípio da assimilação. Com efeito, o impacto maior da chegada de famílias era que agora os imigrantes não pensavam mais em retornar a seus países nativos: tinham interesses nos aspectos políticos e sociais da França. Como membros de uma comunidade de trabalhadores desempregados, os imigrantes violavam um terceiro elemento da imigração: a desestabilidade. A sociedade francesa já se encontrou com a ameaça dos imigrantes (e de suas culturas) influenciando a cultura francesa. Em particular, o islamismo se fez mais visível: em geral foi expressado privadamente por parte dos homens que tinham imigrado sozinhos, mas a presença das famílias fazia necessária a construção de mesquitas.(205)

Os contratempos sociais não tinham a ver com as culturas nativas, nem tampouco com a identidade híbrida da segunda geração de imigrantes, ou seja, os filhos de imigrantes originais. Essa geração magrebino-francesa queria distanciar-se de seus pais, vistos como "permanently settled minority communities, [and] not transitory workers"(206). Assim, percebe-se que os imigrantes mudaram, e não a sociedade dominante: "the immigrants have changed. They're younger, often literate, and politicized."(207)

Essas diferenças criaram um conflito de geração entre pais e filhos: a segunda geração não tem a mesma perspectiva que a primeira.(208) Em particular, a politização os diferencia não somente de seus pais, como também das gerações anteriores de imigrantes em geral: essa geração de franceses não pertence à categoria "imigrante" como se define literalmente, nem muito menos ao grupo étnico francês como percebido pela sociedade dominante, fato que provocou uma crise de identidade tanto para os imigrantes como para a sociedade francesa.

---

(204) DERDERIAN, Richard L. *North africans in contemporary France:* becoming visible. New York: Palgrave MacMillan, 2004. p. 14.

(205) LAMBERT, Wallace E.; FATHALI, M. Moghaddam. Assimilation vs. Multiculturalism: Views from a Community in France. *Sociological Forum* 5.3: 387- 441. JStor. Bowling Green State University Libraries, Bowling Green State University. Disponível em: <http://www.jstor.org/stable/684395>. Acesso em: 1º out. 2011.

(206) JELLOM, Tahar Ben. *French Hospitality:* racism and north african immigrants, 1999. p. 67. "Uma permanente minoria, [e] força de trabalho não transitória." (tradução livre)

(207) DERDERIAN, Richard L. *North africans in contemporary France:* becoming visible, 2004. p. 24. "Os imigrantes mudaram. Estão mais jovens, muitas vezes letrados e politizados." (tradução livre)

(208) *Idem.*

Por isso, se chama "geração ilegítima", presos entre sua percepção de lugar dentro da sociedade francesa e sua identidade construída para eles pela sociedade francesa.[209] A sociedade os viu como não franceses pela distância cultural que os separava, uma distância maior que aquela entre franceses e outros imigrantes europeus, especialmente pelo sistema educativo.

Desse modo, pode-se atribuir a discriminação religiosa e étnica da segunda geração de imigrantes magrebinos como consequência de sua assimilação exitosa à cultura francesa. A nova geração prova que "the real cultural differences have become negligible"[210] e que é "precisely *because* ethnic minorities have embraced dominant values that racial discrimination generates sentiments of hatred, anger, [and] frustration…""[211]

Algumas estatísticas apoiam essa teoria: em 1994, 126.300 argelinos se naturalizaram (o número mais alto desde 1945).[212] Ademais, a taxa de matrimônios mistos, o indicador mais fundamental de integração e melhor defesa contra o racismo em geral, indica que em 1994 a metade dos homens e um quarto das mulheres de origem argelina viviam com um(a) francês(esa).[213]

O aspecto econômico só aumentou as tensões sociais entre a sociedade francesa e os imigrantes. A crise econômica mundial dessa época, motivada em parte pela escassez de petróleo, contribuiu com a reivindicação do movimento etnonacionalista promovido pelo FN, dentre outros.

Implementou-se, assim, um racismo escondido na França, sem o uso de termos raciais. A identidade de "imigrante" serve para designar uma raça e uma classe social.[214] Em razão de uma história impregnada de conflitos raciais, culturalmente se evita um racismo explícito. Contornar o racismo explícito não significa que não haja racismo, que se dá de forma mascarada. Existem vários termos para descrever o racismo escondido. O que se aceita em comum é que não se trata de um racismo oriundo de diferenças biológicas, mas um racismo baseado na cultura.

O racismo explicitamente biológico se associa com o nazismo. Não obstante, o racismo biológico continuou através de um racismo cultural; por

---

(209) HARGREAVES, Alec G. *Perceptions of Ethnic Difference in Post-War France.* Immigrant Narratives in Contemporary France. Eds. Susan Ireland and Patrice J. Proulx. estport, CT: Greenwood Press, 2001. p. 15.

(210) *Id. Ibid.* "reais diferenças culturais se tornaram insignificantes." (tradução livre)

(211) DERDERIAN, Richard L., 2004. p. 25. "precisamente *porque* as minorias étnicas adotaram valores dominantes relatando que a discriminação racial gera sentimento de raiva, ódio [e] frustração..." (tradução livre)

(212) JELLOM, Tahar Ben, 1999. p. 20.

(213) *Id. Ibid.*

(214) BALIBAR, Étienne. *Is there a 'neo-racism'?* Trans. Chris Turner. Race, Nation, Class: Ambiguous Identities. Eds. Étienne Balibar and Immanuel Wallerstein. London: Verso, 1991.

considerar as diferenças culturais "irredutíveis" e inerentes a atributos raciais, o racismo cultural é meramente o racismo biológico com outro nome. Sob o disfarce da nomenclatura de racismo cultural, as diferenças étnicas e culturais se veem tão marcadas que é impossível a coexistência e integração, exatamente o que propõe o racismo ideológico.(215)

Ainda que o novo racismo não levante questões de superioridade de raça, traça uma superioridade de uma cultura específica, e que a incompatibilidade de culturas faz impossível sua coexistência. A esse neorracismo, Taguieff aplica o termo "differentialist racism", que na verdade é um racismo de "segunda posição"; em outras palavras, diz que quer prevenir o racismo pela manutenção de "tolerance thresholds" e "cultural distances."(216)

O sociólogo *Edgar Morin* o descreve como "racismo emocional e popular", no qual se constroem identidades sociais para culpar os imigrantes por vários problemas.(217) Na França, há outro elemento de racismo dirigido aos magrebinos: sua colonização do norte da África. Existe uma continuação da mentalidade imperialista combinada com os sentimentos de ressentimento pela caída do império e até mesmo uma necessidade de vingança.(218)

Esse "novo racismo" atribui certos elementos culturais (positivos e negativos) a determinados grupos étnicos. Essas caracterizações estão tão vinculadas às etnicidades dos grupos que eventualmente se unem: as características sociais naturalmente acompanham os grupos sociais. Por exemplo, um estudo francês encontrou vários estereótipos associados com os magrebinos: entre todos os grupos de imigrantes da França, os magrebinos são vistos como os mais fracos, os mais agressivos, os menos confiáveis, mais desagradáveis e os que mais descumprem as leis.(219)

O mesmo estudo examinou também outros fatores: os imigrantes magrebinos são criticados em todas as áreas sociais, incluindo a higiene. O mais interessante é que esses imigrantes são também criticados por não expressar agradecimento à França. Aqui se revela um elemento da mentalidade de assimilação: não é suficiente que os imigrantes se assimilem se não que o façam por vontade própria. Claramente esta expectativa ignora que durante 130 anos lhes foi imposta a cultura e o idioma franceses.

---

(215) DERDERIAN, Richard L. *North africans in contemporary France:* becoming visible, 2004. p. 13.
(216) BALIBAR, Étienne, 1991.
(217) JELLOM, Tahar Ben. *French hospitality:* racism and north african immigrants, 1999. p. 25.
(218) BALIBAR, Étienne. *Racism and nationalism*. Trans. Chris Turner. Race, Nation, Class: Ambiguous Identities.Eds. Étienne Balibar and Immanuel Wallerstein. London: Verso, 1991. p. 37-69.
(219) LAMBERT, Wallace E.; FATHALI, M. Moghaddam. Assimilation vs. Multiculturalism: views from a community in France. *Sociological Forum* 5.3: 387- 441. JStor. Bowling Green State University Libraries, Bowling Green State University. Disponível em: <http://www.jstor.org/stable/684395>. Acesso em: 1º out. 2011.

O obstáculo verdadeiro para os franceses são os imigrantes e seus "defeitos" culturais. O vínculo entre o termo "imigrante" e sua associação com certos grupos étnicos revela que certos movimentos anti-imigrantes são dirigidos não à imigração no total, mas a certos grupos de imigrantes. A questão que se tem politizado em ambos os países não é a imigração, mas a etnicidade dos imigrantes evidente na discriminação que afeta não só os imigrantes originais, mas também seus descendentes, com os mesmos atributos fenotípicos de seus pais.

O problema principal dos magrebinos que se mudaram para França é sua religião; o marco central de sua identidade, que no geral é muçulmana. O vínculo entre a religião e a raça, especialmente no caso do islamismo, é muito poderoso: qualquer pessoa morena é vista como árabe, muçulmana e argeliana.(220) No geral, o islamismo se praticava privadamente pelos imigrantes do sexo masculino que haviam chegado sós; mas com a reunificação familiar, aumentou a necessidade de mesquita e se introduziram os costumes familiares islâmicos na sociedade francesa. Atualmente, na França, o islamismo é a religião mais praticada depois do catolicismo, e se vê como ameaça cultural, associada com o movimento palestino e com a revolução do Irã de 1970.(221)

O islamismo representa também uma ameaça à neutralidade religiosa francesa, que é um orgulho nacional. O debate sobre a burca nas escolas públicas ilustra que a Revolução Francesa e seus valores são ainda sagrados.

Le Pen serve como exemplo mais emblemático da impossibilidade de assimilação dos magrebis: disse que os imigrantes dos países subdesenvolvidos são "difficult to assimilate both because of large numbers and because of their specific cultural religious characteristics which incite them to refuse assimilation".(222) *Le Pen* é ainda mais explícito quando diz que "the nature of immigration has changed" por questões religiosas, e que o islamismo "is opposed to any kind of assimiliation and threatens our identity, our occidental and Christian civilization".(223)

A associação entre o islamismo e uma incapacidade de assimilação não é nova: quando a Argélia era ainda uma colônia francesa, os franceses consideravam sua população árabe e muçulmana de difícil assimilação por seus "entrenched and alien Islamic beliefs."(224) Essa mentalidade também aparece

---

(220) HARGREAVES, Alec G. *Perceptions of ethnic difference in post-war France*, 2001. p. 14.
(221) *Id. Ibid.*, p. 15.
(222) DERDERIAN, Richard L. *North africans in contemporary France*: becoming visible, 2004. p. 12. Em tradução livre: "difíceis de serem assimilados, tanto pelo seu grande número, como pelas suas características culturais e religiosas, as quais os incitam a recusar qualquer tipo de assimilação".
(223) *Id. Ibid.*, p. 12. "a natureza da imigração mudou" por questões religiosas, e que o islamismo "se opõe a qualquer tipo de assimilação e ameaça a nossa identidade, de civilização cristã e ocidental".
(224) *Id. Ibid.*, p. 12. Tradução: "arraigada e estranha crença islâmica".

nas escolas públicas, a instituição que mais promove a cultura francesa: um professor de literatura em uma escola pública declarou que:

> In France there is a problem linked to, well, children of Maghrebin descent. It's our culture; it's Greco-Latin...It's clear, you only need to take the writers of the 16th, 18th, 19th centuries. They were all educatied by the Jesuits. Let's be clear about this; it's a cultural foundation that is carefully and clearly defined. You see, we are in a system that is relatively closed, and only Indo-European. Therefore, for our students, well, they would rather make reference to the Muslim world, and it's not possible because we don't operate in that system, and when we tell them that they have to understand *this* system, understand *its* values, they think we're making religious propaganda, that what we're trying to tell them is cultural propaganda.(225)

Esse professor não acredita ser possível superar o abismo religioso que separa os estudantes magrebinos dos outros. Ainda que um dos principais fundamentos da educação pública francesa seja a liberdade de toda influência religiosa, as diferenças de religião se veem como obstáculo para integração dos estudantes muçulmanos dentro da sociedade dominante francesa; vê-se, em suma, o islamismo como uma perspectiva mundial que não é compatível com "o europeu."(226)

4.3. *Repercussões sociais da dificuldade de integração*

Como visto, até recentemente, a maioria esmagadora de imigrantes que vinham para a França era proveniente de países que compartilhavam com a França da tradição catolicista. Hoje, contudo, a maior parte destes é oriunda de países islâmicos, ou seja, proferem religião que não tinha praticamente nenhuma expressão na França até a sua chegada, o que lhes tem gerado dificuldades de assimilação da cultura francesa, bem como de que seus costumes fossem bem aceitos pelos franceses.(227)

---

(225) BALIBAR, Étienne. *Is there a 'neo-racism'?*, 1991. Em tradução nossa: "Na França, há um problema ligado a crianças descendentes dos Maghrebis. É a nossa cultura; é Greco-latina.... É clara, você apenas precisa observar os escritores dos séculos 16, 18 e 19. Eles foram todos educados pelos jesuítas. Vamos ser claros sobre isso; é uma base cultural cuidadosa e claramente definida. Você vê, estamos em um sistema que é relativamente fechado e apenas Indo-Europeu. Para nossos estudantes, portanto, eles gostariam de fazer referência ao mundo Muslim e isso não é possível pois nós não pertencemos a esse sistema, e quando falarmos a eles que devem entender este sistema, seus valores, eles pensarão que estamos fazendo propaganda religiosa, e que estamos querendo fazer propaganda cultural".

(226) KEATON, Trica Danielle. *Muslim girls and the other France*. Indianapolis: Indiana University Press, 2006. p. 106.

(227) LORCERIE, Françoise. *L'islam comme contre-identification française*: trois moments. L'Année du Maghre. II | 2005-2006. Disponível em: <http://anneemaghreb.revues.org/>. Acesso em: 17 set. 2011.

> French culture is product of a long national and European history, which has created a very modern civilization with very ancient roots. After more then a millennium of Catholicism and more than a century of struggle over the role of the Church, culminating in a 1905 law establishing secularism, the last century has been officially and strongly secular but with many remaining Catholics and Catholic reminders. Not just Christmas and Easter, but a number of lesser religious occasions remain public holidays, for example, and very city and village has its old churches.
>
> In contrast, despite the century of French occupation and influence in the Maghreb and four decades of major Muslim residence in France, French Islam remains closer its premodern model. Although religion as such is less pervasive than in the past and in some Muslim countries to the east, there has been no breakout toward secularism.
>
> [...]
>
> Most of the immigrants ask only the thing, that they not be treated differently from the native population. They want to be treated as everyone else and live in their own traditions. But for the Maghrebians to live in their own traditions, France would have to either allow a major and continuing cultural exception or adapt its own culture, and it is willing to do neither.(228)

Muitos dos imigrantes muçulmanos vêm do norte e oeste da África e são visualmente reconhecidos como provenientes de fora do país por suas características fenotípicas diferenciadas dos europeus, o que facilita a sua identificação, bem como a de seus descendentes, diferentemente do que ocorre com os imigrantes europeus, cujo fenótipo não difere de forma tão tenaz, podendo estes se passarem por franceses natos.(229)

---

(228) LEVINE, Robert A. *Assimilating immigrants*, 2004. Traduzindo-se: "A cultura francesa é produto de uma longa história europeia e nacional, que criou uma civilização bastante moderna com raízes bem antigas. Após mais de um milênio de catolicismo e mais de um século de luta sobre o papel da igreja, que culminou com uma lei estabelecendo o secularismo em 1905, o último século tem oficialmente sido secular, com muitos símbolos e defensores do catolicismo. Não apenas o Natal ou a Páscoa, mas um grande número de ocasiões de reminiscência religiosas ainda permanecem, como feriados públicos, por exemplo, e todas as cidades apresentam suas velhas igrejas. Em oposição, apesar de um século de ocupação francesa e influência Maghreb e das quatro décadas de residência Muslim na França, os islâmicos franceses permanecem fechados e próximos ao seu modelo pré-moderno. Apesar de a religião ser menos penetrante que em alguns países no leste, não houve nenhuma fuga em relação ao secularismo. [...] A maior parte dos imigrantes apenas pedem para que não sejam tratados de maneira diferente da população local. Eles querem ser tratados como todos os outros e viver em suas próprias tradições. Mas para os Magrebinos viverem suas próprias tradições, a França teria de permitir uma exceção grande e contínua ou adaptar sua própria cultura, e ela não optou por nenhuma das duas alternativas".

(229) LORCERIE, Françoise. *L'islam comme contre-identification française*, 2005.

> Les Maghrébins, en fait principalement les Algériens en France, peuvent d'autant plus être objets de répulsion qu'ils rappellent par leur présence la dernière guerre [Guerra da Independência da Argélia] que la France a livrée (et perdue), cause d'une blessure nationale jamais refermée.(230)

Controvérsias como o uso da burca, que começaram em 1989, quando três garotas islâmicas se recusaram a remover as suas burcas nas suas escolas, têm sido sintomáticas dos conflitos relacionados com a compatibilidade da cultura islâmica com as normas francesas. Dúvidas como o comprometimento de pessoas jovens de origem imigrante com valores da sociedade francesa encontraram sua mais poderosa expressão simbólica na reforma das leis da nacionalidade francesa de 1993, que regulou a necessidade de requisição da nacionalidade francesa pelos filhos dos imigrantes, em vez de estes a receberem, como dantes, automaticamente.(231)

> La France, depuis une trentaine d'années, est devenue un pays à forte immigration et dont la composition humaine s'est profondément modifiée. La présence sur le sol français de plus de quatre millions d'étrangers, de cultures et de religions différentes de celle de la majorité des Français, a soulevé des problèmes de voisinage, d'assimilation et plus encore d'intégration difficiles à résoudre.
>
> [...]
>
> Prenons comme exemple l'antisémitisme: en France, son histoire est aussi ancienne que celle de l'Europe tout entière. Le vieil antisémitisme d'origine chrétienne et d'extrême droite n'a pas disparu et a toujours sa clientèle. En l'espace de deux ans, les actes de racisme ont quadruplé et, parmi eux, les actes d'antisémitisme ont été multipliés par six. Il semble intéressant de faire référence à un sondage réalisé par la commission consultative nationale des droits de l'homme en 2002 qui a montré que ceux qui professent leur haine des juifs détestent tout autant les arabes, les noirs, etc. L'équation est par conséquent beaucoup plus complexe et doit être traitée en restant en accord avec les valeurs républicaines françaires de démocratie, d'unité, de liberté, d'égalité et laïcité.(232)

---

(230) *Id., Ibid.* Em tradução livre: "Na verdade, os magrebinos, principalmente os argelinos na França, são objetos de repulsa pois lembram, por sua presença na última guerra [Guerra da Independência da Argélia], que a França começou (e perdeu) por causa de uma ferida nacional nunca fechada."

(231) GASTAIGNÈDE, J. La lutte contre les discriminations raciales. *Cuaderno del Instituto Vasco de Criminología San Sebastian*, n. 8. Extraordinario. Decembre, 1995.

(232) MONT´ALVERNE, Tarin Cristino Frota. La remise en cause du principe de laïcité à travers l'affaire du foulard, 2009. Em tradução nossa: "A França, por trinta anos, tornou-se um país de imigração elevada e cuja composição humana mudou profundamente. A presença em solo francês

Nos últimos anos, as populações migrantes se têm estabelecido na França no contexto de alto desemprego e reestruturação econômica. As oportunidades de incorporações socioeconômicas expressivas foram, portanto, menos abundantes que durante os períodos anteriores. A sua integração ineficaz, desse modo, tem relação mais com circunstâncias socioeconômicas que com questões culturais entre os migrantes pós-coloniais e seus precedentes europeus. Questões desse tipo representam menos uma reflexão das diferenças culturais caracterizando imigrantes que uma negação francesa de incorporar os estrangeiros.

> Ainsi, il existe moins de victimes du racisme que de victimes des inégalités sociales, ce qui conduit en retour à envisager l'intégration socio-économique des individus comme la fin du racisme. Au fond, au-delà des raisons structurelles invoquées, comme le chômage, l'insalubrité de l'habitat, le principal coupable identifié sans ambages est le Front national dont les scores se font de plus en plus menaçants vers la fin des années 1980. Ces résultats inquiétants poussent la lutte contre le racisme dans les années 1990 à faire du parti son ennemi principal.(233)

De fato, há verdadeira imbricação entre o racismo e a exclusão socioeconômica. A produção econômica forma a moldura em que as estruturas sociais e as oportunidades de vida individual são construídas. O fato de ser possível a distinção das pessoas de origem imigrante em virtude de características étnicas bem peculiares dificulta-lhes os mais básicos aspectos de sua incorporação social. Sofrem, assim, de desvantagens agudas no mercado de trabalho, sendo categorizadas como "classe inferior". As localidades em que contenham densas populações dessas pessoas são, inclusive, muitas vezes rotuladas de "guetos".(234)

---

de mais de quatro milhões de estrangeiros de cultura e religiões diferentes da maioria dos franceses criou problemas de vizinhança, de assimilação e mais ainda de integração difíceis de resolver. [...] Tomemos como exemplo o antissemitismo na França: sua história é tão antiga quanto a de toda a Europa. O velho antissemitismo de origem cristã e de extrema-direita não desapareceu e tem sempre seus adeptos. No período de dois anos, os atos de racismo quadruplicaram, dentre eles os atos antissemitas, que aumentaram seis vezes. Parece interessante se referir a uma pesquisa realizada pela Comissão Consultiva Nacional de Direitos do Homem em 2002, a qual mostrou que aqueles que professam seu ódio aos judeus odeiam com a mesma intensidade os árabes, os negros etc. A equação é, portanto, muito mais complexa e deve ser tratada em consonância com os valores republicanos franceses da democracia, da unidade, da igualdade, da liberdade e da laicidade".

(233) POLI, Alexandra. *Faire face au racisme en France et au Brésil*: de la condamnation morale à l'aide aux victimes, 2005. "Assim, há menos vítimas do racismo do que vítimas da desigualdade social, o que nos leva em contrapartida a considerar a integração socioeconômica dos indivíduos como o fim do racismo. Basicamente, além das razões estruturais citadas, como o desemprego, a insalubridade da moradia, o principal culpado identificado de forma inequívoca é o partido *Front National*, cujos escores são cada vez mais ameaçadores por volta do final dos anos 1980. Estes resultados inquietantes fazem da luta contra o racismo na década de 1990 o principal inimigo do partido." (tradução nossa)

(234) BIBB, Robert. Constructions et mutations de l'antiracisme en France. *Journal des anthropologues*, 94-95, 2003. Disponível em: <http://jda.revues.org/1999>. Acesso em: 17 set. 2011.

> Le terme de "banlieue" a fini par résumer cette situation sociale. Vivre en "banlieue", c'est faire l'expérience de différentes formes de discriminations, fondées sur l'origine nationale, ethnoculturelle et religieuse, mais aussi sur l'origine sociale: une adresse qui ne plaît pas aux employeurs, la difficulté de se projeter par l'école vers un avenir construit. Parce qu'elle cumule les inégalités matérielles et la ségrégation culturelle, la "banlieue" comme espace de vie sociale rend l'accès au marché du travail plus difficile. Les taux de chômage de ces jeunes populations atteignent alors des proportions trois à quatre fois supérieures à la moyenne nationale, elle-même déjà três élevée.[235]

Antes do congelamento do recrutamento para o trabalho imposto na França na década de 1970, a França era caracterizada como *pull factor* por seus altos índices de atividade econômica e altas taxas de emprego. Os imigrantes, como já analisado algures, eram contratados para empregos de baixa habilidade e mal pagos. Estes compunham, portanto, essa parte da população de trabalhadores, com os europeus que ocupavam as mais baixas posições sociais.

Desde então, ocorreram grandes mudanças econômicas e demográficas. Na época do censo de 1946, algo em torno de 60% dos estrangeiros na França eram parte da força de trabalho formal, é dizer, estavam empregados ou à procura de empregos, comparado com 54% dos nacionais. No final dos anos 1960, o estabelecimento das famílias francesas já estava recomposta da Segunda Guerra Mundial, o que reduziu o percentual da população estrangeira economicamente ativa para 48%, comparado com os 41% dos franceses.

Em 1990, apenas 45% da população estrangeira era economicamente ativa, número quase idêntico ao da população nacional como um todo. Ao mesmo tempo, o desemprego cresceu significativamente, particularmente entre os não nacionais. Entre os cidadãos franceses, a taxa de desemprego se manteve a 10% em 1990, sendo de 20% o da população estrangeira.

A Tabela 5 arquiteta que, em 1999, a taxa de desemprego subiu a 12% entre os franceses e 24% entre os estrangeiros. Enquanto a taxa dos imigrantes europeus desempregados permaneceu similar ao dos franceses, os não europeus

---

(235) BERTOSSI, Christophe. *Les Musulmans, la France, l'Europe*: contre quelques faux-semblants en matière d'intégration, 2007. Em tradução livre: "O termo 'subúrbio' passou a resumir esta situação social. Viver no 'subúrbio' é experimentar diferentes formas de discriminação baseadas na origem nacional, étnico-cultural e religiosa, mas também sobre a origem social: um endereço que não agrada os empregadores, a dificuldade de se projetar pela escola rumo a um futuro construído. Por combinar as desigualdades materiais e a segregação cultural, o 'subúrbio', como um espaço de vida social, torna o acesso ao mercado de trabalho mais difícil. As taxas de desemprego destes jovens atingem então proporções três a quatro vezes superiores à média nacional, em si já muito elevada".

sofreram aumentos bem mais acentuados. Mais de um em três magrebinos estavam sem emprego em 1999. Entre esse grupo, as taxas de desemprego eram pelo menos três vezes maiores que entre os europeus.

Tabela 5: Desemprego na França por nacionalidade e sexo, 1990 e 1999

	Todos		Homem		Mulher	
	1990	1999	1990	1999	1990	1999
Francês	10.4	12.1	7.5	10.1	14.1	14.3
Estrangeiro	19.5	24.1	16.3	22.0	26.8	27.5
Europeu	11.3	11.6	8.6	10.6	16.0	13.0
Espanhol	12.5	13.8	10.3	12.8	16.3	15.3
Português	10.2	11.1	7.4	10.7	14.5	11.8
Argeliano	27.5	35.9	23.1	32.5	42.3	42.8
Marroquino	25.4	34.2	20.7	30.1	42.5	43.9
Outros Africanos	27.6	35.0	21.5	30.5	45.2	42.3
Asiáticos	26.8	29.3	19.5	23.1	38.6	38.5

Fonte: INSEE-web. Institut National de la statitique et des études économiques <www.insee.fr>

A atual crise por que passam os países europeus corrobora para elevar ainda mais as taxas de desemprego referentes aos imigrantes estrangeiros, bem como para mantê-los submetidos a empregos inseguros e subvalorizados (Tabelas 6 e 7). Transformaram-se, assim, em um verdadeiro exército de trabalhadores em reserva.(236) Ademais, existe evidência crescente de que a segunda geração de membros de minorias pós-coloniais tendem a ocupar uma posição social similar a dos seus pais, ocorrendo verdadeira estratificação social.

A força de trabalho estrangeira tem sido tradicionalmente representada no setor industrial. Em 1975, dois terços dos trabalhadores estrangeiros possuíam empregos industriais, incluindo mais de um quarto na indústria de construção. Em contraste, cerca de metade dos franceses estavam empregados no setor de serviços (Tabela 6). Muitos desses deixaram empregos industriais durante o *boom* pós-guerra, abocanhando oportunidades mais atraentes no setor terciário. Os empregos menos desejáveis localizados no setor industrial foram preenchidos pelos imigrantes estrangeiros. Em 1990, quase dois terços dos

(236) CATHERINE, Haguenau-Moizard. La lutte contre le racisme par le droit en France et au Royaume-Uni. *Revue internationale de droit comparé*, v. 51, n. 2, p. 347-366, abr./jun. 1999.

franceses estavam empregados no setor de serviços. Ademais, pesquisas apontam que "un candidat maghrébin reçoit cinq fois moins de réponses positives, à curriculum vitae (CV) identiques, qu'un candidat au nom à consonance française."[237]

Tabela 6: Distribuição setorial de franceses e estrangeiros por porcentagem, 1975-1999

	1975		1982		1990		1999	
	Francês	Estrangeiro	Francês	Estrangeiro	Francês	Estrangeiro	Francês	Estrangeiro
Agricultura	10.3	5.7	8.2	4.4	5.8	3.4	4.2	3.2
Indústria	28.8	38.7	26.0	33.7	22.5	26.2	18.4	21.4
Construção	7.8	26.9	8.2	22.3	6.6	20.6	5.3	14.7
Serviços	53.1	28.7	57.6	39.6	65.1	49.8	72.1	60.7
Total	100.0	100.0	100.0	100.0	100.0	100.0	100.0	100.0

Fonte: INSEE-web. Institut National de la statitique et des études économiques <www.insee.fr>

Tabela 7: Proporção de funcionários com emprego não estável de acordo com as diferentes gerações relacionadas com a imigração

Génération	Hommes			Femmes		
	Intérimaires	Emplois aidés	CDD	Intérimaires	Emplois aidés	CDD
Immigrés après l'âge de 10 ans (G1)	4,0	1,8	15,2	1,3	5,4	18,2
Immigrés à l'âge de 10 ans ou avant (G1,5)	7,0	3,0	11,5	1,7	5,2	14,0
Nés en France de 2 parents nés à l'étranger (G2)	5,2	3,9	11,6	2,1	6,3	13,3
Nés en France d'un parent né à l'étranger (G2 mixte)	3,7	3,0	10,9	1,5	5,0	14,5
Natifs	3,6	2,1	9,5	1,7	4,0	12,5
Ensemble	3,8	2,3	10,0	1,7	4,3	13,0

Champ: salariés âgés de 18-40 ans.
Source: Insee, enquête Étude de l'historie familiale, 1999.

Moradia e emprego estão ligados em duas maneiras principais. As oportunidades de moradia são pesadamente condicionadas pelo nível da renda,

(237) BERTOSSI, Christophe. *Les Musulmans, la France, l'Europe*: contre quelques faux-semblants en matière d'intégration, 2007. Tradução: "Um candidato magrebino recebe cinco vezes menos respostas positivas ao enviar seu CV (Curriculum Vitae) às empresas que um candidato com CV idêntico, cujo sobrenome seja francês".

o que depende, primariamente, do emprego. A população imigrante francesa está pesadamente concentrada em áreas urbanas (Gráfico 16), o que reflete a predominância histórica do emprego industrial entre os não nacionais.

Apenas 10% dos imigrantes vivem em áreas rurais, comparados com 26% dos não imigrantes. Os imigrantes estão concentrados nas grandes cidades, formando a *Île de France*, a maior conurbação da França, que acolhe 37,5% da população imigrante, comparando com metade da população em geral de nacionais.

> los inmigrantes no sabían cómo encontrar las viviendas. En las condiciones en las cuales vivían, los dueños no confiavam en ellos y por eso les alquilaron casas al mayor precio que franceses, y a los franceses el gobierno les dio prioridad en vivir en viviendas administradas por el Estado. Por lo tanto, los *bidonvilles*, o chabolas, crecieron en las afueras de las grandes ciudades.(238)

Gráfico 16: Distribuição da população francesa por tipo de localização

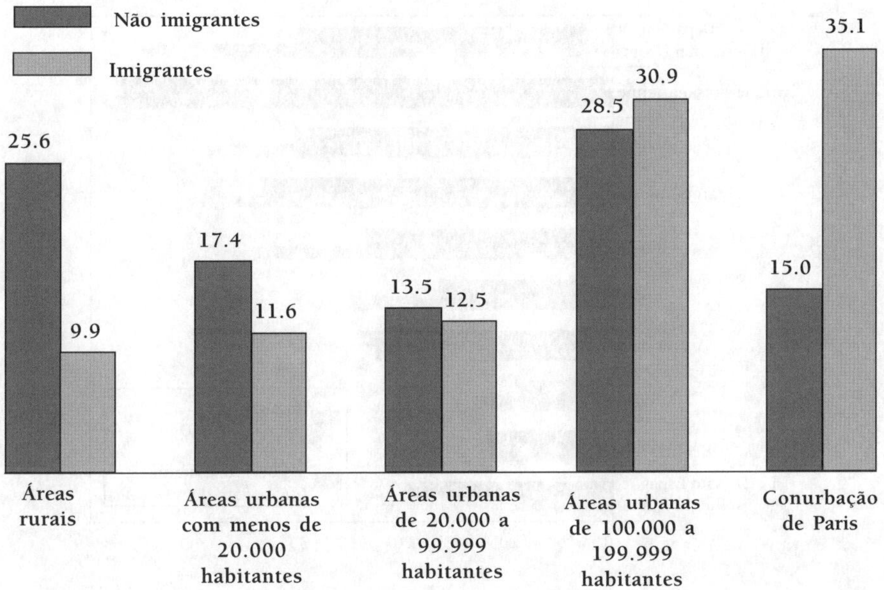

Fonte: INSEE-web. Institut National de la statitique et des études économiques <www.insee.fr>

---

(238) VAILLANCOURT, Margaret. *Los inmigrantes "problematicos":* la discrimination religiosa y linguística dirigida a ciertos grupos de inmigrantes en Francia y los Estados Unidos. Ohio, USA: Thesis submitted to the College of Bowling green State University, 2010. p. 88. Em tradução livre: "os imigrantes não sabiam como encontrar moradia. Nas condições em que viviam, os donos não confiavam neles e por isso alugavam as casas em preço maior para eles que para os franceses, e a estes o governo dava prioridade para morar em habitações administradas pelo Estado. Por isso, as favelas ou cortiços cresceram nas periferias das grandes cidades".

A discriminação, como já referido, não se restringe aos imigrantes, mas afeta, sobretudo, seus descendentes. Em pesquisa realizada pelo ISEE, em que se perguntava "você já se sentiu discriminado em razão da origem em alguma situação?", os descendentes de imigrantes não-europeus foram mais enfáticos nas respostas que os próprios imigrantes, veja-se o gráfico 17.

Gráfico 17: Proporção de pessoas que declararam já terem sido vítimas de discriminação em razão da origem

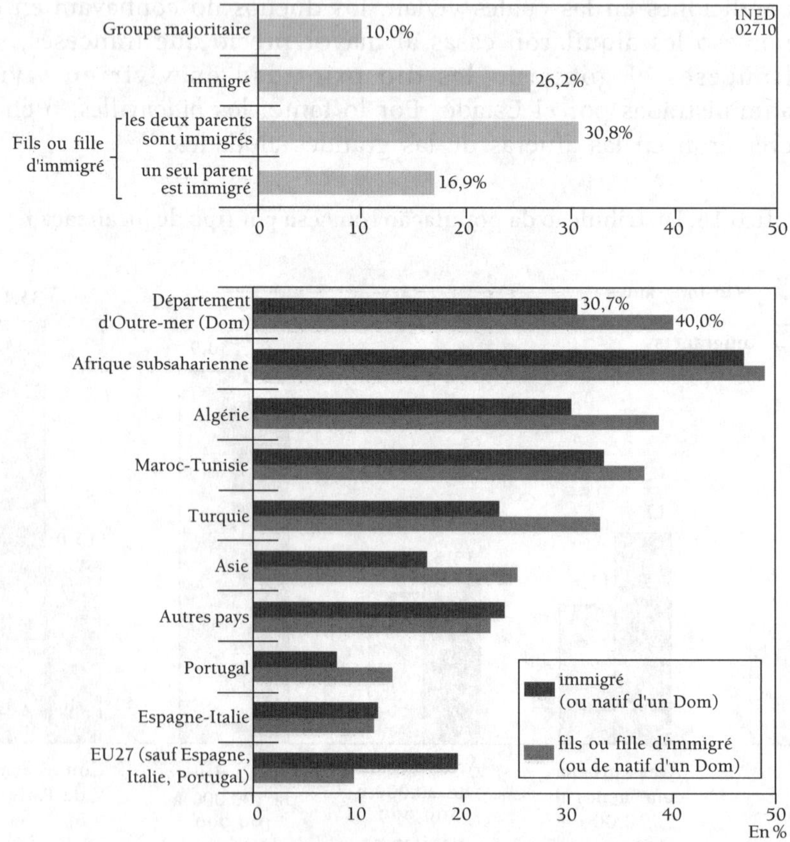

Champ: France métropolitaine. Individus âgés de 18 à 50 ans.
Source: enquête Trajectoires et Origines (TeO), Ined-Insee, 2008.
Lecture: 26,2% des immigrés résidant en Francce métropolitaine déclarent avoir vécu une discrimination au cours des cinq dernières années.

5. O COMBATE ÀS DISCRIMINAÇÕES RACIAIS NO BRASIL E NA FRANÇA: AS AÇÕES AFIRMATIVAS NOS RESPECTIVOS ORDENAMENTOS JURÍDICOS

"O Brasil do futuro será exatamente do tamanho daquilo que juntos fizermos por ele hoje, do tamanho da participação de todos e de cada um, dos movimentos sociais, dos que labutam no campo, dos profissionais liberais, dos trabalhadores e dos pequenos empreendedores, dos intelectuais, dos servidores públicos, dos empresários, das mulheres, dos negros, dos índios, dos jovens, de todos aqueles que lutam para superar distintas formas de discriminação."

(1º de janeiro de 2011, primeiro pronunciamento de Dilma Rousseff após eleita presidenta da República Federativa do Brasil)

"Faire vivre ensemble tous les Français sans distinction d'origine, de parcours, de lieux, de résidence, autour des mêmes valeurs celles de la République. Tel est mon impérieux devoir. Quel que soit notre âge, quelles que soient nos convictions, où que nous vivions dans l'Hexagone ou dans les outre-mer, dans nos villes, dans nos quartiers, dans nos territoires ruraux, nous sommes la France".

(6 de maio de 2012, pronunciamento de François Hollande após investido no cargo de presidente da República Francesa)

Assentado o arrazoado em que se contemplaram as realidades das minorias étnicas de negros no Brasil e de imigrantes africanos e seus descendentes na França, toca-se, doravante, perquirir como as referidas nações têm, por meio de arsenal normativo, combatido tal intemperismo subjetivo, e, bem assim, a que nível se encontra a recepção das medidas de ação afirmativa em cada pátria.

5.1. A recepção das ações afirmativas pelo direito brasileiro

Aqui tem lugar estudo relativo à concepção doutrinária, legislativa e jurisprudencial acerca das ações afirmativas, bem como são relacionados dispositivos constitucionais e infraconstitucionais em que dormitam medidas engendradas na noção que alberga o instituto.

5.1.1. O texto constitucional brasileiro e a positivação da igualdade material

No plano jurídico, o Direito Constitucional vigente no Brasil é, segundo entendimento majoritário da doutrina e do Supremo Tribunal Federal, perfeitamente compatível com o princípio da ação afirmativa. Melhor dizendo, o Direito brasileiro já contempla algumas modalidades de ação afirmativa, inclusive em sede constitucional.

> Note-se, mais uma vez, que este tipo de comportamento estatal [ação afirmativa] não é estranho ao Direito brasileiro pós-Constituição de 1988. Ao contrário, a imprescindibilidade de medidas corretivas e redistributivas visando a mitigar a agudeza da nossa questão social já foi reconhecida em sede normativa, através de leis vocacionadas a combater os efeitos nefastos de certas formas de discriminação. Nesse sentido, é importante frisar, o Direito brasileiro já contempla algumas modalidades de ação afirmativa. Não obstante tratar-se de experiências ainda tímidas quanto ao seu alcance e amplitude, o importante a ser destacado é o fato da acolhida desse instituto jurídico em nosso Direito.(239)

A Constituição Federal brasileira de 1988 abriga a igualdade tanto na sua vertente material quanto formal. Mesmo sistematicamente antes da positivação do art. 5º *caput*, que trata do princípio constitucional da igualdade, no Preâmbulo(240) e no art. 3º,(241) a Constituição de 1988 já ressalta a busca por uma sociedade justa, pluralista e sem preconceitos.

> A Constituição Brasileira de 1988 tem, no seu preâmbulo, uma declaração que apresenta um momento novo no constitucionalismo pátrio: a ideia de que não se tem a democracia social, a justiça social, mas que o Direito foi ali elaborado para que se chegue a tê-los [...] Verifica-se que todos os verbos utilizados na expressão normativa [art. 3º] — construir, erradicar, reduzir, promover — são de ação, vale dizer, designam um comportamento ativo."(242)

Imperioso é ainda trazer outros dispositivos que consubstanciam a igualdade material e repudiam o preconceito, bem como a prática do racismo. O art. 1º,

---

(239) GOMES, Joaquim Barbosa. A recepção do instituto da ação afirmativa no direito constitucional brasileiro. *Revista de Informação Legislativa do Senado Federal*, 2002.

(240) Nós, representantes do povo brasileiro, reunidos em Assembleia Nacional Constituinte para instituir um Estado Democrático, destinado a assegurar o exercício dos direitos sociais e individuais, a liberdade, a segurança, o bem-estar, o desenvolvimento, a *igualdade* e a justiça como *valores supremos de uma sociedade fraterna, pluralista e sem preconceitos*, fundada na harmonia social e comprometida, na ordem interna e internacional, com a solução pacífica das controvérsias, promulgamos, sob a proteção de Deus, a seguinte CONSTITUIÇÃO DA REPÚBLICA FEDERATIVA DO BRASIL. (grifou-se)

(241) Art. 3º Constituem objetivos fundamentais da República Federativa do Brasil: I — construir uma sociedade livre, justa e solidária; II — garantir o desenvolvimento nacional; III — erradicar a pobreza e a marginalização e reduzir as desigualdades sociais e regionais; IV — promover o bem de todos, sem preconceitos de origem, raça, sexo, cor, idade e quaisquer outras formas de discriminação.

(242) ROCHA, Carmen Lúcia Antunes. *Ação afirmativa*: o conteúdo democrático do princípio da igualdade jurídica, p. 289.

III[243], eleva a busca da dignidade humana como um dos fundamentos do Estado Democrático de Direito. O art. 5º, XLI e XLII[244], determina que serão punidas quaisquer discriminações atentatórias aos direitos fundamentais, e torna o crime de racismo inafiançável e imprescritível.

Os incisos XX e XXXI[245] do art. 7º determinam a proteção ao mercado de trabalho da mulher, mediante incentivos específicos, bem como a proibição de qualquer discriminação no tocante a salário e critérios de admissão do trabalhador portador de deficiência. O art. 37, VIII[246], determina que a lei reservará percentual dos cargos e empregos públicos para as pessoas portadoras de deficiência.

O art. 23, II e X[247], garante que a prestação de saúde e assistência pública, a proteção e garantia das pessoas portadoras de deficiência, o combate das causas da pobreza e dos atores de marginalização, com a integração social dos setores desfavorecidos são de competência administrativa comum entre os entes federativos; e, bem assim, o art. 24, XIV,[248] trata da competência legislativa concorrente entre as entidades federadas no que tange à proteção e integração das pessoas portadoras de deficiência.

No art. 170, IX,[249] dormitam dois dos princípios da ordem econômica, qual sejam, o que almeja a redução das desigualdades sociais e regionais, além daquele que impõe tratamento favorecido para as empresas de pequeno porte constituídas sob as leis brasileiras e que tenham sua sede e administração no país.

---

(243) Art. 1º A República Federativa do Brasil, formada pela união indissolúvel dos Estados e Municípios e do Distrito Federal, constitui-se em Estado Democrático de Direito e tem como fundamentos: [...] III — a dignidade da pessoa humana;

(244) XLI — a lei punirá qualquer discriminação atentatória dos direitos e liberdades fundamentais; XLII — a prática do racismo constitui crime inafiançável e imprescritível, sujeito à pena de reclusão, nos termos da lei;

(245) Art. 7º São direitos dos trabalhadores urbanos e rurais, além de outros que visem à melhoria de sua condição social: [...] XX — proteção do mercado de trabalho da mulher, mediante incentivos específicos, nos termos da lei; [...]XXXI — proibição de qualquer discriminação no tocante a salário e critérios de admissão do trabalhador portador de deficiência;

(246) Art. 37. A administração pública direta e indireta de qualquer dos Poderes da União, dos Estados, do Distrito Federal e dos Municípios obedecerá aos princípios de legalidade, impessoalidade, moralidade, publicidade e eficiência e, também, ao seguinte: [...] VIII — a lei reservará percentual dos cargos e empregos públicos para as pessoas portadoras de deficiência e definirá os critérios de sua admissão;

(247) Art. 23. É competência comum da União, dos Estados, do Distrito Federal e dos Municípios: [...]II — cuidar da saúde e assistência pública, da proteção e garantia das pessoas portadoras de deficiência; [...] X — combater as causas da pobreza e os fatores de marginalização, promovendo a integração social dos setores desfavorecidos.

(248) Art. 24. Compete à União, aos Estados e ao Distrito Federal legislar concorrentemente sobre: [...] XIV — proteção e integração social das pessoas portadoras de deficiência;

(249) Art. 170. A ordem econômica, fundada na valorização do trabalho humano e na livre-iniciativa, tem por fim assegurar a todos existência digna, conforme os ditames da justiça social, observados os seguintes princípios: [...]VII — redução das desigualdades regionais e sociais; [...] IX — tratamento favorecido para as empresas de pequeno porte constituídas sob as leis brasileiras e que tenham sua sede e administração no País.

O art. 227, § 1º, II[250], preza pela criação de programas especiais de integração social dos adolescentes e dos portadores de deficiência.

> O princípio da igualdade resplandece sobre quase todos os outros acolhidos como pilastras do edifício normativo fundamental alicerçado. É guia não apenas de regras, mas de quase todos os outros princípios que informam e conformam o modelo constitucional positivado, sendo guiado apenas por um, ao qual se dá a servir: o da dignidade da pessoa humana.[251]

O art. 68 do Ato das Disposições Constitucionais Transitórias[252] trata da emissão de títulos para imissão de posse aos remanescentes das comunidades dos quilombos. Este dispositivo constitui uma reparação histórica aos descendentes africanos que residem nessas localidades. Conclui o Professor Joaquim Barbosa:

> Vê-se, portanto, que a Constituição Brasileira de 1988 não se limita a proibir a discriminação, afirmando a igualdade, mas permite, também, a utilização de medidas que efetivamente implementem a igualdade material. E mais: tais normas propiciadoras da implementação do princípio da igualdade se acham precisamente no Título I da Constituição, o que trata dos Princípios Fundamentais da nossa República, isto é, cuida-se de normas que informam todo o sistema constitucional, comandando a correta interpretação de outros dispositivos constitucionais.[253]

O Brasil é também signatário da Convenção Internacional Sobre Eliminação de Todas as Formas de Discriminação Racial. Tal diploma estabelece, em suma, que não serão consideradas de discriminação racial as medidas especiais tomadas com o único objetivo de assegurar progresso adequado de certos grupos raciais ou étnicos ou de indivíduos que necessitem da proteção que possa ser necessária para proporcionar a tais grupos ou indivíduos igual gozo ou exercício de direitos

---

(250) Art. 227. É dever da família, da sociedade e do Estado assegurar à criança, ao adolescente e ao jovem, com absoluta prioridade, o direito à vida, à saúde, à alimentação, à educação, ao lazer, à profissionalização, à cultura, à dignidade, ao respeito, à liberdade e à convivência familiar e comunitária, além de colocá-los a salvo de toda forma de negligência, discriminação, exploração, violência, crueldade e opressão. § 1º O Estado promoverá programas de assistência integral à saúde da criança, do adolescente e do jovem, admitida a participação de entidades não governamentais, mediante políticas específicas e obedecendo aos seguintes preceitos: [...] II — criação de programas de prevenção e atendimento especializado para as pessoas portadoras de deficiência física, sensorial ou mental, bem como de integração social do adolescente e do jovem portador de deficiência, mediante o treinamento para o trabalho e a convivência, e a facilitação do acesso aos bens e serviços coletivos, com a eliminação de obstáculos arquitetônicos e de todas as formas de discriminação.

(251) PIOVESAN, Flávia. *Direitos humanos e o direito constitucional internacional*. São Paulo: Max Limonad, 2000. p. 380.

(252) Art. 68. Aos remanescentes das comunidades dos quilombos que estejam ocupando suas terras é reconhecida a propriedade definitiva, devendo o Estado emitir-lhes os títulos respectivos.

(253) GOMES, Joaquim Barbosa. *Op. cit.*, 2002.

humanos e liberdades fundamentais, contanto que tais medidas não conduzam, em consequência, à manutenção de direitos separados para diferentes grupos raciais e não prossigam após terem sido alcançados os seus objetivos.[254]

5.1.2. As ações afirmativas na legislação infraconstitucional

A legislação brasileira infraconstitucional também contempla diversos dispositivos que tratam da ampliação objetiva das prestações públicas e privadas para a consecução da igualdade material.

O Decreto-lei n. 5.452/43 (Consolidação das Leis do Trabalho) prevê, em seu art. 354[255], que deve haver cota de dois terços de brasileiros para empregados de empresas individuais ou coletivas. No art. 373-A,[256] estabelece, outrossim, a adoção de políticas destinadas a corrigir as distorções responsáveis pela desigualação de direitos entre homens e mulheres.

A Lei n. 8.112/90 fixou no seu art. 5º, § 2º[257], cotas de até 20% para os portadores de deficiência no setor público civil da União. A Lei n. 8.213/91

(254) ROCHA, Carmen Lúcia Antunes. *Ação afirmativa*: o conteúdo democrático do princípio da igualdade jurídica, p. 289.

(255) Art. 354. A proporcionalidade será de 2/3 (dois terços) de empregados brasileiros, podendo, entretanto, ser fixada proporcionalidade inferior, em atenção às circunstâncias especiais de cada atividade, mediante ato do Poder Executivo, e depois de devidamente apurada pelo Departamento Nacional do Trabalho e pelo Serviço de Estatística de Previdência e Trabalho a insuficiência do número de brasileiros na atividade de que se tratar.

(256) Art. 373-A. Ressalvadas as disposições legais destinadas a corrigir as distorções que afetam o acesso da mulher ao mercado de trabalho e certas especificidades estabelecidas nos acordos trabalhistas, é vedado: I — publicar ou fazer publicar anúncio de emprego no qual haja referência ao sexo, à idade, à cor ou situação familiar, salvo quando a natureza da atividade a ser exercida, pública e notoriamente, assim o exigir; II — recusar emprego, promoção ou motivar a dispensa do trabalho em razão de sexo, idade, cor, situação familiar ou estado de gravidez, salvo quando a natureza da atividade seja notória e publicamente incompatível; III — considerar o sexo, a idade, a cor ou situação familiar como variável determinante para fins de remuneração, formação profissional e oportunidades de ascensão profissional; IV — exigir atestado ou exame, de qualquer natureza, para comprovação de esterilidade ou gravidez, na admissão ou permanência no emprego; V — impedir o acesso ou adotar critérios subjetivos para deferimento de inscrição ou aprovação em concursos, em empresas privadas, em razão de sexo, idade, cor, situação familiar ou estado de gravidez; VI — proceder o empregador ou preposto a revistas íntimas nas empregadas ou funcionárias. Parágrafo único. O disposto neste artigo não obsta a adoção de medidas temporárias que visem ao estabelecimento das políticas de igualdade entre homens e mulheres, em particular as que se destinam a corrigir as distorções que afetam a formação profissional, o acesso ao emprego e as condições gerais de trabalho da mulher. § 2º Às pessoas portadoras de deficiência é assegurado o direito de se inscrever em concurso público para provimento de cargo cujas atribuições sejam compatíveis com a deficiência de que são portadoras; para tais pessoas serão reservadas até 20% (vinte por cento) das vagas oferecidas no concurso.

(257) § 2º Às pessoas portadoras de deficiência é assegurado o direito de se inscrever em concurso público para provimento de cargo cujas atribuições sejam compatíveis com a deficiência de que são portadoras; para tais pessoas serão reservadas até 20% (vinte por cento) das vagas oferecidas no concurso.

prescreve, em seu art. 93,[258] cotas para os portadores de deficiência no setor privado. A Lei n. 8.666/93 estabelece, no art. 24, XX[259], a inexigibilidade de licitação para contratação de associações filantrópicas de portadores de deficiência. A Lei n. 9.504/97 preconiza, em seu art. 10, § 2º,[260] cotas para mulheres nas candidaturas partidárias. A Lei n. 10.639/03 dispõe sobre a inclusão, no currículo oficial da Rede de Ensino, da temática História e Cultura Afro-brasileira. A Lei n. 11.096/05 institui o Programa Universidade para todos (PROUNI), e no seu art. 7º, II,[261] estabelece o percentual de bolsas de estudo destinado à implementação de políticas afirmativas de acesso ao ensino superior de portadores de deficiência ou de autodeclarados indígenas e negros.

Por fim, a Lei n. 12.288, de julho de 2010, institui o Estatuto da Igualdade Racial,[262] o qual alberga, dentre outras garantias, efetivação de políticas voltadas para a inclusão da população negra no mercado de trabalho[263] e a igualdade de tratamento no ambiente de trabalho.[264] Tal Estatuto criou, ainda, o Sistema

---

(258) Art. 93. A empresa com 100 (cem) ou mais empregados está obrigada a preencher de 2% (dois por cento) a 5% (cinco por cento) dos seus cargos com beneficiários reabilitados ou pessoas portadoras de deficiência, habilitadas, na seguinte proporção: I — até 200 empregados, 2%; II — de 201 a 500, 3%; III — de 501 a 1.000, 4%; IV — de 1.001 em diante, 5%.

(259) Art. 24. É dispensável a licitação: [...] X — na contratação de associação de portadores de deficiência física, sem fins lucrativos e de comprovada idoneidade, por órgãos ou entidades da Administração Pública, para a prestação de serviços ou fornecimento de mão de obra, desde que o preço contratado seja compatível com o praticado no mercado.

(260) Art. 10. Cada partido poderá registrar candidatos para a Câmara dos Deputados, Câmara Legislativa, Assembleias Legislativas e Câmaras Municipais, até cento e cinquenta por cento do número de lugares a preencher. [...] § 2º Nas unidades da Federação em que o número de lugares a preencher para a Câmara dos Deputados não exceder de vinte, cada partido poderá registrar candidatos a Deputado Federal e a Deputado Estadual ou Distrital até o dobro das respectivas vagas [...]

(261) Art. 7º As obrigações a serem cumpridas pela instituição de ensino superior serão previstas no termo de adesão ao Prouni, no qual deverão constar as seguintes cláusulas necessárias: [...] II — percentual de bolsas de estudo destinado à implementação de políticas afirmativas de acesso ao ensino superior de portadores de deficiência ou de autodeclarados indígenas e negros.

(262) Art. 1º Esta Lei institui o Estatuto da Igualdade Racial, destinado a garantir à população negra a efetivação da igualdade de oportunidades, a defesa dos direitos étnicos individuais, coletivos e difusos e o combate à discriminação e às demais formas de intolerância étnica.

(263) Art. 38. A implementação de políticas voltadas para a inclusão da população negra no mercado de trabalho será de responsabilidade do poder público, observando-se: I — o instituído neste Estatuto; II — os compromissos assumidos pelo Brasil ao ratificar a Convenção Internacional sobre a Eliminação de Todas as Formas de Discriminação Racial, de 1965; III — os compromissos assumidos pelo Brasil ao ratificar a Convenção n. 111, de 1958, da Organização Internacional do Trabalho (OIT), que trata da discriminação no emprego e na profissão; IV — os demais compromissos formalmente assumidos pelo Brasil perante a comunidade internacional.

(264) Art. 39. O poder público promoverá ações que assegurem a igualdade de oportunidades no mercado de trabalho para a população negra, inclusive mediante a implementação de medidas visando à promoção da igualdade nas contratações do setor público e ao incentivo à adoção de medidas similares nas empresas e organizações privadas.

Nacional de Promoção da Igualdade Racial (Sinapir).[265] Há, ademais, projetos de lei nesse sentido tramitando no Congresso Nacional:[266]

5.1.3. A doutrina constitucional brasileira e o posicionamento acerca das ações afirmativas

Ainda que a maior parte da doutrina posicione-se de forma favorável, ainda há juristas que rejeitam a receptividade das medidas de ação afirmativa pelo ordenamento pátrio. Talvez uma das questões mais relevantes da discussão seja em que medida o Estado pode compelir atores públicos e privados beneficiários de recursos públicos a conformarem seus atos e políticas ao ideal de equidade de um projeto democrático.

> O cerne da questão reside em saber se na implementação do princípio constitucional da igualdade o Estado deve assegurar apenas uma certa "neutralidade processual" (*procedural due process of law*) ou, ao contrário, se sua ação deve-se encaminhar de preferência para a realização de uma igualdade de resultados.[267]

Para Joaquim Barbosa Gomes, autor dos mais defensores da implementação das discriminações positivas no Brasil, se o princípio da igualdade material é aceito como mecanismo de combate às múltiplas formas de discriminação (mulheres e deficientes, por exemplo), haverá de ser aceito para combater aquela que é a "mais arraigada forma de discriminação entre nós, a que tem maior impacto social, econômico e cultural, a discriminação de cunho racial".[268]

---

(265) Art. 47. É instituído o Sistema Nacional de Promoção da Igualdade Racial (Sinapir) como forma de organização e de articulação voltadas à implementação do conjunto de políticas e serviços destinados a superar as desigualdades étnicas existentes no País, prestados pelo poder público federal. Art. 48. São objetivos do Sinapir: I — promover a igualdade étnica e o combate às desigualdades sociais resultantes do racismo, inclusive mediante adoção de ações afirmativas; II — formular políticas destinadas a combater os fatores de marginalização e a promover a integração social da população negra; III — descentralizar a implementação de ações afirmativas pelos governos estaduais, distrital e municipais; IV — articular planos, ações e mecanismos voltados à promoção da igualdade étnica; V — garantir a eficácia dos meios e dos instrumentos criados para a implementação das ações afirmativas e o cumprimento das metas a serem estabelecidas.

(266) O PL 1.866/99 estabelece medidas compensatórias para os negros diante da necessidade de se alcançar uma igualdade social. O PL 3.004/00 reserva 20% das vagas de universidades públicas para os negros por um período de 10 anos. O PL 3.147/00 busca reservar 10% do total de vagas nas empresas para os trabalhadores negros. O PL 3.435/00 pretende instituir, de maneira inédita, cotas para candidaturas dos negros nas eleições. O PL 5.239/01 deseja indenizar a população negra pelos danos da escravidão em território nacional. O PL 6.213/02 institui incentivos para que os estudantes nefros alcancem a educação infantil, o ensino fundamental e o ensino médio nas escolas públicas. Já o PL 6.214/02 estabelece cota mínima de 20% das vagas para os negros e índios nas universidades estaduais e federais. O PL 6.912/02 institui ações afirmativas pelo prazo de 50 anos para os afrodescendentes com cota de 20% no preenchimento de cargos e empregos públicos, no acesso às vagas de universidades públicas e privadas e nos contratos do FIES, além de estabelecer que os partidos políticos e as coligações partidárias terão de incentivar a candidatura dos negros aos cargos eletivos. O PL 5.882/05 impõe ações afirmativas no mercado de trabalho às empresas que deverão contratar negros na população da região onde estiverem localizadas. Disponíveis em: <www.senado.gov.br>. Acesso em: 10 abr. 2012.

(267) GOMES. *Op. cit.*, 2000. p. 139.

(268) *Id. Ibid.*

Citando o professor Arruda Falcão, Gomes assevera que a justificação do estabelecimento da diferença seria uma condição *sine qua non* para a constitucionalidade da diferenciação, com o intuito de evitar a inconstitucionalidade.[(269)]

Para tanto, a justificação deve ter um fundamento razoável para a diferenciação; a motivação deve ser objetiva, racional e suficiente; e deve ser proporcional, ou seja, a diferenciação deve ser um reajuste de situações desiguais. Sustenta que a diferenciação deve: a) decorrer de um comando-dever constitucional, no sentido de obedecer a uma norma programática que determina a redução das desigualdades sociais; b) ser específica, estabelecendo claramente aquelas situações ou indivíduos que serão "beneficiados" com a diferenciação; e c) ser eficiente, ou seja, é necessária a existência de um nexo causal entre a prioridade legal concedida e a igualdade socioeconômica pretendida.[(270)]

Após tais fundamentações, o professor conclui, posicionando-se favorável às medidas afirmativas:

> No plano estritamente jurídico (que se subordina, a nosso sentir, à tomada de consciência assinalada nas linhas anteriores), o Direito Constitucional vigente no Brasil é perfeitamente compatível com o princípio da ação afirmativa. Melhor dizendo, o Direito brasileiro já contempla algumas modalidades de ação afirmativa, inclusive em sede constitucional. [...] Assim, à luz desta respeitável doutrina, pode-se concluir que o Direito Constitucional brasileiro abriga, não somente o princípio e as modalidades implícitas e explícitas de ação afirmativa a que já fizemos alusão, mas também as que emanam dos tratados internacionais de direitos humanos assinados pelo nosso país.[(271)]

Muitos doutrinadores no Brasil, a exemplo de Lucena de Menezes, defendem a tese de que, excetuando-se as limitações estruturais que o sistema jurídico romano-germânico impõe à atuação do Poder Judiciário, o ordenamento jurídico brasileiro tem amplo espaço para o desenvolvimento de políticas de ação afirmativa, tanto públicas como privadas.[(272)]

> De início, verifique-se que a Constituição Federal do Brasil contempla valores, objetivos e princípios balizadores que autorizam a instituição de diferenciações jurídicas voltadas para o estabelecimento de uma igualdade não apenas formal, mas também material.[(273)]

Sustenta, pois, que o estabelecimento de diferenças no plano legal deve ser analisado levando-se em conta não apenas o elemento de distinção adotado,

(269) *Id. Ibid.*
(270) *Id. Ibid.*
(271) *Id. Ibid.*
(272) MENEZES, Paulo Lucena de. Ação Afirmativa: os modelos jurídicos internacionais e a experiência brasileira. *Revista dos Tribunais*, a. 92, 2003.
(273) *Id. Ibid.*

mas também a relação que este mantém com as diferenças estabelecidas juridicamente, a qual deve ser pertinente, razoável e proporcional. Tal entendimento é convergente como de muitos juristas de relevo, tais como Marco Aurélio Mello,[274] Marcelo Neves,[275] Flávia Piovesan,[276] Carlos Roberto de Siqueira Castro[277] e Hédio Silva Jr.[278]

---

(274) "E, aí, a Lei Maior é aberta com o artigo que lhe revela o alcance: constam como fundamentos da República Brasileira a cidadania e a dignidade da pessoa humana, e não nos esqueçamos jamais de que os homens não são feitos para as leis; as leis é que são feitas para os homens. Do art. 3º vem-nos luz suficiente ao agasalho de uma ação afirmativa, a percepção de que o único modo de se corrigir desigualdades é colocar o peso da lei, com a imperatividade que ela deve ter em um mercado desequilibrado, a favor daquele que é discriminado, que é tratado de forma desigual." MELLO, Marco Aurélio. Ótica Constitucional: a Igualdade e as Ações Afirmativas, durante o Seminário Discriminação e Sistema Legal Brasileiro, *Discurso no Tribunal Superior do Trabalho, 20 de novembro de 2001*. Disponível em: <www.stf.jus.br>. Acesso em: 10 abr. 2012.

(275) "Quanto mais se sedimenta historicamente e se efetiva a discriminação social negativa contra grupos étnico-raciais específicos, principalmente quando elas impliquem obstáculos relevantes ao exercício de direitos, tanto mais se justifica a discriminação jurídica positiva em favor dos seus membros, pressupondo-se que esta se oriente no sentido da integração igualitária de todos no Estado e na sociedade. (...) as discriminações legais positivas em favor da integração de negros e índios estão em consonância com os princípios fundamentais da República Federativa do Brasil, estabelecidos nos incisos III e IV do seu art. 3º." NEVES, Marcelo. Estado democrático de direito e discriminação positiva: um desafio para o Brasil. In: MAIO, Marcos C.; SANTOS, Ricardo V. (orgs.). *Raça, ciência e sociedade*. Rio de Janeiro: Fiocruz/Centro Cultural Banco do Brasil, 1996.

(276) "Se o combate à discriminação é medida emergencial à implementação do direito à igualdade, todavia, por si só, é medida insuficiente. Faz-se necessário combinar a proibição da discriminação com políticas compensatórias que acelerem a igualdade enquanto processo. Para assegurar a igualdade, não basta apenas proibir a discriminação, mediante legislação repressiva, pois a proibição da exclusão, em si mesma, não resulta automaticamente na inclusão." PIOVESAN, F. A compatibilidade das cotas raciais com a ordem internacional e com a ordem constitucional brasileira. *Audiência pública sobre políticas de ação afirmativa de reserva de vagas no ensino superior*. Brasília, 2010. Disponível em: <http://www.stf.jus.br/portal/cms/verTexto.asp?servico=processoAudienciaPublicaAcaoAfirmativa>. Acesso em: 10 abr. 2012.

(277) "Ressalte-se, portanto, que a ação afirmativa tem como objetivo não somente coibir a discriminação, mas sobretudo eliminar os chamados 'efeitos persistentes' da discriminação do passado, que tendem a perpetuar. Ainda nesse contexto, revela destacar que se partindo da premissa de que os grupos minoritários normalmente não são representados ou sub-representados nos mais diversos ramos de atividade, as ações afirmativas pretendem a implantação de uma certa diversidade e de uma maior representatividade dos grupos minoritários nos mais diversos domínios de atividade pública e privada. Nesse contexto, destaque-se que o efeito mais visível das políticas afirmativas, além do estabelecimento da diversidade e da representatividade propriamente ditas, é a eliminação de 'barreiras invisíveis' que acabam por impedir o avanço de negros e mulheres, independentemente da existência ou não de política oficial tendente a subordiná-los. [...] A adoção de cotas para ingresso de estudantes negros em universidades brasileiras afigura-nos como uma necessária medida para solucionar o desproporcional quadro do ensino superior em nosso País." CASTRO, Carlos Roberto de Siqueira. *Constituição aberta e os direitos fundamentais*.Rio de Janeiro: Forense, 2003.

(278) "Salvo engano, é certo que a Constituição de 1988, implícita e explicitamente, não apenas admitiu como prescreveu discriminações, a exemplo da proteção do mercado de trabalho da mulher (art. 7º, XX) e da previsão de cotas para portadores de deficiência (art. 37, VIII), donde se conclui que a noção de igualdade circunscrita ao significado estrito de não discriminação foi contrapesada com uma nova modalidade de discriminação, visto como, sob o ângulo material, substancial, o princípio da igualdade admite sim a discriminação, desde que o discrímen seja empregado com a finalidade de

O professor Paulo Gustavo Gonet Branco, por seu turno, defende a adoção do fator racial como critério de diferenciação, desde que cumpra três requisitos, a saber: a) devem ter finalidade justa, do ponto de vista dos valores constitucionais; b) devem ter o sentido de resposta a uma agressão sofrida por um grupo, capaz de se opor ao pleno desenvolvimento das suas capacidades; e c) que os efeitos da discriminação do passado ainda sejam atuais, admitindo-se a prova disso por meio de dados estatísticos.

Já no magistério de Sérgio Martins, a Constituição Federal de 1988 inaugurou na tradição constitucional brasileira o reconhecimento de desigualdade material vivida por alguns setores e propõe medidas de proteção, que implicam a presença positiva do Estado. Para ele só é permitido discriminar positivamente as categorias estabelecidas no próprio texto constitucional, os demais casos seriam objetos de contestação através da ação direta de inconstitucionalidade perante o Supremo Tribunal Federal.(279)

Por fim, não se pode deixar de mencionar que a doutrina nacional não é em todo afinada em reconhecer a compatibilidade da Constituição de 1988 com as medidas de discriminação positiva. Tal entendimento dissonante é, por exemplo, defendido por Rosimeiro Pereira Leal:

> Na atualidade, máxime no sistema da *Civil-Law* em que se adota o princípio de reserva legal, é, no direito brasileiro, espúria a expressão ação afirmativa, porque não estando expressamente incluída na tipologia da procedimentalidade com *thelos* vinculado ao decido processo constitucional, cuida de conteúdos restritos à empolgante ideologia de seus defensores que, ao afirmarem que o direito à diferença é essencial à efetivação da igualdade procedimental, ficam desatentos ao que seja igualdade procedimental na teoria do processo e ao que seja direito à diferença na constitucionalidade democrática. Não é o reconhecimento de um direito à diferença que torna efetiva a igualdade (isonomia) como pressuposto da construção e aplicação normativa que torna os diferentes iguais em direitos fundamentais, dispensando um insólito direito à diferença a ser resgatado por ações afirmativas inerentes a um aparato judicial, administrativo ou social de mentes sensíveis, heroicas ou vanguardistas.(280)

5.1.4. A jurisprudência brasileira

Dentre a infinidade de ações judiciais e administrativas pertinentes ao tema, elegeram-se os três seguintes sinistros envolvendo o assunto, para ora pormenorizar-se, dada a amplitude da reverberação de seus efeitos na realidade nacional.

---

promover a igualização."SILVA JUNIOR, Hédio. *Direito de igualdade racial*: aspectos constitucionais, civis e penais: doutrina e jurisprudência. São Paulo: Juarez de Oliveira, 2002. p. 112.

(279) MARTINS, S. da S. Ação afirmativa e desigualdade racial no Brasil. *Estudos Feministas*, IFCS/UFRJ-PPCIS/Uerj, v. 4, n.1, p. 202-208, 1996.

(280) LEAL, Rosimeiro Pereira. Isonomia processual e igualdade fundamental a propósito das retóricas ações afirmativas. *Revista do Tribunal de Contas do Estado de Minas Gerais*, Belo Horizonte, v. 47, n. 2, 2003.

5.1.4.1. *O contencioso da Universidade Estadual do Rio de Janeiro*

O Estado do Rio de Janeiro foi pioneiro na criação do sistema de cotas destinado a regular o acesso, via concurso vestibular, dos estudantes de ensino médio aos cursos oferecidos pelas universidades públicas estaduais. O conjunto normativo era composto inicialmente por três Leis Estaduais: 3.524, de 28.12.00; 3.708, de 9.11.01; e 4.061, de 2.1.03.

A Lei Estadual n. 3.524 de 2000 estabeleceu o seguinte mecanismo:

> Art. 2º. As vagas oferecidas para acesso a todos os cursos de graduação da Universidades Públicas Estaduais serão preenchidas observados os seguintes critérios:
>
> I — 50% (cinquenta por cento), no mínimo, por curso e turno, por estudantes que preencham cumulativamente os seguintes requisitos:
>
> a) Tenham cursado integralmente os ensinos fundamental e médio em instituições da rede pública dos Municípios e/ou do Estado;
>
> b) Tenham sido selecionados em conformidade com o estabelecido no art, 1º. desta Lei.
>
> II — 5% por estudantes selecionados em processo definido pelas Universidades, segundo a legislação vigente.

Em seguida, foi editada a Lei n. 3.708 de 2001, a qual criou sistema mínimo de cotas para os vestibulandos que se autodeclarassem negros ou pardos:

> Art. 1º Fica estabelecida a cota mínima de até 40% para as populações negra e parda no preenchimento das vagas relativas aos cursos de graduação da Universidade do Estado do Rio de Janeiro — UERJ e da Universidade Estadual do Norte Fluminense — EUNF.
>
> Parágrafo Único. Nesta cota mínima, incluídos também os negros e pardos beneficiados pela Lei n. 3.524.

O sistema de reserva de vagas contemplou os portadores de deficiência física por meio da Lei Estadual n. 4.061 de 2003:

> Art. 1º As Universidades Públicas Estaduais deverão reservar 10% das vagas oferecidas em todos os seus cursos para alunos portadores de deficiência.
>
> Paragrafo Único. As vagas oferecidas nesta Lei serão tomadas dentre aquelas ofertadas aos alunos egressos da rede pública de ensino do Estado ou dos Municípios, conforme dispõe a Lei n. 3.524.

A experiência gerou muitas controvérsias no que se refere à eficácia do benefício para alunos carentes. Ademais, questões relativas ao uso do fator racial, mérito, proporcionalidade e igualdade foram utilizadas como argumento para a propositura de mais de 200 mandados de segurança com pedido de liminar. A Constitucionalidade das leis foi questionada tanto na Justiça Estadual quanto no Supremo Tribunal Federal. Foi também proposta uma ação civil pública em benefício de todos os alunos prejudicados pelo sistema de cotas. As controvérsias em torno do sistema levara a Assembleia Legislativa a formar uma Comissão para rever o modelo de acesso adotado.(281)

---

(281) CESAR, Raquel Coelho Lenz. Ações Afirmativas: e agora doutor? *SBPC: Instituto Ciência Hoje*, v. 33, n. 195, p. 26-32, jul. 2003.

O sistema de cotas foi aplicado no vestibular da UERJ de 2002. Oitocentos e quarenta negros ou pardos entraram sem utilizar a cota e as vagas reservadas para alunos de escola pública viabilizaram a entrada de setecentos e noventa e sete alunos negros ou pardos. Para completar o percentual das cotas, foi necessário selecionar mais 331 candidatos negros ou pardos. Inconformada com a imposição do sistema de cotas, e considerando que as leis representavam uma imposição que feria sua autonomia, a UERJ solicitou à Assembleia Legislativa que mudasse a lei para 20% de negros, 20% de escola pública e 5% para deficientes físicos e outras minorias.[282]

Ademais, a Lei n. 3.524 de 2000 foi impugnada perante o Tribunal de Justiça daquele estado em face de alegada contrariedade a dispositivos da Constituição Estadual do Rio de Janeiro, por meio da Representação por Inconstitucionalidade n. 20.2003. O Tribunal concedeu Medida Cautelar suspendendo a eficácia da referida lei por ofensa ao art. 9º, § 1º, da Constituição Estadual (princípio da igualdade) e art. 5º, *caput*, e 208, V, da Constituição Federal.

Concomitantemente, foi proposta Ação Direta de Inconstitucionalidade (ADI n. 2.858-8) pela Confederação Nacional dos Estabelecimentos de Ensino (CONFENEN) perante a Suprema Corte brasileira, visando à declaração de inconstitucionalidade das três leis supracitadas, por ofensa ao princípio constitucional da proporcionalidade e os arts. 5º, *caput*, XXIV, 206, I, e 208, V, todos da Constituição Federal.[283]

A ADI n. 2.858-8, contudo, perdeu o objeto em razão da revogação das Leis ns. 3.524, 3.708 e 4.061 pelo art. 7º da Lei Estadual n. 4.151 de setembro de 2003. O ministro Carlos Velloso (relator) aduziu que, "revogada a lei arguida de inconstitucionalidade, é de se reconhecer, sempre a perda de objeto da ação direta; revelando-se indiferente, para esse efeito, a constatação, ainda casuística, de efeitos residuais concretos pelo ato normativo".[284]

O sistema de cotas da UERJ voltou a ser analisado pelo Supremo, novamente sem julgamento do mérito, no Agravo de Instrumento 547.555 (o qual inadmitiu Recurso Extraordinário), tendo como relator o ministro Sepúlveda Pertence:

> Ocorre que a impetrante obteve o 356º na classificação do concurso, de forma que, caso não houvesse reserva de vagas, ainda haveria ao menos 310 candidatos mais bem classificados que a impetrante, que teriam direito a ingressar no curso de Medicina antes dela.

---

(282) FRY, Peter. *A persistência da raça.* Ensaios antropológicos sobre o Brasil e a África austral. Rio de Janeiro: Civilização Brasileira, 2005. p. 325.

(283) BRASIL. Supremo Tribunal Federal. *Petição Inicial da Ação Direta de Inconstitucionalidade 2858-8*. Disponível em: <www.stf.jus.br>. Acesso em: 10 abr. 2012.

(284) BRASIL. Supremo Tribunal Federal. *Decisão Monocrática Final da Ação Direta de Inconstitucionalidade 2858-8*. Disponível em: <www.stf.jus.br>. Acesso em: 10 abr. 2012.

Assim, não há questão constitucional a ser dirimida na espécie, mas apenas premissas de fato apresentadas no acordão recorrido, cujo reexame é inviável por meio do recurso extraordinário.(285)

O Poder Judiciário do Rio de Janeiro, no exame do vasto contencioso em torno do sistema de cotas para acesso às universidades estaduais, tem sido cuidadoso em assegurar vagas somente aos candidatos que teriam sido aprovados se as cotas não existissem, prestigiando a condição meritória individual, como se pode perceber da transcrição dos julgados do TJ.RJ:

> Duplo grau obrigatório de jurisdição. Reserva de cotas para negros e pardos. Concessão da segurança para a impetrante que obteve o grau necessário para a aprovação no curso de Engenharia de Produção na UERJ. Em que pese a louvável iniciativa do Poder Público, o sistema de reserva de cotas, tal qual foi concebido pela Lei Estadual n. 3.708, ofende a Constituição da República tanto pela ótica formal como material, já que infringe a autonomia universitária, assegurada pelo art. 207, bem como viola o art. 208, V, da Carta Magna e o princípio da igualdade, insculpido no art. 5º. A igualdade, como direito fundamental, pode sofrer limitação, desde que atenda a critérios de razoabilidade, que não se aplicam na pré-falada lei estadual. A instituição de programas deste teor é um poderoso instrumento de combate à desigualdade, desde que compatível com a Constituição. Manutenção da Sentença por seus próprios fundamentos.(286)

> Apelação. Administrativo. Mandado de Segurança visando à matrícula no curso de Medicina da UERJ. Classificação obtida fora do total de vagas oferecidas, ainda que afastado o sistema de cotas instituído pelas Leis ns. 3.524 e 3.708, o fato de outros candidatos com nota inferior terem obtido a classificação por se autodeclararem pardos ou negros não autoriza a que todos os que tiraram nota superior à do último candidato que ingressou em razão das cotas pleiteiem o ingresso, mas somente aqueles que efetivamente estivessem dentro do número de vagas oferecidas não fosse a reserva instituída por aqueles diplomas. Inexistência de violação do princípio da isonomia. Primeiro porque a interpretação que lhe deu a recorrente no recurso consiste em inovação recursal, que se sabe descabida, e segundo, porque o fato de outras pessoas autodeclaradas negras e pardas terem sido matriculadas não lhe dá direito à vaga, no máximo autorizando a pleitear, em face dos legitimados, a ação competente para obstar-lhes a matrícula. Desprovimento do recurso.(287)

5.1.4.2. O contencioso da Universidade Federal do Paraná

Em 2004, a Universidade Federal do Paraná (UFPR) estabeleceu em seus concursos vestibulares para ingresso nos cursos de graduação a reserva de 20% das vagas para estudantes afrodescendentes e outros 20% aos egressos de escola pública. O Ministério Público Federal propôs, perante o Juízo Federal de Guarapuava — PR, ação civil pública destinada a ordenar que a UFPR deixasse de aplicar as normas editalícias referentes ao sistema de reserva de vagas.(288)

---

(285) BRASIL. Supremo Tribunal Federal. *Agravo de Instrumento 547.555*. Disponível em: <www.stf.jus.br>. Acesso em: 10 abr. 2012.
(286) Processo: 2004.009.00272. Disponível em: <tj.rj.gov>.
(287) Processo: 2004.001.15772. Disponível em: <tj.rj.gov>.
(288) BRASIL. Tribunal Federal da 4ª Região. *Suspensão de Execução de Liminar n. 2004.04.01.05675-8.PR*. Disponível em: <trf4.gov.br>. Acesso em: 10 abr. 2012.

Foi proferida decisão antecipando a tutela e, com isto, impedindo que no edital constasse o percentual de vagas mencionado, porque tal sistema estaria afrontando o princípio constitucional da isonomia. A UFPR interpôs pedido de suspensão da liminar, alegando que agiu nos limites de sua autonomia e que a ação visava à declaração de inconstitucionalidade, usurpando, dessa forma, a atribuição do procurador-geral da República.(289)

A decisão de primeira instância foi suspensa por decisão do presidente do Tribunal Federal da 4ª Região que, após reconhecer a inexistência de legislação federal disciplinando o sistema de cotas e as desigualdades entre os alunos egressos de escolas públicas e particulares, consignou o seguinte despacho:(290)

> Pois bem, a r. decisão atacada, prolatada por um jovem e dos mais brilhantes magistrados federais da Justiça Federal desta 4ª Região, baseou-se na ofensa ao princípio da isonomia. Esta é a questão. Não me alongo nas considerações, inclusive porque os autos não vieram com cópia da inicial da Ação Civil Pública. A questão central é a isonomia, ou seja, a decisão administrativa estaria tratando desigualmente negros e brancos. Assim não penso, com a vênia devida. Toco superficialmente no tema, até porque ele não morrerá aqui, pois será objeto de debate em muitas ações. Ao meu ver, a distinção feita administrativamente e a ser disciplinada por lei trata igualmente os iguais e desigualmente os desiguais, como bem exposto na petição inicial (fls. 20 a 23). Em outras palavras, repetindo a lição de José Afonso da Silva (*Curso de direito constitucional positivo*. 14. ed. Malheiros, p. 205), a igualdade não deve ser reconhecida formalmente, mas sim com os demais princípios, exigências e objetivos da Constituição. No caso, é fora de dúvida que a Carta Magna persegue também a redução das desigualdades sociais (art. 3º, III) e a igualdade de condições para acesso e permanência na escola (art. 206, I). Para mim, sem necessidade de longas citações doutrinárias, é o quanto basta.(291)

Em outra decisão proferida pelo mesmo magistrado de primeira instância, em ação ordinária ajuizada com pedido de liminar contra o sistema de reserva de vagas da UFPR, a questão voltou a ser discutida e questionou-se a constitucionalidade das normas emanadas no edital(292) da referida universidade. A autora da ação, uma candidata ao curso de Medicina, alegou que obteve nota suficiente que a posicionaria em 49º lugar da "lista de espera", sendo que 70 das 176 vagas do curso foram destinadas aos cotistas. Caso não houvesse listas separadas para cotistas, a autora lograria sua aprovação em 144ª colocada no certame.(293)

---

(289) *Id. Ibid.*

(290) *Id. Ibid.*

(291) *Id. Ibid.*

(292) Art. 3º — O Núcleo de Concursos disponibilizará na internet (<www.nc.ufpr.br>), até 16 de julho de 2004, o guia do candidato, que conterá os cursos e as vagas ofertados para o ano letivo de 2005, inclusive com a indicação das vagas de inclusão racial e social, e outras informações complementares às deste Edital, que sejam necessárias para a orientação do candidato quanto às inscrições, às provas e ao registro acadêmico. § 1º — Das vagas oferecidas para os cursos, 20% serão de inclusão racial, disponibilizadas para estudantes afrodescendentes, sendo considerados como tais os que se enquadrarem como pretos ou pardos, conforme classificação adotada pelo Instituto Brasileiro de Geografia e Estatística. § 2º — Das vagas oferecidas para os cursos, 20% serão de inclusão social para estudantes que tenham realizado ensinos fundamental e médio exclusivamente em escola pública, sendo possível a exceção de um ano letivo em escola particular.

(293) Processo n: 2005.70.00.016443-4. Disponível em: <jfpr.gov.br>.

O magistrado, em sua decisão favorável à autora, aduziu que os dispositivos que disciplinavam as cotas na UFPR padeciam de vício de inconstitucionalidade material, uma vez que violariam o art. 208, V, da CF/88.(294)

Argumentou ainda o referido pretor que o fator raça não se mostra adequado às finalidades da norma constitucional que expressamente assegura a igualdade de condições para o acesso como princípio do ensino no Brasil.(295)

> E mais. Se o vestibular não se mostra adequado para testar o grau de conhecimentos indispensáveis ao acesso às Universidades, como corriqueiramente defendem alguns notáveis pedagogos, que se crie outro método mais eficiente de avaliação desses conhecimentos. O que não se pode admitir é que esse suposto erro sirva de justificativa válida para a instalação desse outro ainda mais grave, já que, como se disse, o critério de raça, de crença religiosa, de idade, de convicção política, de sexo, ou de qualquer outro que se distancie da finalidade inerente ao ensino superior (desenvolvimento da ciência) representa afronta ao princípio da igualdade, que rege todas as relações jurídicas no Direito Brasileiro.(296)

Analisando a questão dos cotistas egressos de escolas públicas, a decisão de primeira instância considerou que a reserva de vagas às "pessoas menos afortunadas acaba, assim, como no caso das cotas raciais, implicando segregação social, e não sua reintegração".(297)

> Por fim, não menos importante, mister consignar que não se está aqui aplicando isoladamente o princípio da isonomia ou a regra constitucional que exige a capacidade do aluno como único critério válido para o ingresso no ensino superior. Não se está, nem de longe, olvidando-se dos fundamentos da República Federativa do Brasil, tais como a erradicação da pobreza, a constituição de uma sociedade livre, justa e solidária, a promoção do bem de todos sem preconceitos (art. 3º, CF88). O que se está fazendo é evitando a prática de ações compensatórias distorcidas em favor de classes minoritárias, completamente alheias e dissonantes do sistema jurídico vigente, capazes de gerar o enfraquecimento do ensino superior que vem, há tempos, pelo total descaso político da Administração Pública, sofrendo violações sérias na sua qualidade.(298)

---

(294) *Id. Ibid.*
(295) *Id. Ibid.*
(296) *Id. Ibid.*
(297) *Id. Ibid.*
(298) *Id. Ibid.*

5.1.4.3. *O contencioso da Universidade de Brasília e o julgamento da ADPF 186*

Como divisado, não se encontra concórdia concreta acerca da conformidade de aplicação de ações afirmativas com o sistema constitucional pátrio, quer na jurisprudência, quer na doutrina.

No entanto, recente decisão da Suprema Corte Brasileira veio a estruturar os moldes em que seria recebido o instituto da discriminação positiva pelo ordenamento jurídico brasileiro doravante.

Em 2009, foi ajuizada ação de descumprimento de preceito fundamental n. 186 pelo Partido Democratas (DEM), para impugnar a política de cotas étnico-raciais para seleção de estudantes da Universidade de Brasília (UnB).

A instituição universitária fixou, pelo prazo de 10 anos, a reserva de 20% de suas vagas para estudantes negros e pardos e vinte vagas para índios de todos os Estados brasileiros.

Em sua peça inaugural, o partido alegou que o que havia sido disposto na Reunião Extraordinária do Conselho de Ensino da Unb, e bem assim, posteriormente concretizado na Resolução n. 38 de 18 de junho de 2003 do referido órgão acadêmico,(299) no Plano de Metas para Integração Social, Étnica e Racial da Unb,(300) e no Edital n. 2 de 20 de abril de 2009,(301) seriam disposições sobrepujantes das normas dormentes no texto Constitucional.(302)

No ponto de vista do DEM, a reserva de vagas para negros e pardos no acesso à Universidade Federal feriria o princípio republicano da meritocracia do art. 208, V, da Constituição Federal;(303) a dignidade da pessoa humana, a proporcionalidade, o devido processo legal, a legalidade e, principalmente, a isonomia.(304)

---

(299) RESOLUÇÃO DO CONSELHO DE ENSINO, PESQUISA E EXTENSÃO N. 38.2003[...] Resolve Aprovar a Proposta de Plano de Metas para a Integração Social, Étnica e Racial na Universidade de Brasília a ser estudada e analisada pela Comissão integrada pelos seguintes membros (...)

(300) PLANO DE METAS PARA A INTEGRAÇÃO SOCIAL, ÉTNICA E RACIAL DA UNIVERSIDADE DE BRASÍLIA [...] I. Objetivo: O plano de Metas visa a atender à necessidade de gerar, na Universidade de Brasília, uma composição social, étnica e racial capaz de refletir minimamente a situação do Distrito Federal e a diversidade da sociedade brasileira como um todo. II. Ações para alcançar o objetivo: 1. Acesso a) Disponibilizar, por um período de 10 anos, 20% das vagas do curso vestibular da Unb para estudantes negros, em toos os cursos oferecidos pela Universidade. (...)

(301) EDITAL N. 2 — 2º VESTIBULAR 2009 DE 20 DE ABRIL DE 2009. [...] 2. DOS CURSOS E DAS VAGAS. 2.1 Os candidatos serão selecionados por campus, sistema, curso, turno, segundo o seu desempenho no vestibular e o número de vagas oferecido. 2.2. O 2º Vestibular de 2009 da Unb será realizado por meio dos sistema de vagas: o Sistema Universal e o Sistema de Cotas para Negros (...)

(302) BRASIL. Supremo Tribunal Federal. *Petição Inicial da Ação de Descumprimento de Preceito Fundamental 186*. Disponível em: <www.stf.jus.br>. Acesso em: 10 abr. 2012.

(303) Art. 208. O dever do Estado com a educação será efetivado mediante a garantia de: [...] V — acesso aos níveis mais elevados do ensino, da pesquisa e da criação artística, segundo a capacidade de cada um.

(304) *Id. Ibid.*

Com a instituição da referida comissão racial, atinge-se ademais: o art. 1º, inciso III (dignidade da pessoa humana, conforme veremos melhor no item 6), o art. 5º, inciso XXXIII (direito à informação dos órgãos públicos, já que ninguém sabe os critérios por meio dos quais a Banca escolherá os "eleitos" que conseguirão ter acesso à Universidade Pública, nem mesmo se sabe a composição de tal Banca Racial), o inciso XLII (vedação ao racismo) e LIV (devido processo legal — princípio da proporcionalidade, nos subprincípios da adequação, exigibilidade e ponderação, conforme veremos melhor no item 6), além dos arts. 205 (direito universal de educação), 206, *caput* e inciso I (igualdade de condições de acesso ao ensino), 207 (autonomia universitária), já que tal princípio encontra limites na necessidade de combater o racismo e no respeito ao princípio do mérito acadêmico, previsto no art. 208, inciso V, que determina ser o acesso aos níveis mais elevados do ensino e da pesquisa de acordo com a capacidade de cada um. Atinge-se, em suma, o próprio princípio Republicano![305]

Vários foram os *Amici Curiae* invocados pelo relator, o ministro Ricardo Lewandowski. Contrários às cotas falaram a representante do Movimento Pardo--Mestiço Brasileiro (MPMB), Juliana Corrêa e a advogada do Movimento contra o Desvirtuamento do Espírito da Política de Ações Afirmativas nas Universidades Federais e do Instituto de Direito Público e Defesa Comunitária Popular (IDEP), Wanda Siqueira.[306]

Pela improcedência da ADPF 186, favoráveis às cotas, falaram o presidente do Conselho Federal da Ordem dos Advogados do Brasil (OAB), Ophir Cavalcante; o defensor público geral federal, Haman Córdova, pela Defensoria Pública da União (DPU); o advogado Hédio Silva Júnior, pela Associação Direitos Humanos em Rede — Conectas Direitos Humanos; o advogado Humberto Santos Júnior, pelo Instituto de Advocacia Racial e Ambiental (IARA); a advogada Silvia Cerqueira, do Movimento Negro Unificado (MNU); o advogado Thiago Bottino, pelo Educafro — Educação e Cidadania de Afro-Descendentes e Carentes; e o advogado Márcio Thomaz Bastos, que representou a Associação Nacional dos Advogados Afrodescendentes (ANAAD).[307]

Muito esperada era a manifestação da Procuradoria-Geral da República, por Deborah Duprat, a qual desconstruiu a ideia de uma miscigenação natural no país, realizada por encontros amorosos entre brancos e negros. Lembrou que, na verdade, tratou-se de política de estado de ocupação e aumento populacional. "Ela decorre de uma engenharia social do período colonial

---

(305) *Id. Ibid.*

(306) BRASIL. Supremo Tribunal Federal. *Ação de Descumprimento de Preceito Fundamental 186.* Disponível em: <www.stf.jus.br>. Acesso em: 10 abr. 2012.

(307) *Id. Ibid.*

escravocrata como estratégia de povoamento e de força de trabalho escravo."[308] Conforme ressaltou a Subprocuradora-Geral, ações afirmativas em relação a grupos minoritários não são novidades em nossa Constituição, como é o caso das relativas às mulheres e aos deficientes. Indagou, então, por que as ações, quando referentes ao recorte racial, causam "*tanto desassossego*"? Questionou, muito apropriadamente, por que questões como "*Por que não só mulheres e deficientes pobres?*" somente são invocadas quando se está a discutir cotas raciais? Afinal, a finalidade das cotas, ressaltou, é promover a diversidade nas universidades, ao contrário de pretender resolver um problema social.[309]

O ministro relator fez longo e bem fundamentado voto, assistindo razão à improcedência do pedido, é dizer, favoravelmente às cotas estabelecidas pela Unb. Fez referência ao autor Dalmo de Abreu Dallari, ao afirmar que as políticas de ação afirmativa estão baseadas no conceito contemporâneo de democracia.

> Aliás, Dalmo de Abreu Dallari, nessa mesma linha, adverte que a ideia de democracia, nos dias atuais, exige a superação de uma concepção mecânica, estratificada, da igualdade, a qual, no passado, era definida apenas como um direito, sem que se cogitasse, contudo, de convertê-lo em uma possibilidade, esclarecendo o quanto segue: "O que não se admite é a desigualdade no ponto de partida, que assegura tudo a alguns, desde a melhor condição econômica até o melhor preparo intelectual, negando tudo a outros, mantendo os primeiros em situação de privilégio, mesmo que sejam socialmente inúteis ou negativos."[310]

Buscou como fundamento filosófico para o instituto da discriminação positiva a Teoria da Justiça de Rawls, a qual já fora comentada nesta investigação perfilhada. Ressalta que "só ela [a Teoria da Justiça de Rawls] permite superar as desigualdades que ocorrem na realidade fática, mediante uma intervenção estatal determinada e consistente para corrigi-las, realocando-se os bens e oportunidades existentes na sociedade em benefício da coletividade como um todo".[311]

Em derradeiro, julgou que o modelo constitucional brasileiro não se mostrou alheio ao princípio da justiça distributiva ou compensatória, porquanto

---

(308) BRASIL. Supremo Tribunal Federal. *Manifestação da Procuradora-Geral da República na Ação de Descumprimento de Preceito Fundamental 186*. Disponível em: <www.stf.jus.br>. Acesso em: 10 abr. 2012.

(309) *Id. Ibid.*

(310) BRASIL. Supremo Tribunal Federal. *Voto do Relator, Ministro Ricardo Lewandowski, da Ação de Descumprimento de Preceito Fundamental 186*. Disponível em: <www.stf.jus.br>. Acesso em: 10 abr. 2012.

(311) *Id. Ibid.*

incorporou diversos mecanismos institucionais para corrigir as distorções resultantes de uma aplicação puramente formal do princípio da igualdade. Como sabem os estudiosos do direito constitucional, o nosso Texto Magno foi muito além do plano retórico no concernente aos direitos e garantias fundamentais, estabelecendo diversos instrumentos jurídicos para conferir-lhes plena efetividade.(312)

Os demais ministros acompanharam o relator(313) no mérito do *decisum*, sendo deliberada, por unanimidade, a improcedência do pleito formulado pelo DEM, e consequente efeito vinculante, declarando a constitucionalidade das cotas para negros e pardos nas Universidades Públicas brasileiras, bem como da possibilidade constitucional de implementação de medidas de discriminação positiva.

Desse modo, com a aludida histórica decisão do Supremo Tribunal Federal de efeitos vinculantes, findou-se a polêmica da possibilidade de serem as ações afirmativas compatíveis com a Constituição. Nas palavras do presidente do STF, ministro Carlos Ayres Britto, "a partir desta decisão, o Brasil tem mais um motivo para se olhar no espelho da história e não corar de vergonha".(314)

5.2. *O combate à discriminação racial no Direito francês*

É chegado o momento de investigar a disposição dos arranjos jurídicos gauleses a respeito da proteção ao imigrante discriminado, bem como da compatibilidade das medidas de discriminação positiva com o direito público francês: é o que em diante se passa a expor.

---

(312) *Id. Ibid.*

(313) Valem aqui eco de trechos proferidos por alguns ministros na Audiência do dia 20.4.2012, quando foram delineados os votos e declarada a decisão pelo presidente da Corte. Proclamou o ministro Luiz Fux que "pelo leite que as amas de leite negras tiraram de seus filhos para darem aos filhos das senhoras, pelas chicotadas que tomaram no período da escravidão, mas não se renderam, não se entregaram, não se deixaram dominar nem de se aculturar, [...] Viva Chica da Silva, viva Zumbi, viva Pelé, viva Chico Rei, viva os brancos, viva os pardos, viva os mulatos, viva os índios, viva nós todos, e viva a nação afrodescendente que colore o nosso querido Brasil. Voto pela improcedência, senhor presidente." BRASIL. Supremo Tribunal Federal. *Ação de Descumprimento de Preceito Fundamental 186*. Disponível em: <www.stf.jus.br>. Acesso em: 10 abr. 2012. Já a ministra Rosa Maria Weber declarou: "Eu entendo que os princípios constitucionais que foram apontados pelo autor da ação como violados são justamente os preceitos que levam, data máxima vênia, à total improcedência da ação. É como voto, senhor presidente." *Id. Ibid.* O Ministro Marco Aurélio Mello asseverou: "a meritocracia sem igualdade de pontos de partida é apenas uma forma velada de aristocracia. Só existe a supremacia da Carta quando, à luz desse diploma, vingar a igualdade. A ação afirmativa evidencia o conteúdo democrático do princípio da igualdade jurídica. [...] Entendo harmônica com a carta federal, com os direitos fundamentais nela previstos a adoção temporária e proporcional às necessidades do sistema de cotas pra o ingresso em Universidades Públicas." *Id. Ibid.*

(314) *Id. Ibid.*

5.2.1. As bases do Direito Público francês: entre Universalismo e Diferencialismo

O sistema jurídico da República Francesa foi construído, desde a Revolução de 1789, sobre um princípio norteador das relações de natureza pública, a saber, o Universalismo. Diferentemente do ordenamento brasileiro, o sistema francês encontra-se atado, até hoje, às origens da nação, em 1789, gozando, por exemplo, a Declaração Universal de Direitos do Homem e do Cidadão atualmente de validade jurídica.(315)

O fundamento do princípio do universalismo do Direito Público francês encontra-se em um elemento presente desde a Revolução Francesa, qual seja, a igualdade. É o que se chama de direito à indiferença (*droit à l'indifférence*): todos os indivíduos são possuidores dos mesmos direitos e assumem as mesmas obrigações. Tal proposição filosófica, diretamente relacionada com a concepção de nação deliberada pelos revolucionários, e até os dias de hoje viva no Direito Francês, é, pois, conhecida por universalismo republicano.(316)

> La logique universaliste a été, à la Révolution, étroitement liée à la volonté d'unifier et sourtout d'homogénéiser la société: le droit élaboré à cette époque a explicitement pour objectif de construire "Une" nation. Ce projet s'est concrétisé à travers différentes mesures: uniformisation des droites bien sûr, mais aussi uniformisation administrative, uniformisation linguistique et uniformisation des poids et des mesures.(317)

Além de estampado no art. 6º da Declaração Universal dos Direitos do Homem e do Cidadão, o qual perfilha que a igualdade dos homens leva todos estes a serem tratados de forma igual perante a lei, a qual "doit être la même pour tous, soit qu'elle protege, soit qu'elle punisse,"(318) o universalismo encontra

---

(315) O valor constitucional da declaração foi reafirmado pelo "Conseil constitutionnelle" a partir de 1971. (Décisions n. 71-44 DL "Liberté d'associations" du 16 julliet 1971 et n. 73-51 DL du 27 décembre 1973, que integraram a declaração no "bloco de constitucionalidade" em razão da referência feita a este dispositivo no preâmbulo da Constituição de 1958).

(316) L'emploi de cet adjectif [républicain] permet à la fois d'insister sur la rupture opérée par le droit public français par rapport à celui de l'Ancien Régime et de le distinguer de droits étrangers, notamment du droit anglo-saxon qui, lui, reconnaît — emplicitement ou explicitement — les communautés intra-étatiques. BUI-XUAN, Olivia. *Le droit public français entre l'universalisme et le différencialisme*. Paris: Economica, 2004. p. 3. Em tradução livre: "O emprego do adjetivo [republicano] permite ao mesmo tempo insistir na ruptura operada pelo Direito Público francês em relação ao do Antigo Regime e distinguir-lhe do direito estrangeiro, notadamente do direito anglo-saxônico, o qual reconhece — explícita ou implicitamente — as comunidades infraétnicas".

(317) *Id. Ibid.* Em nossa tradução: "A lógica universalista era, na Revolução, estritamente ligada à vontade de unificar e principalmente homogeneizar a sociedade: o direito elaborado naquela época se explicava pelo objetivo de construir 'Uma' nação. Esse projeto foi concretizado por meio de diferentes meios: uniformização dos direitos, é claro, mas também uniformização administrativa, uniformização linguística e uniformização de pesos e de medidas".

(318) "Deve ser a mesma para todos, quer proteja, quer castigue" (tradução nossa).

custódia no art. 1º da Constituição Francesa de 4 de outubro de 1958,[319] que dispõe que "La France [...] assure l'égalité devant la loi de tous les citoyens sans distinction d'origine, de race ou de religion."[320]

Tal escolha conduz a França a lutar pela proteção contra as discriminações dos indivíduos, bem como pela erradicação das desigualdades sociais, mas não reconhece grupos étnicos coletivos, não podendo instalar a estes proteção especial.

> Sur la base de ce principe, les autorités françaises ont en effet largement nié l´exigence de minorités identifiées par particularismes ethniques, linguistiques ou religieux sur le sol français. [...] Il s´ensuit une architecture juridique qui, d´une part, reconnaît à chaque individu le bénéfice des droits de l´homme, mais que, d´autre part, lui refuse des droits particuliers en sa qualité de membre d´un groupe minoritaire qui aux taux de l´Etat n´existe pas.[321]

Desse modo, a lógica individualista de 1789 condena toda e qualquer consideração jurídica de categorias de pessoas, entendidas como pessoas que possuem uma ou várias características comuns.[322] No entanto, a lógica de categorização de pessoas é, de certa forma, inerente à ciência jurídica, como bem assevera Mélin-Soucramanien:

> Légiferer, comme gouverner, c'est forcément choisir. Le processus d'édiction des normes requiert du législateur qu'il procède à des différenciations de traitement, ce qui implique qu'il se trouvera toujours des catégories de sujets de droit qui s'estimeront lésées par l'un ou l´autre des choix de politique législative.[323]

---

(319) Merece nota o fato de que o Universalismo, tal como hodiernamente propala a doutrina, é em alguns termos distinto daquele a que outrora se referiam os revolucionários. Naquele tempo o "universal" albergava toda a humanidade. Eles não almejavam elaborar a Declaração de direitos somente para a França, mas para o homem em geral. Estavam ali afirmando os direitos dos seres humanos antes de serem cidadãos franceses. *Id., Ibid.* A acepção do Universalismo que ora se analisará é, portanto, mais restritiva que aquela, pois se limita ao fato de que o Direito Público francês entende tratar de forma idêntica apenas todos os que estão sob seu campo de atuação.

(320) "A França assegura a igualdade a todos os cidadãos, sem distinção de origem, raça ou religião" (tradução nossa).

(321) MAISONNEUVE, Mathieu. Les discriminations positives ethniques ou raciales en droit public interne: vers la fin de la discrimination positive à la française. *Droits et Libertes*, RFDA, 2002. "Com base neste princípio, as autoridades francesas, de fato, negaram amplamente a exigência de minorias identificadas por particularismos étnicos, linguísticos ou religiosos em solo francês. [...] Surge então uma arquitetura jurídica que, por um lado, dá a cada pessoa o benefício dos direitos do homem, mas que, por outro lado, lhes nega direitos particulares na sua qualidade de membro de um grupo minoritário, que nas estatísticas do Estado não existe." (tradução livre)

(322) ATTAL-GALY, Y. Droits de l'homme et catégoties de personnes. *Thèse pour le doctorat en droit, Université de sciences sociales de Toulouse* I, 2002. p. 12. Disponível em: <http://epublications.unilim.fr>. Acesso em: 10 abr. 2012.

(323) MÉLIN-SOUCRAMANIEN, F. *Le principe d'égalité dans la jurisprudence du Conseil constitutionnel*, Paris: Economica, 1997. p. 18. Em tradução nossa: "Legislar, assim como governar, é necessariamente escolher. O processo de edição de normas requer do legislador que sejam feitas

Assim, a doutrina e jurisprudência francesas construíram, ao longo dos anos, categorias jurídicas subjetivas(324), as quais seriam não somente compatíveis com a lógica universalista, mas também necessárias à gestão estatal.

> Parce que les hommes naissent et demeurent égaux, la conception de la démocratie peut éventuellement admettre des différences en fonction de ce que les citoyens *font* (métier, situation, status, etc.) jamais en fonction de ce qu'ils *sont*.(325)

Converge pacificamente o entendimento doutrinário de que o número de categorias jurídicas subjetivas varia no tempo e no espaço. A França parece ser um país que tem tal numeração mais reduzida, comparada, por exemplo, com a Inglaterra e com os Estados Unidos.(326)

Com efeito, a criação de tais categorias jurídicas subjetivas não é contraditória com o sistema universalista republicano por várias razões. Primeiramente, ela se dá com o fim de administração: ela visa a submeter certos indivíduos a regras particulares em função de seu estado temporário (presidiários, pacientes hospitalizados) ou de seu *status* (direito do médico a não prestar informações a respeito de pacientes, por exemplo); tais regras, ao crivo do sistema francês, são indispensáveis para um bom funcionamento dos serviços públicos. Em segundo lugar, na dicção de Carcassonne acima transcrita, tais categorias jurídicas subjetivas são determinadas em função do que as pessoas *fazem*: são largas, transversais e abertas. É dizer, toda pessoa ao longo da vida pode estar hospitalizada, ou encarcerada, um funcionário público pode ser transferido de um órgão a outro, e assim submeter-se a regime de direitos e obrigações diferenciados.

No olhar da tradição universalista, o reconhecimento das categorias jurídicas subjetivas determinadas em função do que os cidadãos *são* é que parece ser de compatibilidade mais problemática.

---

diferenciações de tratamento, em que se encontrarão sempre categorias de sujeitos de direito que serão lesados por uma ou outra das escolhas políticas legislativas".

(324) A doutrina francesa chama o termo que aqui traduzimos, por questão didática, "categorias jurídicas subjetivas" de "catégories juridiques": "Les catégories juridiques peuvent être définies comme des classes ou ensembles de fait, d'actes, d'objets, auxquels la loi ou toute autre norme attaché des conséquences juridiques". LOCHAK, D. La race: une catégorie juridique? *Mots*, n. 33, 1992. Disponível em: <http://epublications.unilim.fr>. Acesso em: 10 abr. 2012. "As categorias jurídicas podem ser definidas como classes ou conjuntos de fatos, de atos, de objetos os quais a lei ou outra norma vincula consequências jurídicas." (tradução nossa)

(325) CARCASSONNE, G. La Constituition, introduite et commentée. Seuil: Paris, 1996. In: BUI-XUAN. *Op., cit.*, 2004. Em tradução livre: "Pelo fato de os homens nascerem e morrerem iguais, a concepção da democracia pode, eventualmente, admitir diferenças em função do que os cidadãos *fazem* (trabalho, situação, *status* etc.), jamais em função do que eles *são*".

(326) *Id. Ibid.*

Assim, categorias que compartilham de identidade no que diz respeito ao sexo, à orientação sexual, a determinada origem étnica, são, *a priori*,(327) inconciliáveis com o universalismo, pois a característica que as une diz respeito a um marco permanente, faz parte de sua *essência*.

> Transformer des groupes en catégories juridiques créatrices de droits et d'obligations reviendrait à enfermer les individus dans des statuts juridiques différenciés, situation qui rappelle par certains aspects la société d'Ancien Régime et que les révolutionnaires entendaient précisémente faire disparaître.(328)

Todavia, malgrado o Direito Público francês tenha sido construído com alicerces universalistas, parece que se tem assistido, de quase vinte anos para cá, a uma penetração da lógica diferencialista. Anteriormente, as pesquisas jurídicas em torno da questão da igualdade estiveram à margem das discussões acadêmicas; contudo, após a publicação do Relatório do Conselho de Estado de 1996(329) sobre o princípio da igualdade, abriu-se, incontestavelmente, uma brecha para o debate.(330)

À primeira vista, universalismo e diferencialismo são antinômicos; é, no entanto, possível mitigar tal oposição e mostrar que são, em verdade, intimamente ligados.(331)

---

(327) Diz-se *a priori*, pois estudo mais pormenorizado sobre as categorias jurídicas subjetivas no Direito Público francês, o que não se mostra imperioso aqui tecer haja vista a natureza da investigação, permite reunir repertório em que tais categorias (que se relacionam com a essência da pessoa) podem sofrer tratamento diferenciado pelo ordenamento jurídico, tais como as mulheres, quando houver relação com maternidade e gravidez. É o que acentua Bui-Xuan: "Transformer le groupe des femmes en catégorie juridique, autrement dit faire en sorte que le fait d'être femme soit créateur de droits spécifiques, n'entre pas en contradition avec la tradition universaliste, dans les cas de grossesse et de maternité ; attribuer aux seules femmes un congé de maternité ou une protection juridique penant la grossesse ne ruine pas la logique universaliste dans la mesure où seules les femmes ont la possibilité d'enfanter." *Op. cit.*, 2004. p. 15. Em tradução nossa: "Transformar o grupo das mulheres em categoria jurídica, ou seja, fazer que o só fato de ser mulher crie direitos específicos, não entra em contradição com a tradição universalista, nos casos de gravidez e maternidade; atribuir a mulheres uma licença--maternidade ou uma proteção jurídica durante a gravidez não arruína a lógica universalista, na medida em que somente as mulheres têm a possibilidade de engravidar".

(328) *Id. Ibid.*, p. 10. Em tradução nossa: "Transformar grupos em categorias jurídicas criadoras de direitos e obrigações seria engessar os indivíduos em situações jurídicas diferentes, situação que lembra por certos aspectos a sociedade do Antigo Regime e que os revolucionários desejavam precisamente fazer desaparecer".

(329) CONSEIL D'ÉTAT, rapport public n. 48, *Sur le principe d'égalité*. Disponível em: <http://www.ladocumentationfrancaise.fr/>. Acesso em: 10 abr. 2012.

(330) "La question de l'appréhension des différences par le droit public n'a donc jamais été autant d'actualité qu'en ce début de XXIe siècle comme peut en témoigner l'inscription sur l'agenda politique de questions aussi diverses que l'évolution du statut de la Corse ou de la laïcité, l'admission de discriminations positives ou encore la valorisation des spécificités ultra-marines". *Id. Ibid.*, p. 2. Em tradução livre: "A questão da apreensão de diferenças pelo direito público jamais foi tão atual como neste início de século XXI, como se pode atestar a inscrição na agenda política de questões diversas como a evolução do *status* de Córsega, ou da *laicité*, a admissão de discriminações positivas e ainda a valorização das especificidades dos territórios além-mar".

(331) MÉLIN, SOUCRAMANIEN, F., *Op. cit.*, 1997. p. 38.

O fundamento do universalismo do Direito Público foi idealizado, como dito algures, a partir da Revolução Francesa, em reação contrária ao diferencialismo vigente no *Ancien Régime*, pelo qual o direito levava em conta as diferenças sociais e se aplicava diferentemente a três camadas da sociedade. Em 1789, foi proclamado o advento de um direito universalista de vocação integrativa, aplicado a todos sem distinção. A cidadania francesa nasceu, portanto, com ojeriza às diferenças.

Porém, se a igualdade formal fora ali bem proclamada, ela não fez desaparecerem as diferenças de fato existentes entre os indivíduos.

> L'ambition principale de l'universalisme républicain a été d'homogénéiser le corps social [...] Nonobstant la relative uniformisation de la société française consécutive à l'aboliton de "lois particulières", force est de constater que l'égalité formelle proclamée en 1789 n'a jamais résorbé les inégalités socio-économiques: aux trois ordres de la societé se sont en effet rapidement substituées les classes sociales.(332)

Uma tensão aparece, então, entre o que pretendia o projeto universalista de cidadania e a realidade concreta de camadas sociais e culturais separando os cidadãos. Nesta circunstância, aplicando-se regras uniformes a todos, obtém-se resultado oposto ao outrora esculpido, acentuando as desigualdades sociais; e, inversamente, o diferencialismo passou a ser visto pelos publicistas franceses como instrumento necessário para se alcançar a essência do universalismo.

A mutação ocorrida na interpretação do Direito Público francês nos últimos anos passou a admitir algumas vertentes do diferencialismo, as quais seriam "compatíveis" com a lógica universalista.

A doutrina classifica quatro "modalidades de diferenciações" apensas ao diferencialismo: a) compensar as desigualdades socioeconômicas (diferencialismo-compensatório); b) corrigir as discriminações (diferencialismo-corretor); c) adaptar o Direito às especificidades territoriais de determinados grupos (diferencialismo-adaptador); e reconhecer de maneira positiva identidades particulares de grupos distintos dentro da nação (diferencialismo-reconhecedor). O entendimento majoritário é que apenas as duas primeiras vertentes encontram adequação harmônica com a lógica universalista, já as duas derradeiras iriam de encontro a tal sistema.

O *différencialism compensatoire* e o *différencialism distributive* têm, pois, por objetivo a redução da fragmentação social; aquele está relacionado com a redução das diferenças

(332) BUI-XUAN. *Op. cit.*, 2004. Traduzindo-se: "A ambição principal do universalismo republicano foi homogeneizar o corpo social [...] não obstante a relativa uniformização da sociedade francesa após a abolição das 'leis particulares', há que se constatar que a igualdade formal proclamada em 1789 jamais solveu as desigualdades socioeconômicas: as três camadas da sociedade absolutista se fizeram, com efeito, rapidamente, substituir-se pelas classes sociais".

socioeconômicas, ao passo que este tem por escopo a luta contra as *discriminações* sociais. Tentam ambos reduzir as diferenças do universalismo tradicional, que não logrou êxito em unificar a sociedade assim como os revolucionários desejavam.

Por seu turno, o *différencialism adaptateur*, bem como o *différencialism recognitif*, não pairam, aos olhos da maioria dos doutrinadores, na órbita universalista. Encontram-se antagônicos a essa tradição: consiste o primeiro em reconhecer especificidades regionais, aplicando tratamento diferenciado em função da localidade em que o direito será aplicado (*spécificités géographiques*), ao passo que o segundo tem a vocação de reconhecer, legitimar e valorizar a presença, dentro da comunidade nacional francesa, de identidades coletivas infraétnicas, também chamadas de minorias (*identités collectives*).

Desse modo, a maior parte da doutrina, bem como da jurisprudência francesa, como doravante se quedará exposto, reconhece que, neste início do século XXI, o Direito Público francês é sim regido pela lógica da tradição universalista, contudo, acrescida de alguns bemóis, uma vez que se admitem compatíveis com tal sistema as vertentes compensatória e distributiva do diferencialismo.

> En ce début de XXIe siècle, peut-on affirmer que le droit public français est toujours,conformément à sa tradition, sous-tendu par une logique universaliste? [...] on peut avancer une réponse positive, mais, les principes fundateurs du droit public français, tous directement issus du doubassement universaliste, ont en effet connu, ces vingt dernières années, de sérieuse secousses.[333]

Ainda que seja reconhecida a atuação de algumas facetas do diferencialismo no direito público, tal não se esvai do campo individual; é dizer, como não se reconhece a existência de grupos infraétnicos dentro da nação gaulesa, a ação do diferencialismo ajouja-se somente à esfera do indivíduo, não atuando, por isso, para erradicar as desigualdades que ali tocam as minorias.[334]

As ações afirmativas pertencem ao domínio do diferencialismo-corretor, sendo, portanto, a análise deste, objeto de maior profundidade no item subsequente.

5.2.2. O Diferencialismo-corretor

Mais recentes, as regras de direito que albergam o diferencialismo-corretor são ainda mais raras no ordenamento gaulês que aquelas concernentes ao

(333) *Id. Ibid.* Em tradução livre: "Neste início do século XXI, pode-se afirmar que o Direito Público francês é, ainda, conforme sua tradição, subentendido por uma lógica universalista? [...] pode-se avançar em uma resposta positiva, mas os princípios fundadores do Direito Público francês, todos derivados diretamente do alicerce universalista, com efeito, conheceram, nos últimos vinte anos, grave impacto".

(334) En injectant du concret au sein même du droit public, les pouvoirs publics cherchent en premier lieu à respecter les individus, non les grupes. *Id. Ibid.* Traduz-se: "Ao petrificar o direito público, os poderes públicos procuram, em primeiro lugar, respeitar os indivíduos, não os grupos".

diferencialismo-compensatório.(335) São, com efeito, circunscritas a um domínio bem preciso: a luta contra as discriminações.

O que essas medidas corretoras buscam apagar são as diferenças injustificadas de tratamento, guardando harmonia total com o sistema universalista, que não pode ignorar as discriminações de fato na sociedade.

As disposições jurídicas que o revelam, segundo entendimento da doutrina, são sustentadas por uma justiça reparadora, a qual apregoa que é papel do Estado reparar os danos experimentados pelos que sofreram discriminações.

A correção pode ser parcial ou total: é parcial quando o Direito contenta-se a dar as mesmas chances a todos, combatendo a discriminação e reparando danos eventualmente surgidos; é total quando a norma, por meio de discriminações positivas, tenta oferecer à pessoa discriminada o lugar que ela teria alcançado na sociedade se ela jamais tivesse sofrido qualquer discriminação.(336)

Antes de versar sobre a existência ou não do diferencialismo-corretivo via correção total (discriminações positivas) no ordenamento francês, estende-se adiante à testilha da aplicação do diferencialismo-corretor (parcial) para a proteção do *indivíduo* contra a discriminação, sobre o qual há já instrumentos bastante eficazes em vigor no hexágono europeu, quer advindos de institutos do Direito Internacional, quer de gênese legiferante interna ou comunitária.

5.2.3. Proteção contra a discriminação no Direito Internacional e no Direito da União Europeia

Sendo a França, no que pertine à relação entre o Direito Internacional Público e o Direito interno estatal, adepta do sistema monista,(337) imprescindíveis são os comentários acerca dos dispositivos internacionais por este Estado já ratificados no tema em espeque.

---

(335) Contrairement au différencialisme compensatoire dont on trouvait le ferment dans le droit public traditionnel, puis dans le droite de l'État-providence d'après-guerre, le différencialisme correcteur est nouveau. *Op. cit.*, p. 169. Em tradução livre: "Ao contrário do diferencialismo-compensador, o qual se encontrava de forma firme no Direito Público tradicional do Estado-providência do pós-guerra, o diferencialismo-corretor é fenômeno recente".

(336) MÉLIN-SOUCRAMANIEN, F. *Op. cit.*, 1997.

(337) Para os monistas, "o Direito Internacional e o Direito Interno são dois ramos do Direito dentro de um só sistema jurídico. Trata-se da teoria segundo a qual o Direito Internacional se aplica diretamente na ordem jurídica dos Estados, independentemente de qualquer 'transformação'. [...] Para a doutrina monista, a assinatura e ratificação de um tratado por um Estado significa a assunção de um compromisso jurídico [...] não se faz necessária, por isso, a edição de um novo diploma normativo 'materializando' no plano interno, pela via da transformação, o compromisso internacionalmente assumido. O Direito Internacional e o Direito interno formam, em conjunto, uma unidade jurídica, que não pode ser afastada em detrimento dos compromissos assumidos pelo Estado no âmbito internacional. Não há, para os monistas, duas ordens jurídicas estanques, como querem os dualistas, cada uma com âmbito

No olhar do Direito Internacional, uma discriminação em razão da origem não é necessariamente ilegal; "elle ne le devient que si elle aboutit à priver l´etranger du minimum de traitement civilisé pour que l´État est tenu de lui accorder, ou si elle est prohibée par une disposition precise d´une convention interncionale."[338]

A Convenção de 9 de dezembro de 1948 de prevenção e repressão ao crime de genocídio, ratificada pela França em 1950, define como genocídio o ato cometido em tempos de guerra ou de paz "dans l´intention de détruire, em tout ou em partie um groupe national, ethnique, racial ou religieux"[339]. Considera tal dispositivo que o genocídio é a expressão mais exacerbada do racismo. Sua disposição essencial é a que permite a todas as partes contratantes de "saisir les organes competentes de l´ONU afin que ceux-ci prennent, conformément à la Charte des Nations unies, les mesures qu´ils jugent appropriées pour la prévention et la répression des actes de génocide"[340] de que se tenha conhecimento.

> Pode-se afirmar que esta Convenção foi o primeiro tratado internacional de proteção dos direitos humanos aprovado no âmbito da ONU, datando sua adoção de 9 de dezembro de 1948. Tendo em vista as atrocidades perpetradas ao longo da Segunda Guerra Mundial, particularmente o genocídio que resultou na morte de seis milhões de judeus, a Convenção afirma ser o genocídio um crime que viola o Direito Internacional, o qual os Estados se comprometem a prevenir e punir.[341]

A Convenção Europeia de salvaguarda dos direitos do homem, de 4 de novembro de 1950, ratificada pela França em 1966, obriga os Estados signatários a reconhecer os direitos e liberdades a "tout individu, étranger ou national, qu´il soit ou non ressortissant de l´un des États signataires."[342] Os Estados

---

de validade dentro de sua órbita, mas um só universo jurídico, coordenado, regendo o conjunto das atividades sociais dos Estados, das Organizações Internacionais e dos indivíduos. Os compromissos exteriores assumidos pelo Estado, dessa forma, passam a ter aplicação imediata no ordenamento interno do país pactuante, o que reflete a sistemática da incorporação automática". MAZZUOLI, Valerio de Oliveira. *Curso de direito internacional público*. São Paulo: Revista dos Tribunais, 2011. p. 72-73.

(338) LOCHAK, Danièle. Les discriminations frappant les étrangers sont-elles licites? *Droit Social*, n. 1, jan. 1990. "Ela somente assim se torna se privar o estrangeiro do mínimo tratamento civilizado que o Estado é obrigado a conceder ou se ela for proibida por disposição contida em convenção internacional." (tradução livre)

(339) "Na intenção de destruir, no todo ou em parte, um grupo nacional, étnico, racial ou religioso" (tradução livre).

(340) Em tradução livre: "Apelar aos órgãos competentes da ONU para que eles tomem medidas, conforme a Carta das Nações Unidas, que julguem apropriadas para a prevenção e repressão de atos de genocídio".

(341) PIOVESAN, Flávia. *Op. cit.*, 2000. p. 282-283.

(342) "Todo indivíduo, nacional ou estrangeiro, seja ele ou não pertencente a um dos países signatários" (tradução livre).

não podem, nos termos dessa convenção, estabelecer, em princípio, discriminações que digam respeito a direitos fundamentais, exceto nos direitos políticos e no direito de permanecer no território nacional.

Há, ainda, a Convenção sobre a eliminação de todas as formas de discriminação racial, de 1965, adotada pela França em 1971, a qual institui um "comitê para eliminação da discriminação racial". Criou uma política de tolerância e não uma imposição de valores.

> A tolerância assim compreendida não exige uma postura de neutralidade em relação à ética, defendendo algo como um princípio de "indiferença à diferença". Ao invés disso, uma política de tolerância supõe a possibilidade de interpretação e troca entre diferentes. Entretanto, a validade moral dessa interação pressupõe que ela se realize em condições de igualdade não só formal, mas também material. Ou seja, é requisito do contato entre culturas que sejam construídas condições empíricas de igualdade que permitam que a interação transcultural se realize como troca, e não como imposição de valores.

O art. 5º da diretiva comunitária de 29 de junho de 2000, relativa à efetivação da igualdade de tratamento entre pessoas sem distinção de raça ou da origem étnica, por fim, é igualmente clara:

> Article 5
>
> Action positive
>
> Pour assurer la pleine égalité dans la pratique, le principe de l'égalité de traitement n'empêche pas un État membre de maintenir ou d'adopter des mesures spécifiques destinées à prévenir ou à compenser des désavantages liés à la race ou à l'origine ethnique.(343)

5.2.4. Proteção individual contra discriminação no Direito interno francês

Malgrado o direito Francês já tenha permitido a escravidão em suas colônias até 1848 ou ter perseguido os judeus do Regime de Vichy, desde a V República tem lutado para combater a discriminação racial de forma efetiva.

A Lei de 10 de janeiro de 1972 é uma peça bastante eficaz na repressão do racismo e da xenofobia e tem um objetivo triplo.

Em primeiro lugar, a lei de 1972 modificou a lei da imprensa de 29 de julho de 1881. Tal dispositivo pune a injúria e a difamação racista sem que seja necessário que se prove a intenção de incitar o ódio racial. Ademais, criou um

(343) Em tradução nossa: "Art. 5. Ação Positiva. Para garantir a plena igualdade na prática, o princípio da igualdade de tratamento não impede um Estado-membro de manter ou adotar medidas específicas para prevenir ou compensar desvantagens relacionadas com a raça ou com a origem étnica".

novo delito bastante vasto, cujo *nomen juris* é *Convocation à la Discrimination Raciale*. Esse novo crime não se restringe aos crimes cometidos em meio de imprensa, mas por todo meio de expressão, notadamente a palavra, gestos etc.

Os tribunais penais têm deveras aplicado esse dispositivo. Condenou-se, por exemplo, à multa um prefeito (*maire*) que afirmou publicamente que "l'holoucaust ce n'est rien à côté de ce que vous me faîtes subir"

> **Au tribunal de Béziers: Un maire, son adjoint et "l'Holocauste"**
>
> Dans son délibéré rendu le mardi 24 avril, le tribunal correctionnel de Béziers a condamné René Grolier, ancien maire de la petite commune de Jacou, dans la banlieue de Montpellier, à 6000 francs d'amende pour avoir lancé, lors du conseil municipal du 19 juillet 1988, à M. Clément Hassin, un de ses anciens colistiers de confession israélite dont une partie de la famille avait péri en déportation: "L'Holocauste, ce n'est rien à côté de ce que vous me faites subir."(344)

Condenou, também, a seis meses de prisão o editor da revista *Révision* por ter escrito e difundido textos nos quais se dizia que as câmaras de gás não foram senão uma propaganda judia.

> **Le responsable de la revue Révision en correctionnelle. Trois mois de prison ferme pour antisémitisme "obsessionnel"**
>
> "M. Alain Guionnet, trente-six ans, directeur de la publication de la revue Révision, a été condamné lundi 14 mai par la 17ème chambre correctionnelle de Paris à trois mois de prison pour avoir écrit et diffusé des textes antisémites sanctionnés par trois jugements distincts. Chacun de ces jugements le condamne à trois mois de prison mais le tribunal a ordonné la confusion de ces trois peines prononcées pour "provocation à la discrimination, à la haine ou à la violence raciales et diffamation raciale ". Dans le numéro de septembre 1989 du mensuel Révision M."(345)

---

(344) Le Monde-web, 26.4.1990. Em tradução livre: "*No Tribunal de Béziers Um prefeito, seu assistente e o 'Holocausto'* Na sua decisão prolatada terça-feira, 24 de abril, o Tribunal Penal de Beziers condenou René Grolier, ex-prefeito da pequena cidade de Jacou, nos arredores de Montpellier, em 6.000 francos de multa por dizer no conselho da cidade de 19 de julho de 1988, ao Sr. Clemente Hassin, um de seus ex-companheiros de crença judaica, cuja parte da família morreu no exílio: 'O Holocausto não é nada comparado ao que você me fez sofrer'".

(345) Le Monde-web, 16.5.1990. Em tradução livre: "*O responsável da Revista Révision e a pena de três meses de prisão fechada por antissemitismo 'obsessivo'*" Mr. Alain Guionnet, de trinta e seis anos, diretor da publicação da revista *Revision*, foi condenado, segunda-feira, 14 de maio, pela 17ª câmara correcional de Paris a três meses de prisão por ter escrito e distribuído textos antissemitas sancionados por três julgamentos distintos. Cada um desses julgamentos o condenou a três meses de prisão, mas o tribunal ordenou a junção dessas três penas aplicadas por 'incitação à discriminação, ao ódio ou à violência racial e à difamação racial'. Na edição mensal de setembro de 1989 da revista *M*".

Condenou, outrossim, Jean-Marie Le Pen, presidente do *Front National*, por ter sustentado que as câmaras de gás foram "um pont de déntail de l`histoire de La Deuxième Guerre Mondiale".

> **Ce " détail " qui n'a pas de prix**
>
> "La première chambre civile du tribunal de Nanterre, présidée par M. Germain Le Foyer de Costil, a rendu, mercredi 23 mai, un jugement condamnant M. Jean-Marie Le Pen à verser le franc symbolique de dommages et intérêts à six associations de déportés, à l'Association des fils et filles de déportés juifs de France, à l'Union des Tziganes et voyageurs de France, au Mouvement contre le racisme et pour l'amitié entre les peuples (MRAP) et à la Ligue internationale contre le racisme et l'antisémitisme (LICRA). Cette sanction de principe est destinée à réparer le préjudice créé par M."[346]

Em segundo lugar, a lei de 1972 criou os delitos de discriminação racial inseridos nos arts. 187-1 e 416 do Código Penal, posteriormente arts. 225-1 e 432-7 do Novo Código Penal.

O art. 225-1 pune toda pessoa que recusar um bem, um serviço ou contratação a qualquer pessoa por questão de sua raça.

> Constitue une discrimination toute distinction opérée entre les personnes physiques à raison de leur origine, de leur sexe, de leur situation de famille, de leur grossesse, de leur apparence physique, de leur patronyme, de leur état de santé, de leur handicap, de leurs caractéristiques génétiques, de leurs moeurs, de leur orientation sexuelle, de leur âge, de leurs opinions politiques, de leurs activités syndicales, de leur appartenance ou de leur non-appartenance, vraie ou supposée, à une ethnie, une nation, une race ou une religion déterminée. [...]
>
> Constitue également une discrimination toute distinction opérée entre les personnes morales à raison de l'origine, du sexe, de la situation de famille, de l'apparence physique, du patronyme, de l'état de santé, du handicap, des caractéristiques génétiques, des moeurs, de l'orientation sexuelle, de l'âge, des opinions politiques, des activités syndicales, de l'appartenance ou de la non-appartenance, vraie ou supposée, à une

---

(346) Le Monde-web, 25.5.1990. Em tradução livre: "*O detalhe que não tem preço.* O primeiro Tribunal Civil de Nanterre, presidido pelo Sr. Germain Le Foyer de Costil, prolatou, quarta-feira, 23 de maio, um julgamento condenando o Sr. Jean-Marie Le Pen a pagar um franco por danos para seis associações de deportados, para a Associação dos filhos e filhas de judeus deportados da França, para a União dos Ciganos e Viajantes da França, para o Movimento contra o Racismo e pela Amizade entre os Povos (MRAP) e para a Liga Internacional contra o Racismo e o Antissemitismo (LICRA). Esta sanção de princípio é destinada a reparar o dano criado por M".

ethnie, une nation, une race ou une religion déterminée des membres ou de certains membres de ces personnes morales.[347]

Já o art. 432-7 reprime toda recusa a um direito exarada por uma autoridade pública a uma pessoa em razão de sua raça.

> La discrimination définie à l'article 225-1, commise à l'égard d'une personne physique ou morale par une personne dépositaire de l'autorité publique ou chargée d'une mission de service public, dans l'exercice ou à l'occasion de l'exercice de ses fonctions ou de sa mission, est punie de cinq ans d'emprisonnement et de 75000 euros d'amende lorsqu'elle consiste:
>
> 1º A refuser le bénéfice d'un droit accordé par la loi;
>
> 2º A entraver l'exercice normal d'une activité économique quelconque.[348]

Portanto, os dois dispositivos punem a discriminação racial, sendo o primeiro sancionador das autoridades públicas e o segundo das pessoas privadas.

Por fim, a lei de 1972 permite ao presidente da República dissolver todas as associações ou grupos que provoquem a discriminação racial. Vários movimentos neonazistas já foram dissolvidos desse modo. Uma lei de 6 de dezembro de 1993, ainda nessa toada, modificada em 2006, é conhecida por lutar contra a violência racista dos *hoolingans* nos estádios. Esse dispositivo permite que o juiz penal ou o *préfet decrete* a interdição do estádio, além de permitir que o *premier ministre* dissolva a associação dos *hoolingans*.

Ainda mais importante que a lei de 1972, a lei de 30 de dezembro de 2004 criou a *Haute Autorité de Lutte contre les discriminations et pour légalité* (HALDE), à qual foi confiada a missão de lutar contra todas as discriminações ilegais, seja direta ou indireta, de qualquer natureza: racial, sexual, religiosa etc. Juridicamente, a HALDE é uma autoridade administrativa independente do poder político; portanto, os onze membros que a compõem são designados por personalidades diferentes do mundo político ou jurídico.

---

(347) "Uma discriminação compreende qualquer distinção entre pessoas físicas aplicada em razão de sua origem, sexo, estado civil, gravidez, aparência física, patronímico, estado de saúde, necessidades especiais, suas características genéticas, seus hábitos, orientação sexual, idade, as opiniões políticas, atividades sindicais, a adesão ou não adesão, verdadeira ou suposta a um grupo étnico, a uma nação, a uma raça ou a uma dada religião.
A discriminação também compreende qualquer distinção entre pessoas jurídicas aplicadas em razão da origem, do sexo, do estado civil, da aparência física, do patronímico, do estado de saúde, das necessidades especiais, das características genéticas, dos costumes, da orientação sexual, da idade, da opinião política, das atividades sindicais, da adesão ou não adesão, real ou suposta a um grupo étnico, nação, raça ou religião determinada dos membros ou de alguns membros dessas corporações." (tradução livre)

(348) "A discriminação definida pelo art. 225-1, cometida contra uma pessoa física ou jurídica, por uma pessoa que tenha autoridade pública ou seja encarregada de uma missão de serviço público, no exercício ou por ocasião do exercício de suas funções ou de sua missão, é punida com cinco anos de prisão e multa de 75.000 euros, quando: 1º recusar o benefício de um direito concedido por lei, 2º obstruir o exercício normal de qualquer atividade econômica." (tradução livre)

Dessa arte, toda pessoa que se sinta vítima de uma discriminação pode a ela recorrer. No final de sua investigação, a HALDE pode formular *récommendations* para remediar a discriminação que fora constatada e para impedir a sua nova ocorrência. Os casos de discriminação mais graves são encaminhados pela HALDE ao Ministério Público. Os três primeiros anos de funcionamento da HALDE confirmaram sua eficácia.(349)

5.2.5. As discriminações positivas no Direito francês

Como esposado alhures, as discriminações positivas são espécies do diferencialismo-corretor. Contudo, seu reconhecimento no cenário jurídico francês é refreado pelo protesto de parte da doutrina, haja vista a possível incompatibilidade do instituto com as bases da filosofia franco-publicista. Tal abalo será espeque do exame que doravante se perfaz.

5.2.5.1. A divergência doutrinária

O que se encontra ao se debruçar na inquirição acerca da presença das ações afirmativas no Direito francês é uma heterogeneidade imperiosa na posição dos autores.

Para uns, levando em conta a tradição universalista e individualista da integração francesa, as discriminações positivas não somente não existiriam, mas também não poderiam existir na França, pois haveria de alguma forma incompatibilidade entre os princípios do Direito Público francês e a lógica a partir da qual elas são formadas. Philippe Ardant, por exemplo, afirma que "les discriminations positives n'ont pas encore droit de cité en France"(350). Do mesmo entendimento comungam Véronique de Rudder, Christian Poiret e François Vourc'h.

> Il n'a [...] jamais été question, em France, [...] de mettre en place des dispositifs de 'discrimination positive'. Ce type de politique se caractérise par l'adoption de quotas préférentiels réservés à tel ou tel groupe minoritaire, ce qui suppose l'établissement préalable de statistiques de référence, et donc [...] de dénombrements ethniques ou 'raciaux' pour chaque domaine où il est censé s'appliquer.(351)

---

(349) LEBRETON, Gilles. *Nomos*, v. 28.2, 2008.

(350) ARDANT, P. L'égalité des personnes en droit public ou à la poursuite de l' insaisissable égalité réelle. *Publications de la Faculté de droit de Poitiers*: Paris, 1994. Disponível em: <http://epublications.unilim.fr>. Acesso em: 10 abr. 2012. "As discriminações positivas ainda não têm direitos civis na França" (tradução livre).

(351) RUDDER, V. de; POIRET, C.; VOURC'H, F. L'inegalité raciste. L'universalité républicaine à l'épreuve, Paris, *PUF*, 2001. Disponível em: <http://www.lab-urba.fr>. Acesso em: 10 abr. 2012. Em

Outros juristas, em revanche, asseveram que, não somente as discriminações positivas já existem na França, mas também estas seriam relativamente numerosas. Partilham desse juízo Mélin-Soucramanien,[352] Gwénaele Calvès,[353] Bernadette Renault,[354] François Stasse,[355] Franck David[356] e Anne-Marie Le Pourhiet.[357]

Essa discordância de posicionamentos se mostra muito em virtude de os autores não darem à discriminação positiva a mesma conceituação.

5.2.5.2. *Ausência de consenso na definição*

Os juristas franceses que se aventuram sobre o terreno da discriminação positiva até agora não formularam uma definição clara e unânime. Dentre os que reconhecem sua existência há aqueles que a conceituam de forma mais ampla, permitindo que ela englobe uma infinidade de realidades jurídicas. Assim, para Calvès, a discriminação positiva é uma "forme équitable de l'égalité" e um "instrument de lutte contre la discrimination."[358] Reúnem-se, então, na mesma noção de discriminação positiva a substituição de um "principe d'égalité compensatrice ou correctrice à une stricte égalité de traitement entre les ayants droit et entre les usagers et un traitement différencié et préférentiel qui vise à contrebalancer les effets de l'exclusion raciste ou sexiste".[359] Sua concepção de discriminação positiva é, portanto, ao mesmo tempo as ajudas sociais pontuais do Estado em favor das categorias das pessoas e pessoas desfavorecidas e também as ações de favor de grupos cujas pessoas não são escolhidas em razão de uma situação socioeconômica desfavorável, mais em função de características inatas e indeléveis.

Ferdinand Mélin-Soucramanien formulou uma definição do instituto próxima daquela exarada por Calvès. Segundo aquele, trata-se de "une

---

tradução livre: "Jamais existiu na França a questão da efetivação dos dispositivos de 'discriminação positiva'. Esse tipo de política caracteriza-se pela adoção de cotas preferenciais reservadas a este ou aquele grupo minoritário, que requer o estabelecimento prévio de estatística de base e, portanto, a contagem étnica ou 'racial' para cada área onde se pretende aplicar".

(352) MÉLIN-SOUCRAMANIEN, F. *Op. cit.*, 1997.

(353) CÀLVES, G. Les politiques de discrimination positive. *La documentation française*, n. 822, mai./juin 1999. Disponível em: <http://www.ladocumentationfrancaise.fr/>. Acesso em: 10 abr. 2012.

(354) RENAULT, B. Les discriminations positives. Plus ou moins d'égalité? *RTDH*, 1997. Disponível em: <http://epublications.unilim.fr>. Acesso em: 10 abr. 2012.

(355) STASSE, F. Égalité et discriminations positives: regards sur l'actualité. *La Documentation Française*, juin 1997. Disponível em: <http://www.ladocumentationfrancaise.fr/>. Acesso em: 10 abr. 2012.

(356) DAVID, F. La notion de discrimination positive en droit public français. *Thèsis pour doctorat. Université de Potiers*. Disponível em: <http://epublications.unilim.fr>. Acesso em: 10 abr. 2012.

(357) LE POURHIET, A-M. Discriminations positives ou injustices? *RFDA*. n. 3, 1998.

(358) CÀLVES, G. *Op. cit.*, 1999. Em tradução livre: "forma equitativa de igualdade" e um "instrumento de luta contra a discriminação".

(359) *Id. Ibid.* Em tradução livre: "Princípio da igualdade compensatória ou corretiva a uma estrita igualdade de tratamento entre os detentores e usuários e um tratamento diferenciado e preferencial que visa a contrabalancear os efeitos da exclusão racista ou sexista".

différenciation juridique de traitement, créée à titre temporaire, dont l'autorité normative affirme expressément qu'elle a pour but de favoriser une catégorie déterminée de personnes physiques ou morales au détriment d'une autre afin de compenser une inégalité de fait préexistante entre elles."(360) O franco-constitucionalista insiste no fato de que as medidas são instaladas dentro de uma lógica de igualdade de chances.

> Contrairement au cas américan [...] où ces distinctions visent essentiellement à favoriser des minorités raciales afin de permettre leur intégration sociale, en France, ces mesures ont surtout pour objectif d'établir une plus grande égalité dans le domaine de l'emploi et en matiére fiscale, non seulment entre les personnes en prenant en compte leur sexe, leur âge, ou l'existence d'un handicap, mais également entre les différentes composantes du territoire national.(361)

O autor defende, desse modo, uma "discriminação positiva à francesa" necessariamente diferente da *affirmative action*, na medida em que, em razão de o embasamento universalista do Direito Público francês não poder apreender grupos de pessoas (minorias); ademais, contrariamente ao federalismo norte-americano, o qual não visa "à établir une égalité de fait entre les différentes parties du territoire national puisqu'elles sont justement caractérisées par leur disparité",(362) o Direito Público gaulês teria por particularidade estabelecer as discriminações positivas em favor de alguns territórios.

François Stasse, por seu turno, distingue as discriminações positivas das discriminações justificadas. Estas últimas seriam

> toute les différences de traitement que la jurisprudence admet lorsqu'elles sont décidées pour un motif d'intérêt géneral — ce que la Déclararion de 1789 appelle 'l'utillité commune'. La discrimination justifiée est donc une notion plus large que celle de discriminarion positive utilisée récemment aux États-Unis : la discriminarion positive est une catégorie particulière de discriminarion justifiée, qui retient la réduction d'une inégalité comme motif d'intérêt général.(363)

---

(360) MÉLIN-SOUCRAMANIEN, F. *Op. cit.*, 1997. Em tradução nossa: "Um tratamento jurídico diferenciado, criado a título temporário, em que a autoridade normativa afirma expressamente que esta tem por objetivo favorecer uma categoria determinada de pessoas físicas ou jurídicas em detrimento de outras a fim de compensar uma desigualdade de fato previamente existente entre elas".

(361) *Id. Ibid.* "De forma contrária ao caso americano [...] onde tais distinções visam essencialmente a favorecer as minorias raciais a fim de permitir sua integração social, na França, essas medidas têm sobretudo por objetivo estabelecer uma maior igualdade em matéria de empregos e de tributos, não apenas entre as pessoas levando em conta seu sexo, sua idade ou a existência de uma incapacidade, mas também entre as diferentes partes do país." (tradução livre)

(362) *Id. Ibid.* "a estabelecer uma igualdade de fato entre as diferentes partes do território nacional que são caracterizadas precisamente por sua disparidade." (tradução livre)

(363) STASSE, F. *Op. cit.* Em nossa tradução: "As diferenças de tratamento que a jurisprudência tem admitido quando decididas por um motivo de interesse geral — o que a Declaração de 1789 chama de

Outros autores, ainda, como o professor Pelloux, assimilam discriminação positiva a discriminação ao reverso.

> Dans une période intermédiaire, n'est-il pas juste d'aider ceux qui se trouvent dans une situation inférieure pour leur permettre de s'intégrer peu à peu dans le système géneral? Ainsi naît l'idée d'établir une discrimination positive, qualifiée parfois de discrimination à rebours . Il s'agit de leur conférer certains avantages pour leur permettre d'accéder à des emplois de se présenter à certains concours, d'être admis à certains stages.(364)

Para Patrick Auvert, a discriminação positiva confundir-se-ia com a discriminação compensatória, que "à concevoir le principe de non-discrimination comme une dynamique qui prend en compte le contexte social ; leur finalité est [...] d'assurer au principe d'égalité sa force réelle c'est-a-dire rapprocher l'égalité de fait de l'égalité de droit."(365)

Anne-Marie Le Pourhiet, após sublinhar sobre "l'ambiguité conceptuelle majeure qui domine la question",(366) distingue diferenciação de discriminação.

> Une différenciation n'est [...] discriminatoire que si elle conduit à accorder aux uns des 'avantages' qu'elle refuse aux autres, c'est-à--dire que la discrimination suppose un système de vases communicants, qui sera d'autant plus visible dans un contexte de rareté (emplois, places, postes ou même simplement exonérations fiscales des uns se répercutant directement ou indirectement sur les autres contribuables.(367)

'utilidade comum'. A discriminação justificada é, portanto, uma noção mais abrangente que a de discriminação positiva recentemente utilizada nos Estados Unidos: a discriminação positiva é uma categoria particular de discriminação justificada, que mantém uma desigualdade como motivo de interesse geral".

(364) PELLOUX, R. Le nouveaux discours sur inégalité. *RDP*, 1982. Disponível em: <http://epublications.unilim.fr>. Acesso em: 10 abr. 2012. Traduzimos: "Em um período transitório, não seria justo ajudar aqueles que estão em posição inferior para lhes permitir integrar gradualmente ao sistema geral? Assim nasceu a ideia de discriminação positiva, às vezes chamada de discriminação ao reverso. Consiste em dar alguns benefícios que lhes permitam ter acesso a empregos, de participar de alguns concursos, ou alguns cursos".

(365) AUVERT, P. L'égalité des sexes dans la fonction publique. *RDP*, 1983. Disponível em: <http://epublications.unilim.fr>. Acesso em: 10 abr. 2012. Em tradução livre: "projetou o princípio de não discriminação como uma dinâmica que leva em conta o contexto social; sua finalidade é assegurar que o princípio da igualdade se mostre real, é dizer, aproximar a igualdade de fato da igualdade de direito".

(366) LE POURHIET, A-M. *Op. cit.*, 1998. "A grande ambiguidade conceitual que domina a questão." (tradução nossa)

(367) *Id. Ibid.* Em tradução livre: "Uma diferenciação é discriminatória quando leva a conceder a uns 'benefícios' que são recusados a outros, ou seja, a discriminação é supostamente um sistema comunicado de vasos, que será ainda mais visível em um contexto de escassez (empregos, lugares, posições ou mesmo exonerações fiscais repercutem direta ou indiretamente em outros contribuintes)".

Ela critica, outrossim, a legitimidade das discriminações positivas pela existência de discriminações no passado, na medida em que

> un individu contemporain donné n'a pu être victime de discrimination 'passe' puisque ce terme vise généralement des générations précédentes plus ou moins lointaines. Tout l'intérêt de l'appel au groupe et du recours à la catégorie est donc de permettre le rattachement de l'individu actuel à un être collectif, une sorte de personne morale ayant la propriété de traverser les âges.(368)

A definição mais restritiva de discriminação positiva é, por fim, propugnada por Bernadete Renault, segundo a qual

> pour identifier une discrimination positive, il faut que l'on soit en présence d'un groupe d'individus suffisamment défini, d'une discrimination structurelle dont les membres de ce groupe sont victimes, et enfin d'un plan établissant des objectifs et définissant des moyens à mettre en oeuvre visant à corriger la discrimination envisagée. Selon les cas, le plan est adopté, voire imposé par une autorité publique ou est le fruit d'une initiative privée.(369)

Para finalizar esse panorama e definições, reporta-se à firmada pelo Conselho de Estado de 1996 sobre o princípio de igualdade: "Régle visant expressément à favoriser une catégorie de population en raison même de son origine."(370)

5.2.5.3. *A escolha de uma definição restritiva*

Caso se considere que as discriminações positivas são a pura definição da *affirmative actions* norte-americanas, constata-se que seu número se reduz no ordenamento francês. Com efeito, a maior parte dos autores franceses que se interessaram em estudar as discriminações positivas não buscava saber se o Direito Público francês contemplava as genuínas *affirmative actions*; eles guardaram a obediência ao postulado que lhes dera a filosofia universalista do

---

(368) *Id. Ibid.* Traduziu-se: "Um indivíduo contemporâneo não poderia ser vítima de discriminação 'no passado' pois esse termo atinge geralmente as gerações anteriores, de maior ou menor distância temporal. O ponto central do chamamento ao grupo e de recorrer à categoria é, pois, o de permitir a ligação do indivíduo atual com um ser coletivo, uma espécie de pessoa jurídica que tem a propriedade de perpassar pelo tempo".

(369) RENAULT, B. *Op. cit.*, 1997. Em livre tradução: "para identificar uma discriminação positiva deve-se ter a presença de um grupo de indivíduos suficientemente definido, de uma discriminação estrutural de que os membros do grupo são vítimas, e, por fim, de um plano de estabelecer metas e definir formas de implementar e corrigir a discriminação contemplada. Conforme o caso, o plano é adotado ou imposto por uma autoridade pública ou é fruto de uma iniciativa privada".

(370) CONSEIL D'ÉTAT. *Op. cit.*, 1996. "Regulamentos especificamente concebidos para favorecer uma classe de pessoas por causa de sua origem." (tradução livre)

Direito Público francês, a qual não poderia compreender medidas exatamente iguais àquelas desenvolvidas nos Estados Unidos. Consideraram, portanto, a existência de "discriminações positivas à francesa", medidas inspiradas na *affirmative action*, mas em conformidade com os princípios fundantes do Direito Público gaulês.

Jacques Donzelot arvorou-se em elencar as diferenças entre as *affirmative actions* e as "discriminações positivas à francesa". Indispensável é a reprodução de seus pontos para o bom cotejo das formas de interpretar as medidas afirmativas.

> Les deux politiques diffèrent [...] aussi bien au niveau de leurs points d'application respectifs que de leurs ambitions. L'*affirmative action* définit ses destinataires à travers la race (les minorités ethniques), le genre (femmes, les autres minorités sexuelles). La discrimination positive à la française les vise à travers le territoire. L'*affirmative action* institue un traitement préférentiel pour ses publics par l'attribution de quotas à l'entrée de certaines professions ou des universités. La discrimination positive territoriale ne se donne que des obligations de moyens pour améliorer le fonctionnement de certains services, jamais directement les chances de tel ou tel public. [...] La discrimination positive territoriale vise à compenser les difficultés particulières que rencontrent les gens qui vivent dans ces cités, y exercent une fonction publique ou privée. Mais elle ne fait que cela, de la compensation.[371]

Desse modo, como já largamente frisado, diferentemente do que se observa em outros Estados europeus, no Brasil e nos Estados Unidos, as discriminações positivas, segundo sua concepção francesa, irrigada pelo universalismo implica a luta contra as discriminações raciais sofridas pelos indivíduos, mas outrossim a recusa de reconhecer direitos coletivos a grupos raciais. Desde 1789, a França se comprometeu em garantir a cada um o direito de uma cidadania igualitária independentemente de suas singularidades raciais ou culturais. Mas não admite o comunitarismo que, segundo o *Conseil Constitutionnel*, seria definido como "la reconnaissance de droits collectifs à des groupes définis par une communauté d´origine, de culture, de langue ou de croyance"[372]

---

(371) DONZELOT, J.; MEVEL, C. La réaction républicaine, *PLUS*, n. 56, 2001. Disponível em: <http://epublications.unilim.fr>. Acesso em: 10 abr. 2012. Em tradução livre, tem-se: "As duas políticas diferem [...] tanto em seus respectivos pontos de aplicação quanto em suas ambições. A *affirmative action* define seus destinatários através da raça (as minorias étnicas), do gênero (mulheres, outras minorias sexuais). A discriminação positiva à francesa existe em função do território. A *affirmative action* institui um tratamento preferencial para seus destinatários pela atribuição de cotas para o ingresso em determinadas profissões ou universidades. Na discriminação positiva territorial, concedem-se somente os meios para melhoramento de certos serviços, jamais diretamente se dá a chance a este ou aquele público. [...] A discriminação positiva territorial visa a compensar as dificuldades particulares das pessoas que vivem nessas cidades e exercem a função pública ou privada. Mas ela não faz a compensação".

(372) CC n. 412 DC du 15.6.1999. Charte européenne des langues régionales ou minoritaires. Em livre tradução: "o reconhecimento de direitos coletivos a grupos definidos por uma identidade de origem, de cultura, de língua ou de crença".

Isso significa, portanto, que a França não somente se recusa a conceder direitos às minorias étnicas como nem sequer lhes reconhece a existência sob seu território, é dizer, à política de diferenciação clamada pelo comunitarismo, o Estado francês preferiu manter-se fiel a seu modelo de integração.

Nessa toada, por exemplo, o *Conseil Constitutionnel* se opôs às tentativas propostas pelo parlamento de reconhecer "la communauté historique et culturelle vivante que constitue le peuple corse",(373) e de fazer obrigatório o ensino da língua de Córsega em determinadas escolas.(374)

Da mesma forma, julgou ser incompatível com a Constituição francesa um importante tratado do Conselho Europeu, a Carta europeia de línguas regionais de 5 de novembro de 1992, por acusá-lo de "porter atteinte aux principes constitutionnels d'indivisibilité de la République, d'égalité devant la loi et d'unicité du peuple français [...] en ce qu'elle confère des droits spécifiques à des *groupes* de locuteurs de langues régionales ou minoritaires, à l'intérieur de *territoires* dans lesquels ces langues sont pratiquées".(375)

Por fim, exerceu controle de constitucionalidade na Carta de direitos fundamentais da União Europeia de 7 de setembro de 2000, contrapondo que a interpretação de tal instrumento normativo deve respeitar os "articles 1er à 3 de la Constitution qui s'opposent à ce que soient reconnus des droits collectifs à quelque groupe que ce soit, défini par une communauté d'origine, de culture, de langue ou de croyance"(376)

> "Cette résistance acharnée peut surprendre, mais il faut reconnaître qu'elle jouit du soutien de la majorité de la population française. Le rejet par le peuple français du projet de Constitution européenne, lors du référendum du 29 mai 2005, s'explique ainsi essentiellement par la crainte de devoir renoncer à un modèle de société hérité de 1789. En 2003, les Corses, les Guadeloupéens et les Martiniquais ont également rejeté, lors de trois référendums distincts, les statuts d'autonomie renforcée qu'on leur proposait, manifestant ainsi leur attachement au modèle national. Enfin une enquête officielle a révélé en 2005, à la surprise du gouvernement qui l'avait commandée, que

---

(373) CC n. 290 DC du 9.5.1991. Statut de la Corse. "A comunidade histórica e cultural viva que constitui o povo corso." (tradução livre)

(374) CC n. 290 DC du 9.5.1991. Statut de la Corse.

(375) CC n. 412 DC du 15.6.1999. Charte européenne des langues régionales ou minoritaires. "Minar os princípios constitucionais da indivisibilidade da República, da igualdade perante a lei e da singularidade do povo francês, [...] na medida em que concede direitos específicos para grupos falantes de línguas regionais e minoritárias nesses territórios." (tradução livre)

(376) CC n. 505 DC du 19.11.2004. Traité établissant une Constitution pour l'Europe. "arts. 1º a 3º da Constituição, que se opõem a que sejam reconhecidos direitos coletivos a qualquer grupo que seja definido por uma comunidade de origem de cultura, de língua ou de credo." (tradução livre)

les jeunes Français issus de l'immigration préfèrent les "valeurs universalistes" du service public ("égalité, neutralité, compétence"), à une "représentation ethnique de la fonction publique" qui serait douloureusement ressentie comme "une forme d'assignation identitaire""[(377)]

5.2.5.4. *As discriminações positivas "à la française" em concreto*

Afinal, as conhecidas por discriminações positivas existem ou não no Direito Público francês?

Como já deslizado neste debruço, as *affirmative actions* norte-americanas foram adaptadas para que se alocassem no encache do princípio universalista republicano, restringindo sua aplicação, especialmente na seara da proteção às minorias, uma vez que tal postulado, construtor do Direito Público francês, nega-lhes reconhecimento.

Contudo, há medidas já efetivas na prática sociojurídica do hexágono europeu, as quais são classificadas pela maioria da doutrina como as discriminações positivas *à la française*. Tais medidas é que preencherão este tópico.

Serão aqui analisados quatro tipos de medidas, os quais guardam correspondência com a noção de ação afirmativa à francesa, a saber: a) reserva de empregos; b) o recente dispositivo que reserva vagas ao acesso ao Instituto de Estudos Políticos de Paris para alunos escolarizados nas Zonas de Escolaridade Prioritária(ZEP); c) discriminação positiva na função pública francesa; e, por fim, d) discriminações positivas na política, reservando maior atenção àquelas que estão com maior tensão imbricadas à questão racial, feixe para o qual aflui este debruço.[(378)]

---

(377) LEBRETON, G. 2008. Em tradução livre: "Esta resistência feroz pode surpreender, mas devemos reconhecer que ela tem o apoio da maioria da população francesa. A rejeição pelo povo francês da proposta de Constituição Europeia no referendo de 29 de maio de 2005 e é explicada principalmente pelo temor de abrir mão de um modelo de sociedade herdado de 1789. Em 2003, os corsos, os guadalupenses e os martiniquenses também rejeitaram em três referendos separados os estatutos de autonomia reforçada que lhes eram propostos, demonstrando seu apego ao modelo nacional. Finalmente uma enquete oficial revelou em 2005, para a surpresa do governo que a havia encomendado, que os jovens franceses oriundos da imigração preferem os "valores universais" do serviço público ('a igualdade, a neutralidade e a competência') a uma "representação étnica do serviço público" que seria dolorosamente sentida como 'uma forma de assignação identitária'".

(378) Vale salientar que, dentre os jurisconsultos franceses que admitem a existência da discriminação positiva sob o solo do Direito Público nacional, há descenso no reconhecimento de todos os casos que serão aqui elencados como, de fato, medidas de discriminação positiva, sendo muitos destes assim identificados apenas pelos autores que entendem o conceito do instituto de forma mais ampla. Bui-Xuan, por exemplo, entende serem discriminação positiva apenas os casos relacionados com a função pública ou com a política francesa, sendo os demais apenas outras facetas do diferencialismo-corretor:

As leis de 26 de abril de 1926, de 26 de outubro de 1946, os decretos de 5 de agosto de 1953 e de 7 de agosto de 1985 reúnem regras que destinam aos veteranos dos combates militares de guerras um tratamento privilegiado para ascender a alguns empregos públicos (essencialmente de categorias C e D).[379]

Outra medida similar é o conjunto de ajuda aos jovens de bairros desfavorecidos para ingressarem no mercado de trabalho (*emplois-jeunes*): o Decreto n. 2002-400 de 25 de março de 2000 prevê que as empresas que contratarem empregados jovens residentes em bairros desfavorecidos podem se beneficiar de reduções da carga tributária. Ainda nessa espeque, a medida inserida na convenção assinada em 6 de setembro de 2001 entre EDF-GDF e o Estado fixou a duas empresas o objetivo de recrutar, durante a duração estabelecida pela convenção, no mínimo, 10% de jovens provenientes dos *quartiers prioritaires* para compor seus quadros de empregados.[380]

A implementação de medidas afirmativas tem-se efetivado, também, no campo da educação, desde 1º de julho de 1981, quando o então ministro da Educação Nacional *Alain Savary* criou as chamadas *Zones d'Éducation Prioritaire* (ZEPs).

Tal medida permite às escolas situadas em zonas desfavorecidas de se beneficiarem de vantagens peculiares. A dimensão de discriminação étnica se mostra, uma vez que um dos principais critérios para a fixação das ZEPs foi a quantidade de crianças estrangeiras nas localidades. É dizer, o financiamento adicional do Estado se tornou disponível para escolas com altas concentrações de alunos filhos de imigrantes. Tem-se, portanto, um elemento étnico incluído no critério pelo qual escolas são designadas pelo *status* ZEP, uma vez que altas concentrações de grupos minoritários são estatisticamente consideradas.[381]

> Cette "action éducative préférentielle" se traduit principalement par les mesures suivantes: un encadrement renforcé grâce à plus d'aides-éducateurs et/ou de surveillants, une dotation horaire plus importante afin de réduire les effectifs dans les classes — dans les faits, il faut bien constater que la baisse est peu significative —, et des avantages

---

"des actions, à première vue très proche des discriminations positives, ne répondent donc pas aux éléments de définition [...] d'autres mesures remplissent, en revanche, tous les critère de la discrimination positive, en particulier dans le domaine de la fonction publique et dans le domaine politique". *Op. cit.*, 2004. Em tradução livre: "essas ações, à primeira vista bem próximas das discriminações positivas, não contêm os elementos de sua definição [...] as outras medidas, por sua vez, preenchem todos os critérios da discriminação positiva, em particular no que tange à função pública e à política". Contudo, não nos custa mencionar ligeiramente tais casos, que são, sim, rotulados por grande parte da doutrina como medidas de discriminação positiva.

(379) *Id. Ibid.*

(380) *Id. Ibid.*

(381) BILEK, Arnaud. Discrimination positive et inegalités: une analyse politico-économique du système des ZEP en France. *Laboaratiore d'Economie Publique* (LAEP). Paris 1, set. 2004.

de carrière et financiers pour les personnels (comme les professeurs qui perçoivent une indemnité spécifique de 1100 euros par an).[382]

Em 26 de fevereiro de 2001, o Instituto de Estudos Políticos de Paris (IEP) passou a adotar disposição que instituiu nova forma de recrutamento destinada a estudantes provenientes das ZEPs, a qual se daria sem a realização de concurso, com o objetivo de diversificação social dos alunos dentro do estabelecimento acadêmico.[383]

Essa iniciativa gerou grande polêmica: a UNI, sindicato dos estudantes, impugnou tal medida perante o Tribunal Administrativo de Paris, requerendo a imediata suspensão do que fora decidido na convenção universitária. O tribunal negou em absoluto o pleito da UNI e, posteriormente, o Conselho Constitucional declarou a constitucionalidade do ato convencionado pelo IEP, em 11 de julho de 2001, com fundamento no preâmbulo da Constituição de 1946.[384]

As discriminações positivas que foram fixadas no seio da função pública francesa foram em geral fundadas na origem, a exemplo do caso dos cidadãos franceses mulçumanos da Argélia. Estas foram adotadas antes mesmo da década de oitenta, não fazendo parte, desse modo, do fenômeno da penetração da lógica diferencialista no Direito Público francês.[385]

Consistiam em medidas destinadas a um grupo que fora vítima, num passado de maior ou menor distância, de discriminações a respeito de sua origem ou de sua religião. Assim, o Poder Público instalou discriminações positivas a seu favor: pelo só fato de pertencer a um grupo (franceses mulçumanos da Argélia), toda pessoa teria direito a um tratamento privilegiado em matéria de acesso às funções públicas. Visando a concretizar resultados (a integração efetiva na função pública local e no Estado de franceses mulçumanos na Argélia), tais medidas tomaram a forma de cotas, de vias de acesso *ad hoc* à função pública.

---

(382) *Id. Ibid.* Em tradução livre: "Esta 'ação educativa preferencial' traduz-se principalmente pelas seguintes medidas: um enquadramento reforçado com mais ajuda aos educadores e/ou supervisores, uma carga horária mais significante para reduzir o número de alunos nas turmas — de fato, deve-se notar que a diminuição é pouco significativa — e vantagens de carreira e benefícios financeiros para o pessoal (como os professores que recebem um subsídio específico de 1.100 euros por ano)".

(383) Ver: PROUX, Michelle. Zones d´éducations prioritaires: un changement social en éducation. *Revue Française de Pédagogie*, n. 83. 1988. ROCHEX, Jean-Yves. Les Zones d´Éducation prioritaires depuis 1981. *Société française*, n. 29, dez. 1988.

(384) "Est loisible au legislateur [...] de permettre la diversification de l'accès des éleves du second degré aux formations dispensées par l'IEP." CC. Décision n. 2001-450 DC du 11 julliet 2001. "É facultado ao legislador [...] permitir a diversificação de acesso dos alunos de segundo grau em formação pelo IEP." (tradução livre)

(385) Les discriminations positives en faveur des citoyens français musulmans d'Algérie sont les seules mesures d'un différencialisme correcteur adoptées avant les années quatre-vingt. BUI-XUAN. *Op. cit.*, 2004. Em nossa tradução: "As discriminações positivas em favor dos cidadãos franceses muçulmanos da Argélia foram as únicas medidas de diferencialismo-corretor adotadas antes da década de oitenta".

Essas leis foram examinadas pelo Conselho Constitucional à época e foram surpreendentemente declaradas conforme a Constituição.

> Le Conseil Constitutionnel n'a pas censuré ces dispositions inégalitaires car, se contentant d'un examen formel du texte, il a estimé que ces lois organiques, adoptées dans le 'même esprit' que l'ordennement organique du 22 décembre 1958 devaient béneficier de la même 'présomption irréfutable de conformité[(386)]

Ainda quanto ao fito de atenuar a discriminação por meio do acesso a empregos públicos, a *Életricité de France* (EDF) firmou acordo com o Estado desde 2001 no sentido de reservar 10% das vagas de seus empregados a jovens de origem estrangeira.[(387)]

No intento de corrigir as discriminações fundadas em uma incapacidade, ou seja, em favor do grupo dos incapazes, entendidos estes como os que "ont en commun une infirmité durable, laquelle fait partie integrante de leur identité,"[(388)] foram aprovadas a lei de 23 de novembro de 1957, bem assim a lei de 10 de julho de 1987.

A primeira criou o benefício dos empregos reservados (*emplois réservés*), que criou um sistema para facilitar o acesso ao mercado de trabalho dos incapazes, que funcionava desta forma: "pour béneficier d'un emploi réservé, la personne handicapée doit passer un examen; en cas d'obtention de la moyenne, le candidat est classé sur une liste d'attente: les nominations s'effectuent en suit au fur et à mesure des vacances de poste".[(389)]

A outra lei fixava uma obrigação a todos os empregadores privados e públicos com mais de vinte empregados de contar com, no mínimo, 6% de trabalhadores incapazes no seio de suas empresas.[(390)]

Por fim, a medida de discriminação positiva mais célebre na França foi a que intentava gerar uma igualdade política entre homens e mulheres: uma lei de 6 de junho de 2000 impôs a paridade homem-mulher nas candidaturas para eleições municipais de comunas com mais de 3.500 habitantes. Graças a essa medida, atualmente, de forma efetiva, tem-se quase o mesmo número de mulheres e de homens ocupando cargos de responsabilidade política.[(391)]

---

(386) MÉLIN-SOUCRAMANIEN, F. *Op. cit.*, 1997. Em tradução livre: "O Conselho Constitucional não censurou essas disposições de desigualdade, pois resignou-se à análise formal do texto, estimando que essas leis orgânicas, adotadas com 'o mesmo espírito' que a ordem orgânica de 22 de dezembro de 1958, deveriam beneficiar-se da mesma 'presunção irrefutável de conformidade'".

(387) LEBRETON, G. 2008.

(388) BUI-XUAN. *Op. cit.*, 1994. Tradução: "têm em comum uma enfermidade duradoura, a qual é uma parte integrante de sua identidade".

(389) *Id. Ibid.*Traduz-se: "Para se beneficiar de um emprego reservado, a pessoa incapaz deve passar por um teste; em caso de obtenção da média, o candidato é classificado em uma lista de espera: as nomeações se efetuarão na medida em que os postos vierem a ficar vagos".

(390) *Id. Ibid.*

(391) AUVERT, P. *Op. cit.*

REFLEXÕES CONCLUSIVAS

Em ânimo de *coda*, registra-se que, dados os compassos complexos das composições envolvendo as ações afirmativas, dificilmente se pode chegar a uma entoação harmoniosa; no entanto, afinam-se algumas notas do que aqui fora orquestrado, as quais ora merecem reprodução.

As ações afirmativas *ab initio* estão em consonância com a Teoria da Justiça de Rawls, uma vez que procuram corrigir uma desigualdade *a priori*. De fato, no contrato ralwseano, almeja-se formar uma sociedade justa desde seu prelúdio, formulando-se o contrato encoberto pelo véu da ignorância, o qual impede as partes de conhecer, ao certo, que papéis ocuparão na sociedade vindoura. Pautar-se-ão os indivíduos, nos dizeres do filósofo, no princípio da igualdade, que garante que todos tenham oportunidades iguais inicialmente; e no princípio da diferença, que permite que cada um, dependendo dos próprios méritos, possa ascender socialmente, obviamente, sem gerar grandes desigualdades sociais. O timbre das ações afirmativas é exatamente o de promover uma desigualdade para corrigir uma outra advinda anteriormente. Assim, assegura-se um equilíbrio apoiado na ideia da garantia de igualdade de oportunidades, exatamente como solfeja a *Theory of Justice*.

Riscada a trajetória do negro no Brasil, constata-se que desde o *iter* que percorreram para chegarem ao solo brasileiro até a forma como aqui foram enquadrados estavam eivados de violência, da opressão e do desrespeito a sua dignidade. Noutra banda, eram a percussão que garantiu a plena vibração de todos os ciclos de produção da colônia e do Império. Com a abolição, os negros foram arremessados das senzalas para as periferias das cidades, vivendo na pobreza e na marginalização. A dualidade de tratamento diante da lei estende-se ao sistema de clientelismo e ao colonato, que substituiu a escravidão. Ou seja, as liberdades e os direitos individuais constitucionalmente outorgados não são garantidos na prática social; as manifestações de discriminação e de desigualdade de tratamento continuam sendo a clave das relações sociais.

No pós-abolição, teorias de racismo "científico" ressoavam nos debates acadêmicos, deixando ecoar a ideia de "branqueamento" da população brasileira como tentativa patrocinada pelo Estado de "refinar" a composição da população do Brasil, fazendo que os negros e mestiços fossem paulatinamente desaparecendo do horizonte demográfico brasileiro mediante sucessivos cruzamentos interétnicos. Tal concepção somente foi cambiar-se com os escritos de Freyre, os quais descrevem a formação do Brasil de maneira romântica, e adicionam o negro na composição étnica do brasileiro.

Contudo, os arpejos freyreanos reverberaram a noção de que o Brasil viveria em uma "democracia racial", o que, de certa forma, serviu para mascarar o racismo de fato existente no país. A realidade e as estatísticas, de fato, apontam para um Brasil bem desigual racialmente. Alcançam os postos mais altos das coletas de dados quantitativos os negros no que diz respeito à pobreza extrema, à falta de escolaridade, ao desemprego etc.

Noutro tanto, na França, a questão da discriminação é politizada, sendo inclusive aspecto decisivo nas disputas eleitorais dos últimos anos. Realmente, a despeito do que ocorre no Brasil, onde o certame racial se restringe aos recintos acadêmicos, ali, o debate acerca dos imigrantes tem proporções bastante populares.

Com os déficits populacionais ocasionados pelas guerras do século XX, a França foi obrigada a incentivar a vinda de mão de obra estrangeira. Posteriormente, com a independência das colônias francesas do norte da África, notadamente a Argélia, os magrebinos passaram a ocupar com mais frequência o território francês.

Com as crises econômicas do século XXI, acirraram as disputas por emprego no mercado de trabalho francês, o que tem incitado ainda mais o sentimento xenofóbico dos franceses. Ademais, pelo fato de a religião muçulmana ser relacionada com costumes bem distintos dos locais cria-se uma ojeriza ao islamismo. Esse processo é chamado pelos sociólogos de neorracismo, uma vez que não mais se trata de um sentimento de superioridade de uma raça em relação a outras, como dantes, mas sim da crença de que determinados costumes são melhores que outros.

Essa conjuntura leva os descendentes de imigrantes a vozearem o mesmo refrão dos afrodescendentes brasileiros, a saber, são obrigados a morar nas periferias, onde não há boas escolas, ou, muita vez, sequer existem condições dignas de vida; ademais, situam-se no topo dos índices de desempregados, e, quando não, ocupam empregos volúveis e mal pagos.

Pugna-se, por derradeiro, a análise das ações afirmativas efetivadas em ambos os países. No Brasil, ainda há relativa celeuma doutrinária no reconhecimento da compatibilidade das ações afirmativas com o ordenamento nacional. Contudo, os rumores contrários à harmonização do instituto tombaram silenciados empós o julgamento com efeitos vinculantes da ADPF 186, no qual o Pretório Máximo, em uníssono, não só reconheceu a existência no ordenamento jurídico nacional de medidas afirmativas, amparadas pela Constituição, mas que a reserva de vagas ou o estabelecimento de cotas em Universidades para grupos minoritários, como negros, não seriam estranhos à *suprema lex*, e que as políticas de ação afirmativa não configurariam meras concessões do Estado, mas deveres extraídos dos princípios constitucionais.

Na França, a hesitação a respeito das discriminações positivas reside no princípio do universalismo republicano, base do Direito Público francês, o qual, gerido da ânsia dos revolucionários por criar uma nação una e igualitária, não reconhece a existência de grupos minoritários, e entende que a Administração Pública francesa deve tratar todos os cidadãos de forma igualitária.

Como se viu, nos últimos anos, tem ocorrido um fenômeno de mutação no Direito Público francês, que tem introduzido elementos de uma teoria diferencialista no ordenamento jurídico gaulês, acrescidos, contudo, de alguns bemóis. O diferencialismo-compensatório, já efetivamente incorporado na realidade jurídica do País, almeja a redução da fragmentação social, a redução das desigualdades socioeconômicas. Por isso, a diferença legislativa ou administrativa de tratamento que intenta atingir esse fim é justificável e legítima. O diferencialismo-corretor, por seu turno, tem por alvo a redução das discriminações dirigidas a determinados cidadãos. Essa vertente do diferencialismo, em sua órbita moderada, fita a dar as mesmas chances a todos, combatendo a discriminação e reparando danos eventualmente surgidos. O alvoroço doutrinário se espraira quanto à aplicação da modalidade total do diferencialismo-corretor, na qual repousam as discriminações positivas, a qual tem por telo oferecer à pessoa discriminada o lugar que ela teria alcançado na sociedade se ela jamais tivesse sofrido qualquer discriminação.

A dificuldade de reconhecimento do regime está imbricada com a *fermata* diafônica de sua definição pela doutrina francesa, é dizer, há estorvos na adaptação do que se vê efetivar no seu país-berço, Estados Unidos, com o Direito Público francês.

Ademais, as outras expressões do diferencialismo, a saber, o diferencialismo--adaptador e o diferencialismo-reconhecedor, são ainda são rechaçados de forma majorada pelos juristas do hexágono, por serem, segundo eles, totalmente incompatíveis com a lógica alicerçante do Direito Público francês: o universalismo republicano. Tais tons do diferencialismo são aqueles que acentuam o reconhecimento de grupos minoritários na França.

Desse modo, malgrado não se reconheçam minorias étnicas, como é o caso dos imigrantes árabes muçulmanos e de seus descendentes, valsam várias medidas de discriminação positiva no solo francês no que pertine ao plano individual, o que se convencionou chamar de discriminação positiva à francesa, notadamente no espeque da facilitação de acesso a empregos públicos, a universidades, a escolas, a empregos privados, bem como no âmbito da política.

REFERÊNCIAS BIBLIOGRÁFICAS

ABREU, Sérgio. *Os caminhos da tolerância*: o afro-brasileiro e o princípio da igualdade e da isonomia no direito constitucional. Rio de Janeiro: Lumen Juris, 1999.

ALMEIDA, Guilherme Assis de. *Curso de filosofia do direito*. 9. ed. São Paulo: Atlas, 2011.

ARANALDE, Michel Maya. Reflexões sobre os sistemas categoriais de Aristóteles, Kant e Ranganthan. *Revista Ciência da Informação*, Brasília, v. 38, n. 1, jan. 2009.

ARDANT, P. L'égalité des personnes en droit public ou à la poursuite de l'insaisissable égalité réelle. *Publications de la Faculté de droit de Poitiers*: Paris, 1994. Disponível em: <http:/ /epublications.unilim.fr>. Acesso em: 10 abr. 2012.

ARISTÓTELES. *Ética a Nicômaco*. São Paulo: Nova Cultural, 1991.

________. *A política*. São Paulo: Escola, 2003.

ATTAL-GALY, Y. Droits de l'homme et catégoties de personnes. *Thèse pour le doctorat en droit, Université de sciences sociales de Toulouse* I, 2002, p. 12. Disponível em: <http:// epublications.unilim.fr>. Acesso em: 10 abr. 2012.

AUVERT, P. L'égalité des sexes dans la fonction publique. *RDP*, 1983.

BALIBAR, Étienne. *Is there a 'neo-racism'?* Trans. Chris Turner. Race, Nation, Class: Ambiguous Identities. Eds. Étienne Balibar and Immanuel Wallerstein. London: Verso, 1991.

________. *Racism and nationalism*. Trans. Chris Turner. Race, Nation, Class: Ambiguous Identities. Eds. Étienne Balibar and Immanuel Wallerstein. London: Verso, 1991.

BARBUJANI, Guido. *A invenção das raças*. São Paulo: Contexto, 2002.

BARROSO, Luís Roberto. *Curso de direito constitucional contemporâneo:* os conceitos fundamentais e a construção de um novo modelo. 2. ed. São Paulo: Saraiva, 2010.

BASTOS, Celso Ribeiro. *Curso de direito constitucional*. 22. ed. São Paulo: Saraiva, 2001.

BÉNABOU, Roland; PROST, Corinne. Zones d´éducation prioritaire: quels moyens pour quels résultats. *Révue Économie et Statistique* n. 380, 2004.

BENTO, Maria Aparecida Silva. Branqueamento e branquetude no Brasil. In: VIEIRA JÚNIOR, Ronaldo Jorge Araújo, 2011.

BERTOSSI, Christophe. *Les Musulmans, la France, l'Europe* : contre quelques faux-semblants en matière d'intégration. Paris: Türkan Karakurt (FES) et Christophe Bertossi (Ifri), 2007.

________. *Dilemme de la citoyenneté Intégration / anti-discrimination em Europe*: le cas français. CENTRE D'ETUDES DE L'ETHNICITE ET DES MIGRATIONS. Rencontre du CEDEM, 18 avril 2002. Disponível em: <http://jda.revues.org/>. Acesso em: 17 set. 2011.

BETHELL, Leslie. *A abolição do tráfico de escravos no Brasil, 1807-1869*. Rio de Janeiro: Expressão Cultural, 1976.

BIBB, Robert. Constructions et mutations de l'antiracisme en France. *Journal des anthropologues*, 94-95, 2003. Disponível em: <http://jda.revues.org/1999>. Acesso em 17 set. 2011.

BILEK, Arnaud. Discrimination positive et inegalités: une analyse politico-économique du système des ZEP en France. *Laboaratiore d'Economie Publique* (LAEP), Paris 1, set. 2004.

BITTAR, Eduardo C. B. *Curso de ética jurídica*. 8. ed. São Paulo: Saraiva, 2011.

BITTAR, Eduardo C. B.; ALMEIDA, Guilherme Assis de. *Curso de filosofia do direito*. 9. ed. São Paulo: Atlas, 2011.

BLANC, Louis. *Histoire de la révolution française*. Paris: Libraire Internationale A. Lacroix, Verboeckhoven éditeurs.

BOBBIO, Norberto; MATTEUCCI, Nicola; PASQUINO, Gianfranco. *Dicionário de política*. 12. ed. Brasília: EdUnb, 2002.

BODY-GENDROT, Sophie. Les immigrants dans la vie politique aux Etats-Unis et en France. *Revue européenne de migrations internationales*, v. 4, n. 3. p. 7-22.

BODY-GENDROT, Sophie; DE RUDDER, Véronique. Les relations interculturelles dans la ville: entre fictions et mutations. *Revue européenne de migrations internationales*, v. 14, n. 1. La ville destabilisée ? Faits et représentations. p. 7-23.

BONAVIDES, Paulo. *Do Estado liberal ao Estado social*. 9. ed. São Paulo: Malheiros, 2009.

________. *Curso de direito constitucional*. 25. ed. São Paulo: Malheiros, 2010.

BRANDÃO, Adelino. *Direito racial brasileiro*. São Paulo: Juarez de Oliveira, 2002.

BRASIL. Supremo Tribunal Federal. *Ação de Descumprimento de Preceito Fundamental 186*. Disponível em: <www.stf.jus.br>. Acesso em: 10 abr. 2012.

________. *Agravo de Instrumento 547.555*. Disponível em: <www.stf.jus.br>. Acesso em: 10 abr. 2012.

________. *Decisão Monocrática Final da Ação Direta de Inconstitucionalidade 2858-8*. Disponível em: <www.stf.jus.br>. Acesso em: 10 abr. 2012.

________. *Manifestação da Procuradora-Geral da República na Ação de Descumprimento de Preceito Fundamental 186*. Disponível em: <www.stf.jus.br>. Acesso em: 10 abr. 2012.

________. *Petição Inicial da Ação Direta de Inconstitucionalidade 2858-8*. Disponível em: <www.stf.jus.br>. Acesso em: 10 abr. 2012.

________. *Voto do Relator, Ministro Ricardo Lewandowski, da Ação de Descumprimento de Preceito Fundamental 186*. Disponível em: <www.stf.jus.br>. Acesso em: 10 abr. 2012.

BRASIL. Tribunal Federal da 4ª Região. *Suspensão de Execução de Liminar n. 2004.04.01.05675--8.PR*. Disponível em: <trf4.gov.br>. Acesso em: 10 abr. 2012.

BRESOLIN, Kleberson. Gadamer e a reabilitação dos preconceitos. *Revista Intuito*, Porto Alegre, n. 1, 2008.

BRUBACKER, William Rogers. Immigration, citizenship, and the nation-state France and Germany: a comparative historical analysis. *International Sociology*, v. 5, n. 4, dez. 1990.

BUI-XUAN, Olivia. *Le droit public français entre l'universalisme et le différencialisme*. Paris: Economica, 2004.

CÀLVES, G. Les politiques de discrimination positive. *La documentation française*, n. 822, mai./juin, 1999. Disponível em: <http://www.ladocumentationfrancaise.fr/>. Acesso em: 10 abr. 2012.

CAMINO, L.; PEREIRA, C. O papel da Psicologia na construção dos Direitos Humanos: análise das teorias e práticas psicológicas na discriminação ao homossexualismo. *Revista Perfil*, 2002.

CARCASSONNE, G. La Constituition, introduite et commentée. Seuil: Paris, 1996. In: BUI-XUAN, Olivia. *Le droit public français entre l'universalisme et le différencialisme*. Paris: Economica, 2004.

CARRIN, Guy J. Rousseau's "social contract": contracting ahead of its time? *Bull World Health Organ*, v. 84, n. 11, Genebra, nov. 2006.

CASTRO, Carlos Roberto de Siqueira. *Constituição aberta e os direitos fundamentais*. Rio de Janeiro: Forense, 2003.

CATHERINE, Haguenau-Moizard. La lutte contre le racisme par le droit en France et au Royaume-Uni. *Revue internationale de droit comparé*, v. 51, n. 2, abr./jun. 1999.

CESAR, Raquel Coelho Lenz. Ações Afirmativas: e agora doutor? *SBPC: Instituto Ciência Hoje*, n. 195, p. 26-32, v. 33, jul. 2003.

CESARI, Jocelyne. De l'immigré au minoritaire: les Maghrébins de France. *Revue européenne de migrations internationales*, v. 10, n. 1. Mobilisations des migrants en Europe — Du national au transversal. p. 109-126.

CHAUÍ, Marilena. *Introdução à história da filosofia*. São Paulo: Brasiliense, 1995.

CORREIA, Margarita. A Discriminação racial nos dicionários de língua: tópicos para discussão, a partir de dicionários portugueses contemporâneos. *Alfa: revista de linguística*, a. 2006 , v. 50 , n. 2 .

COSTA, Jean-Paul. La perception par le Conseil d'Etat du concept de race. *Mots*, n. 33. p. 339-342, décembre 1992.

DALLARI, Dalmo de Abreu. *Elementos de teoria geral do Estado*. 27. ed. São Paulo: Saraiva, 2007.

DAVID, F. La notion de discrimination positive en droit public français. *Thèsis pour doctorat. Université de Potiers*. Disponível em: <http://epublications.unilim.fr>. Acesso em: 10 abr. 2012.

DERDERIAN, Richard L. *North africans in contemporary France: becoming visible*. New York: Palgrave MacMillan, 2004.

DONZELOT, J.; MEVEL, C. La réaction républicaine, *PLUS*, n. 56, 2001. Disponível em: <http://epublications.unilim.fr>. Acesso em: 10 abr. 2012.

DUARTE, Rodrigo. Fundamentos filosóficos da discriminação e sua aplicação ao caso brasileiro. *Boletim do Instituto de Saude: BIS*, a. 2008 , n. 44.

ENGELS, F. *A origem da família, da propriedade privada e do Estado*. São Paulo: Global, 1984.

FALCÃO, Raimundo Bezerra. *Hermenêutica*. São Paulo: Malheiros, 1997.

FASSIN, Didier. Compassion and Repression: The Moral Economy of Immigration Policies in France. *Cultural Anthropology*, v. 20, Issue 3.

______. L'intervention française de la discrimination. *Revue française de science politique*, 52e année, n. 4, 2002.

FAUSTO, Boris. *História do Brasil*. São Paulo: Edusp, 2006.

FERNANDES, Florestan. *A integração do negro à sociedade de classes*. São Paulo: Faculdade de Filosofia, Ciências e Letras, USP, 1964.

FERREIRA, Aurélio Buarque de Holanda. *Novo dicionário básico da língua portuguesa*. Rio de Janeiro: Nova Fronteira, 1988.

FERRY, Luk. *Kant:* uma leitura das três críticas. Tradução de Karina Jannini. Rio de Janeiro: Dielf, 2009.

FREYRE, Gilberto. Casa-Grande & Senzala: formação da família brasileira sob o regime da economia patriarcal. In: SANTIAGO, Silviano. *Intérpretes do Brasil*. Rio de Janeiro: Nova Aguilar, 2002.

FRY, Peter. *A persistência da raça*. Ensaios antropológicos sobre o Brasil e a África austral. Rio de Janeiro: Civilização Brasileira, 2005.

FURTADO, Celso. *Formação econômica do Brasil*. São Paulo: Companhia das Letras, 2007.

FURTADO, Emmanuel Teófilo. *Preconceito no trabalho e a discriminação por idade*. São Paulo: LTr, 2004.

GALUPPO, Marcelo Campos. *Igualdade e diferença:* Estado democrático de direito a partir do pensamento de Habermas. Belo Horizonte: Mandamentos, 2002.

GARGARELLA, Roberto. *Las teorías de la justicia después de Rawls:* un breve manual de filosofia política. Barcelona: Paidós, 1999.

GASTAIGNÈDE, J. La lutte contre les discriminations raciales. *Cuaderno del Instituto Vasco de Criminología San Sebastian*, n. 8. Extraordinario. Decembre, 1995.

GOMES, Joaquim Barbosa. *Ação afirmativa & princípio constitucional da igualdade*. 1. ed. Rio de Janeiro e São Paulo: Renovar, 2001.

______. A recepção do instituto da ação afirmativa no direito constitucional brasileiro. *Revista de Informação Legislativa do Senado Federal*, 2002.

______. O debate constitucional sobre as ações afirmativas. In: SANTOS, Renato E.; LOBATO, Fátima (orgs.). *Ações afirmativas:* políticas públicas contra as desigualdades raciais. Rio de Janeiro: DP&A, 2003.

GRAU, Eros Roberto. *A ordem econômica na Constituição de 1988 (Interpretação e Crítica)*. São Paulo: Revista dos Tribunais, 1990.

GUEYE, Abdoulaye. De la diaspora noire: enseignements du contexte français. *Revue européenne des migrations internationales*, v. 22, n. 1, 2006.

GUIMARÃES, Antônio Sérgio Alfredo. *Racismo e antirracismo no Brasil*. São Paulo: 34, 2011.

HANSEN, Randall. *Migration to Europe since 1945*: its history and its lessons. Oxford: Blackwell Publishing, 2003.

HARGREAVES, Alec G. *Perceptions of Ethnic Difference in Post-War France*. Immigrant Narratives in Contemporary France. Eds. Susan Ireland and Patrice J. Proulx. estport, CT: Greenwood Press, 2001. Disponível em URL: <http://remi.revues.org/>. Acesso em: 17 set. 2011.

HASENBALG, Carlos A. *Discriminação e desigualdades raciais no Brasil*. Tradução de Patrick Burling. Belo Horizonte: UFMG, 2005.

HELDER, Diogo. A comunidade portuguesa em França e na região de Lyon: uma evolução sociodemográfica. *Cadernos curso de doutoramento em Geografia flup*, v. 1, 2009.

HENRIQUES, Ricardo. *Desigualdade racial no Brasil*: evolução das condições de vida na década de 90. Rio de Janeiro: IPEA, 2001.

HEYWOOD, Linda M. *Diáspora negra no Brasil*. Tradução de Ingrid de Castro Vompean Fergozen. São Paulo: Contexto, 2010.

HOBBES, Thomas. *Leviatã*. São Paulo: Martin Claret, 2002.

HOLANDA, Sérgio Buarque de. *Raízes do Brasil*. Rio de Janeiro: José Olympio, 1969.

HOLLIFIELD, James. Migrants ou citoyens: la politique de l'immigration en France et aux États-Unis. *Revue européenne de migrations internationales*, v. 6, n. 1. L'immigration aux États--Unis. p. 159-183.

INSTITUT National D'Études Démographiques. *Boletin Nacional d'Institut national d'études démographiques*. Les discriminations: une question de minorités visibles. n. 466. Avril 2010.

JAYATILAKA, Lawrence. The influence of enlightenment ideals on the French Revolution. Colchester (ENG): *Essex Student Reserch*, v. 3.

JELLOM, Tahar Ben. *French hospitality:* racism and north african immigrants. Trans. Barbara Bray. New York: Columbia University Press, 1999.

JENNINGS, Jeremy. *Citizenship, republicanism and multiculturalism in contemporary France*. United Kingdom: Cambridge University Press B.J.Pol.S. 30.

KEATON, Trica Danielle. *Muslim girls and the other France*. Indianapolis: Indiana University Press, 2006.

KESSLASY, Éric. *La discrimination positive aux États-Unis e en France*. Bréal, 2004.

LAMBERT, Wallace E.; FATHALI, M. Moghaddam. Assimilation vs. Multiculturalism: Views from a Community in France. *Sociological Forum* 5.3: 387- 441. JStor. Bowling Green State University Libraries, Bowling Green State University.

LEAL, Rosimeiro Pereira. Isonomia processual e igualdade fundamental a propósito das retóricas ações afirmativas. *Revista do Tribunal de Contas do Estado de Minas Gerais*, Belo Horizonte, v. 47, n. 2, 2003.

LEBRETON, Gilles. La lutte contre les discriminations raciales. *Nomos, revista do curso de mestrado em direito da UFC*, v. 28.2, jul./dez. 2008.

LE POURHIET, A-M. Discriminations positives ou injustices? *RFDA*. n. 3, 1998.

LEVINE, Robert A. *Assimilating immigrants*: why America can and France cannot. Los Angeles: Rand Europe, 2004. Disponível em: <http://www.jstor.org/stable/68395>. Acesso em: 1º out. 2011.

LIMA, Maria José Rocha. Da educação negada à educação renegada. In: *Educação, etnias e combate ao racismo*. Brasília: Núcleo de Educação, cultura, desporto, ciência e tecnologia da Bancada do Partido dos Trabalhadores na Câmara dos Deputados, 2001.

LIONNET, Françoise. Immigration, poster art, and transgressive citizenship: France 1968--1988. *SubStance*, v. 24, n. 1/2, Issue 76/77: Special Issue: France's Identity Crises, (1995), p. 93-108.

LOCHAK, Danièle. Les discriminations frappant les étrangers sont-elles licites. *Droit Social*, n. 1, jan. 1990.

________. La race: une catégorie juridique? *Mots*, n. 33, p. 291-303, dez. 1992.

LOCKE, John. *Segundo tratado sobre o Governo Civil*. São Paulo: Nova Cultural, 1991.

LOPES, Otavio Brito. Ampliação do conceito legal de discriminação. *Revista do direito trabalhista*, a. 2008, v. 14, n. 8.

LORCERIE, Françoise. *L'islam comme contre-identification française*: trois moments. L'Année du Maghre.II | 2005-2006. Disponível em: <http://anneemaghreb.revues.org/>. Acesso em: 17 set. 2011.

MAHNIG, Hans. La question de "l'integration" ou comment les immigres deviennent un enjeu politique une comparaison entre la France, l'Allemagne, les Pays-bas et la Suisse. *Sociétés Contemporaines* (1999), n. 33-34 (p. 15-38).

MAISONNEUVE, Mathieu. Les discriminations positives ethniques ou raciales en droit public interne: vers la fin de la discrimination positive à la française. *Droits et Libertes*, RFDA, 2002.

MAÍZ, Ramón. Nation and representation: E. J. Siéyès and the Theory of the State of the French Revolution. Universidad Santiago de Compostela, *Workpaper* n. 18, Barcelona 1990.

MARTINS, S. da S. Ação afirmativa e desigualdade racial no Brasil. *Estudos Feministas*, IFCS/UFRJ-PPCIS/Uerj, v. 4, n. 1, p. 202-208, 1996.

MAZZUOLI, Valerio de Oliveira. *Curso de direito internacional público*. São Paulo: Revista dos Tribunais, 2011.

MÉLIN-SOUCRAMANIEN, F. *Le principe d'égalité dans la jurisprudence du Conseil constitutionnel*. Paris: Economica, 1997.

MELLO, Celso Antônio Bandeira de. *O conteúdo jurídico do princípio da igualdade*. 3. ed. São Paulo: Malheiros, 2011.

MELLO, Marco Aurélio. Ótica Constitucional: a Igualdade e as Ações Afirmativas, durante o Seminário Discriminação e Sistema Legal Brasileiro, *Discurso no Tribunal Superior do Trabalho, 20 de novembro de 2001*. Disponível em: <www.stf.jus.br>. Acesso em: 10 abr. 2012.

MENEZES, Claudio Armando Couce de *et al*. As Garantias dos direitos sociais e laborais e as dimensões de sua efetividade: direito ao trabalho e a não discriminação. Medidas judiciais e pretensões cabíveis.*Revista IOB: trabalhista e previdenciária*, a. 2010, v. 21, n. 253.

MENEZES, Paulo Lucena de. Ação Afirmativa: os modelos jurídicos internacionais e a experiência brasileira. *Revista dos Tribunais*, a. 92, 2003.

MIGNET, Par F. A. *Historie de la révolution française depuis 1789 jusqu´en 1814*. Troisième et seule édition. Bruxelles.

MOLINA, Paula Francisca Vidal. La teoría de la justicia social en Rawls. ¿Suficiente para enfrentar las consecuencias del capitalismo? *Revista Polis,* Santiago, v. 8, n. 23, 2009.

MONT´ALVERNE, Tarin Cristino Frota. La remise en cause du principe de laïcité à travers l'affaire du foulard. *Nomos, revista do curso de mestrado em direito da UFC*, v. 29.2, jul./dez. 2009.

MOTTA, Ricardo Cavalcante. Perspectivas jurídicas cíveis e criminais e quanto à discriminação racial. *Revista Jurídica Unijus*, a. 2005, v. 8, n. 9.

NEVES, Marcelo. Estado democrático de direito e discriminação positiva: um desafio para o Brasil. In: MAIO, Marcos C.; SANTOS, Ricardo V. (orgs.). *Raça, ciência e sociedade*. Rio de Janeiro: Fiocruz/Centro Cultural Banco do Brasil, 1996.

________. *A constituição simbólica*. São Paulo: Martins Fontes, 2007.

NIELSEN, Kai. Rawls and the left: some left critiques of Rawls' theory of justice. *Revista Analyse & Kritik* 2, Helf 1, Westdoutscher Verlag, p. 74-97.

OLIVEIRA, Erson Martins de. Estatuto da igualdade racial: como enfrentar a discriminação. *Revista PUCviva*, a. 2006, v. 7, n. 28.

PELLOUX, R. Le nouveaux discours sur inégalité. *RDP*, 1982. Disponível em: <http://epublications.unilim.fr>. Acesso em: 10 abr. 2012.

PEREIRA, Cicero; TORRES, Ana Raquel Rosas; ALMEIDA, Saulo Teles. Um Estudo do preconceito na perspectiva das representações sociais: análise da influência de um discurso justificador da discriminação no preconceito racial. *Psicologia: reflexão e crítica*, a. 2003, v. 16, n. 1.

PEREIRA, Dersú Georg Menescal. A teoria do contrato e o pensamento político-jurídico da filosofia kantiana. *Revista da UFPA*, Paraná, edição n. 3, mar. 2002.

PIOVESAN, F. *Direitos humanos e o direito constitucional internacional*. São Paulo: Max Limonad, 2000.

________. A compatibilidade das cotas raciais com a ordem internacional e com a ordem constitucional brasileira. *Audiência pública sobre políticas de ação afirmativa de reserva de vagas no ensino superior*. Brasília, 2010.

POLI, Alexandra. Faire face au racisme en France et au Brésil: de la condamnation morale à l'aide aux victimes. *Cultures & Conflits*. Tous les numéros, Dialogues franco-brésiliens sur la violence et la démocratie, 2005. Disponível em: <http://conflits.revues.org/index1875.html>. Acesso em: 17 set. 2011.

PROUX, Michelle. Zones d´éducations prioritaires: un changement social en éducarion. *Revue Française de Pédagogie*, n. 83, 1988.

RAWLS, John. *Uma teoria da justiça*. São Paulo: Martins Fontes, 1993.

REIS, Cláudio Araújo. Rousseau e a arte de observar e julgar os homens. *Revista Kriterion*, Belo Horizonte, v. 43, n. 105, jan./jun. 2002.

________. Vontade geral e decisão coletiva em Rousseau. *Revista TransFormAção,* Marília, v. 33, n. 2, 2010.

RENAULD, B. Les discriminations positives. Plus ou moins d´égalité, *RTDH*, 1997.

________. Les discriminations positives. Plus ou moins d'égalité? *RTDH*, 1997. Disponível em: <http://epublications.unilim.fr>. Acesso em: 10 abr. 2012.

ROCHA, Cármen Lúcia Antunes. Ação afirmativa: o conteúdo democrático do princípio da igualdade jurídica. *Revista de Informação Legislativa*, Brasília, a. 33, n. 131, jul./set. 1996.

ROCHEX, Jean-Yves. Les Zones d´Éducation prioritaires depuis 1981. *Société française*, n. 29, dez. 1988.

RODRIGUES, Eder Bomfim. *As ações afirmativas e o princípio da igualdade no Estado Democrático de Direito*. Paraná: Juruá, 2011.

ROUSSEAU, J. J. *Do contrato social*. São Paulo: Cultrix, 1995.

________. *Discurso sobre a origem e os fundamentos da desigualdade entre os homens*. São Paulo: Martin Claret, 2002.

RUDDER, Véronique. Identité, origine et étiquetage. *Journal des anthropologues*, 72-73 | 1998. Disponível em: <http://jda.revues.org/2697>. Acesso em: 17 set. 2011.

RUDDER, V. de; POIRET, C.; VOURC'H, F. L'inégalité raciste. L'universalité républicaine à l'épreuve, Paris, *PUF*, 2001. Disponível em: <http://www.lab-urba.fr>. Acesso em: 10 abr. 2012.

SANTOS, Boaventura de Sousa. *Reconhecer para libertar*: os caminhos do cosmopolitismo cultural. Rio de Janeiro: Civilização Brasileira, 2003.

________. *A crítica da razão indolente*: contra o desperdício da experiência. 5. ed. São Paulo: Cortez, 2005.

SANTOS, Fernando Ferreira dos. *Princípio constitucional da dignidade da pessoa humana*. São Paulo: Celso Bastos Editor, 1999.

SEMPRINI. *Multiculturalismo*. Bauru: Edusc, 1999.

SEN, Amartya. *Desenvolvimento como liberdade*. Tradução de Laura Teixeira Mota. São Paulo: Companhia das Letras, 2000.

SILVA, Maria Palmira da; SANTOS, Gevanilda. *Racismo no Brasil*: percepções da discriminação e do preconceito racial no século XXI. São Paulo: Fundação Perseu Abramo, 2011.

SILVA JUNIOR, Hédio. *Direito de igualdade racial*: aspectos constitucionais, civis e penais: doutrina e jurisprudência. São Paulo: Juarez de Oliveira, 2002.

SILVEIRA, Denis Coutinho. Teoria da justiça de John Jawls: entre o liberalismo e o comunitarismo. *TransFormAção,* Marília, v. 30, n. 1, 2007.

SILVÉRIO, Valter Roberto. Ação afirmativa e o combate ao racismo institucional no Brasil. *Cadernos de Pesquisa*, São Paulo, n. 117.

SIMON, Patrick. Les statistiques, les sciences sociales françaises et les rapports sociaux ethniques et de "race". *Ophrys | Revue Française de sociologie*. 2008/1 — v. 49.

STASSE, F. Égalité et discriminations positives: regards sur l'actualité. *La Documentation Française*, juin 1997. Disponível em: <http://www.ladocumentationfrancaise.fr/>. Acesso em: 10 abr. 2012.

SUANZES-CARPEGNA, Joaquín. La dimension Historique du Constitutionalism. *Historia Constitucional*, n. 7, 2006.

TAGMAN, Jeffrey M. *El reparte de nations*: instituitiones y políticas de inmigracion en Francia y en los Estados Unidos. Westport, CT: Praeger, 2002. Disponível em: <http://www.jstor.org/stable/684395>. Acesso em: 1º out. 2011.

TANDÉ, A. La notion de discrimination dans les discours de l'action publique en France (1992-2005): Entre intégration et égalité des chances. *Informations sociales* 2008/4, n. 148, p. 20-31.

VAILLANCOURT, Margaret. *Los inmigrantes "problematicos"*: la discrimination religiosa y linguística dirigida a ciertos grupos de inmigrantes en Francia y los Estados Unidos. Ohio, USA: Thesis submitted to the College of Bowling green State University, 2010.

VARGAS, Yves. Rousseau et le Droit naturel. *Revista TransFormAção,* Marília, v. 31, n. 1, 2008.

VENTURI, Gustavo; BOKANY, Vilma. Discriminação racial e preconceito de cor no Brasil. Pesquisa nacional mostra que, apesar da melhora de alguns indicadores, o preconceito de cor persiste no Brasil como atitude majoritária. *Teoria e debate*, a. 2004, v. 17, n. 59.

VIEIRA JÚNIOR, Ronaldo Jorge. *Responsabilização objetiva do Estado*: segregação institucional do negro e adoção de ações afirmativas como reparação aos danos causados. Curitiba: Juruá, 2011.

WEIL, Patrick. Racisme et discrimination dans la politique française de l'immigration: 1938--1945/1974-1995. *Vingtième Siècle. Revue d'histoire*, n. 47, juillet-septembre 1995. p. 77-102.

WILLIAMS, Hugh. *Fifty things you need to know about British History*. London: Collins, 2008.

YURÉN, Teresa. Diversas miradas sobre distintas facetas de la obra de J. J. Rousseau. *Revista Signos Filosóficos,* México, v. 12, n. 23, jan./jun. 2010.